松本昌次

わたしの戦後出版史

聞き手
上野明雄
鷲尾賢也

トランスビュー

聞き書きのはじめに

鷲尾賢也

丸山眞男『現代政治の思想と行動』をはじめ、戦後社会に絶大な影響を与えた埴谷雄高、花田清輝、藤田省三、廣末保、木下順二、平野謙、富士正晴、井上光晴、上野英信、橋川文三などの多くの著作を手がけた編集者として、松本昌次さんは伝説的・神話的存在である（ご自身はこの言い方を強固に忌避されるが）。

いったいそれらの名著群はどのようにして生まれたのか。執筆者はどのような方々だったのか。どんなお付き合いをされたのか。長年、お聞きしたいと思っていた。

さらにいままでの仕事を振り返るだけではなく、現在の出版界をどのように見るのか、あるいは編集の仕事とは何か、まで語っていただいたのが本書である。

一九二七年のお生まれだが、松本さんはいまだ現役編集者である。忙しい時間を割いて丸二年間、十六回に及んだ聞き書き（酒を飲みつつ）、そのあとの焼酎を挟んでの本格的酒席、いずれもかなり長時間にわたった。同席する私たちにとって、貴重でかつ刺激的、またたのしい時間であった。

さまざまな著者や刊行物の思い出だけでなく、そのなかでいつも倦まず語られたことは、時代への危機意識である。このままでいいはずがない。編集者は何をやっているのか。あなた方はこれでいいと思っているのか。怒りはかなり深かった。

もちろん、私たちはすべて松本さんと同意見ではなかった。あるところでは対立し、激論が終電近くになっても終わらないこともあった。とりわけ出版をめぐる環境の変化は想像以上に大きい。それへの認識のちがいは簡単に一致するものではない。

お互いのくいちがいは当然である。しかし、議論をつづけるなかで、いくら酒を飲んでも(?)一貫してぶれない松本さんの言行に、あらためて私たちは「すごさ」を感じざるを得なかった。おそらく、数々の名著を生み出した存在の根底に据わっているのが、そういう「生き方」なのではないか。本書を繰っていただければすぐに分かるが、いわば全身をかけた編集者なのだ。私たちはどう逆立ちしてもかなわない。松本さんと別れたあとで、毎回、異口同音にもれる感想であった。

本書は、聞き書きの速記録をもとに、松本さんみずからが再構成したものである。私たちとのやりとりや、現代の著者や出版物への批判、そのほか「へえ」と思うようなさまざまなエピソードなど、整除されているところも少なくない。

おもしろい事実、あるいは人間関係の機微、あるいは歯に衣《きぬ》きせぬ意見など、二十一回の「論座」(朝日新聞社)連載中から、ぜひ残してほしいと再三要望したのだが、むかし気質の編集者らしく、関係者に迷惑がかかってはいけないと、かなり慎重に整理されている。聞き書きがもとになっているが、その意味においては書き下ろしに近いともいえるだろう。

ひとつ驚いたことがある。本書に掲載されている多くの図版は、ほとんどすべて松本さんの所蔵のものによっていることだ。聞き書きの席に毎回、見たこともない幻のような書籍があらわれる。「これが真善美社の本ですか」といった具合に、居ながらに勉強させてもらった。どうやって整理されているのだろうか。いつも松本さんの書棚を覗いてみたいという気持ちになった。これもまた、単なる商品だけではない本への、思いの深さなのだろう。

戦後出版史にはまだまだわからないことが多い。とりわけ人文・社会分野にその傾向が残っている。文学関係者にくらべ、編集者に黒衣《くろご》意識が濃厚なせいもあるかもしれない。しかし、本書によって、戦後という空間を動かしていた空気がわずかながらも見えてきたような気がする。なぜ多くの出版物に活気があったのか。生活が貧しくても、なぜいきいきとした編集・出版が可能だったのか。

数字に追いまくられている現在の出版状況、志を喪失しつつある編集者たち。このままでいいはずがない。時代がよくないのは間違いないが、そこに責任を押し付けるだけでは何もはじまらない。一人ひとりが、なぜ本を作るのか、何を世に問うのかを、初心からもう一度考えていかねばならないだろう。

「いろいろ言うけれど、結局、いまの時代、いい本が出ていないではないですか」

はっきりとはおっしゃらないが、そういう松本さんの厳しい視線を、どこかに感じざるをえなかった。編集者だけでなく、取次、書店などの出版関係者に、ぜひ本書を手にとってもらい、出版再生のきっかけにしてほしい。もちろん私も、そのためにもうひと頑張りしなければいけないと思っている。

二〇〇八年六月

わたしの戦後出版史＊目次

装幀　高麗隆彦

わたしの戦後出版史

個人のオリジナリティーなど知れたものである。
時代のオリジナリティーこそ大切だ。
——花田清輝『復興期の精神』跋より

1　未来社入社まで

戦後文学とともに

――松本さんは昨年（二〇〇五）六月から、「戦後文学エッセイ選」（影書房）という全十三巻のシリーズの刊行を始められました。これまで、『花田清輝集』『木下順二集』の二冊を皮切りに、『埴谷雄高集』『竹内好集』『上野英信集』と刊行されていますね（二〇〇八年九月完結予定）。

松本　わたしも七十八歳になるので、これまで五十年以上やってきた編集者生活のひとつのまとめをしておきたい、それで直接出会い、親しくおつきあいして、著書を作らせていただいた戦後文学の作家十三氏だけに絞って、そのエッセイを選びました。編集者がひとりで収録作品を選ぶというのは、出版界の常識からするとやや異例ですが、まあ、わたしのこだわりですね。むろん、何人かの友人に助力を仰いでですけれども。

――あとは長谷川四郎、武田泰淳、杉浦明平、富士正晴、野間宏、島尾敏雄、堀田善衞、井上光晴さんたちですね。ほとんど戦後文学のオールスターキャストといっていいと思いますが、これで十三人「だけ」というところが凄い。ほかにも戦後文学者といわれる方々はいますが、直接会って著書を作った方たちに限られたわけですね。ところで、松本さんが未来社に入社されたのは一九五三年ですね。

松本　二十五歳のときです。それから三十年、未来社で編集や雑務をやり、一九八三年に影書房を創業して現在に至っています。

――これまで全部で何点ぐらいの本にかかわられましたか。

松本　かかわったということでいえば、ざっと二千点ぐらいじゃないですか。むろん、編集の仲間たちとの協働でですが。

――そんなに！　今でこそ、年間十点以上本を作る編集者は珍しくないけど、大学出てから定年までやったって、八百点もいきませんよ。だいたい五十年も現役で編集者をやってる人がいない。二千点作ろうと思ったら、百五十年くらい現役でなきゃいけないでしょう（笑）。

松本　でも、これをご覧ください（『ある軌跡　未来社三十年の記録』巻末の刊行総目録を数えながら）、年間で四十点、五十点作ってるでしょう。小さな出版社ですから、何らかの形ですべての本にかかわらねばなりません。一九六〇年代の十年間は、夜は演劇運動もやってましたし、どうしてこんなに作れたんでしょうね。

――どうしてと、ご本人に言われても……（笑）。いま、編集者が年間十点以上作るのは、印刷や製本技術が進歩したのと、もうひとつは業界全体で四〇パーセント前後という返品に追い立てられているからです。今のオフセット印刷になる前、活版印刷の頃はそんなに作らなかった、いや作れなかった。なんか圧倒されるというか、やんなっちゃいますね（笑）。その秘密はおいおいうかがうことにしましょう。

東北への想い

——松本さんは、東北大学の英文科卒業ですね。東北のご出身なんですか。

松本　まあ最終学歴は旧制東北大学ですけど、出身は東京です。父は長崎県の島原半島の神代《こうじろ》という、いまは高校サッカーで有名になった国見《くにみ》高校が近くにある村の、小作農の次男、母は佐世保の商家の娘で、地元にいるわけにもいかず、仕方なく東京に働きに出てきたんでしょう。だから幼い頃は九州弁のなかで育ちました。

——それがまたどうして東北へ？

松本　直接の原因のひとつは、宮澤賢治との出会いなんかでしょうか。一九四五年八月の敗戦前後は、米軍の空襲でいつ焼け出されるかという頃だったし、飢餓と混乱で生死の境にいましたから、本なんかは古本屋で、二束三文のバナナの叩き売りでしたよ。で、ある日、その店先に荒縄でくくられた二十冊ほどの本を見つけたんです。中野重治著『斎藤茂吉ノオト』（筑摩書房、一九四一）と、『北條民雄全集』（創元社、一九三八）上下二巻が気になって、学徒動員で働きに行っていた千葉県船橋の「野村製鋼」という工場でもらったわずかの金をはたいて、その束をかついで帰りました。その頃、中野重治の名前などぜんぜん知りませんでしたが、ただ斎藤茂吉の短歌にひかれていたん

『北條民雄全集』

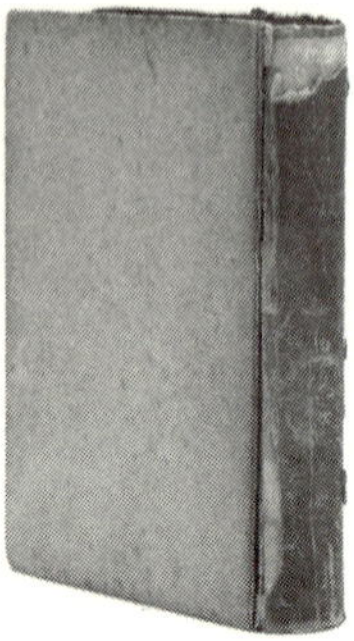

『斎藤茂吉ノオト』

ですね。ボロボロになったその本はいまも手元に残っています。最終ページに「二十・十二・二十四了」（昭和二十年十二月二十四日読了）と元号で読了のメモ書きがしてあります。敗戦後に読みおわっているんですね。

——当時は十七、八歳でそういう本を読んだんですね。

松本 まだ「皇国少年」の余燼《よじん》にまみれていた頃で、どこまで理解できたんでしょうか。北條民雄についても、何ひとつ知らず、ただその立派な造本に魅了されたんです。この創元社版は、さきごろそっくり同じ造本で再刊されました。ハンセン病は、当時「癩《らい》病」と呼ばれ恐れられていたので、『いのちの初夜』などの作品に衝撃を受けました。編集・解説の川端康成に深い敬意を覚えたことも忘れられません。

——その本の束のなかに宮澤賢治があった？

松本 そうなんです。そこに、今は手元から失われましたけど、佐藤隆房という花巻のお医者さんが書いた『宮澤賢治』（冨山房、一九四二）というA5判の本がまじっていたんです。ですからはじめは賢治の作品によってというより、この一冊の伝記で、生涯の一端を知って興味を覚え、賢治の詩や童話を読みはじめ、未知の東北への漠然とした思いがつのったのです。

——戦時中に「雨ニモマケズ」の詩が教科書に載っていて、戦時体制に利用されたことに対する批判も出はじめていたと思いますが、抵抗感はなかったですか。

松本　それは、その頃は知らなかったですね。

――宮澤賢治との出会いで、東北行きを決められたんですか。

松本　石川啄木にもひかれていました。誰もが知っている短歌のほか、「こほりたるインクの罎を／火に翳《かざ》し／涙ながれぬともしびの下」なんていう歌で、インクが氷る寒さとはどんなもんだろうと思ったりしました。それで、敗戦から二年目の一九四七年夏、当時在学していた東京第一師範（戦前は青山師範、現・東京学芸大学の前身）の友人たち数人と、花巻から岩手山、小岩井農場など、宮澤賢治の跡を訪ねる旅に出たんです。

――なるほど。大学へ入る前に、実際に東北に行かれた。それでますます東北へ？

松本　ふりかえると、いつの間にかそうなっていますね。まだ高村光太郎氏が元気で、いまは記念館になっている花巻の山荘の囲炉裏ばたで、突然訪ねてきたわたしたちを歓待してくれました。まわりの山林を一緒に歩いて案内してくれたことは忘れられませんね。雪が深いはずなのに、すまいは粗末な板ばりの小屋で、窓に障子一枚しかないのには、びっくりしました。十年ほど前、記念館を訪ね、囲いのガラス越しに中をのぞいたら、酒びんや本などがそっくり当時そのままにおいてあって、懐かしい思いをしました。このあと、高村光太郎氏は、十和田湖畔に有名な裸婦像を制作し、一九五六年に亡くなりました。また賢治の弟の宮澤清六さんにも会いました。朗読してくれた詩「原体剣舞連《はらたいけんばいれん》」が、鬼剣舞の雰囲気をリアルに伝えていて、感動したことを覚えています。

――高村光太郎も、後に戦中の活動を強く批判されますが、そういうことに対する疑問はなかった

花巻の山荘の前に立つ高村光太郎（1947年夏、撮影・松本）

のでしょうか。

松本　その頃はまだそういう批判は出てなかったと思いますね。

――若者がふらりと旅行して、そういう人たちに会えたんですね。いかにも戦後だな。ビジネスライクにアポイントメントをとって、といういまとは時代が違う。人づきあいが生《なま》ですね。

松本　まあ、こんなことがきっかけです。その後も旅といえば圧倒的に東北地方で、未来社に入ってからも、記録などでは東北の農山村のものが多く、こけしの本や、『菅江真澄《すがえますみ》全集』なども作っていますしね。しかしこれらはもちろん、誰かひとりの志向によるものではありません。結局、わたしが東北大学に行ったのは、東京の私学では月謝が高いし、師範を卒業した後一年間、小学校教師をつとめたため空白があるし、東北大には悪いけど、わたしでもなんとか入れるだろうと思ったからです。こうして旧制の東北大に転進したわけです。

「イールズ事件」と朝鮮戦争の勃発

――東北大といえば、「杜《もり》の都」仙台といわれますが、いいところだったでしょう。

松本　いいえ、全然（笑）。若干の北への憧れを秘めてやってきたものの、まだ戦火のあとも生々しく、風は山から冷たく吹きおろしてくるし、雨が降れば道はどろどろにぬかり、わたしたちは「仙台砂漠のアヒル横丁」なんて言ってましたね。風が吹けばほこりだらけで、冬は雪、お金のない時代ですから、オーバーもない。学生服なんか、戦争中に着ていた国防色の上着を黒く染め、袖を母親がツギ足したものでした。

――寮か何かに入って？

松本　いえ、下宿です。朝晩二食付きで、たしか一カ月千六百円、学費が年間千八百円だったと思います。家庭教師や物売りなどのアルバイトで半分まかない、あとは仕送りがありました。ところが大学に入ったとき、学費が二倍の三千六百円になるというので、反対運動をやって、卒業ぎりぎりまで払わなかったのですが、それじゃ卒業させないというので、面倒臭いから払った。そんな時代です。フトコロは寂しくて、タバコなんか大学の購買部で五本、十本とバラ買いしてましたよ。喫茶店でコーヒーを飲むなんて、未来社に入社するまでほとんど知りませんでした。コーヒーなんかより何か腹の足しになるものを、でしたからね。しかも、東京からの「傍系」の入学でしょ。まわりは二高とか弘前とか山形とか、いわゆる旧制高校の連中が出身校同士でグループを作っていましたから、なんとなくポツンとして孤独な思いでした。

——じゃあ期待して入った割には、あまり面白くなかった？

松本　ええ、それで夏休みに帰京したとき、ちょっと厄介な盲腸の手術をしたのを機会に、もう大学なんてやめようと、後期は休学、家にこもって昼夜逆転、日本の近代文学と外国の長篇小説ばかり読んでいました。そんなときにしっかり勉強しておけば、もう少しマシになったろうにねえ（笑）。いまから悔やんでも仕方ないですけど。

——でも、卒業はされたんでしょう。

松本　ええ。師範時代から親しく、賢治の旅にも一緒に行った友人で、のちにわたしと同じ出版の道を歩んだ玉井五一が、翌年東北大に入ってきて、また出てこないかと誘ってくれたんです。それならばと思い直して大学に戻りました。玉井五一は、福井県若狭の生まれで、わたしと同じ一九五三年に三一書房に入り、のち新日本文学会編集部などを経て、創樹社を創業します。『小熊秀雄全集』全五巻、別巻一（一九七七〜八〇）や『尾崎翠全集』全一巻（一九七九）など、いい仕事を残しましたが、現在は廃業、「小熊秀雄協会」の代表を

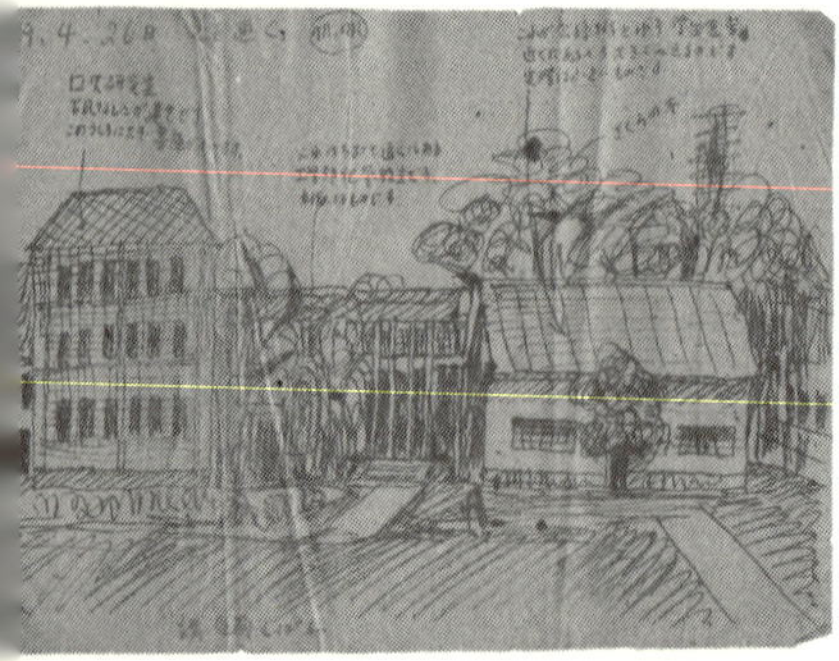

などがあった（1949年4月、松本が万年筆で起きた）

しています。

——旧制東北大学といえばもちろん東北一、そこの英文科を出られたとなれば、なんと言うか、いわゆるエリートらしい、もっと「まとも」な生き方があるのではないかと。

松本　そのとおり。ところが「まとも」にはならない理由があるのですよ。

——それは左翼運動ですか。

松本　そうかも知れません。といってもわたしは全然左翼じゃなかったんです。だいたい左翼をよく知らなかった。ところが復学した一九五〇年は、米国の主導で戦後日本が大きく「右」にカーブを切った時で、五月二日に戦後学生運動史に残る「イールズ事件」が起こったのです。これは、全国の大学を巡回して、共産主義的教師を教壇から追放しろと講演していた米国のイールズ博士が、東北大の学生たちの激しい抗議にあって、初めて演壇で立ち往生し、講演を中止せざるを得なくなった事件です。

——大規模な行動だったんでしょうか。

松本　法文学部の最も大きな階段教室が、集まった学生たち

東北大学の旧片平丁構内の一部で、法文学部・経済学部などの教室・研究室・図書館
ザラ紙に書いたスケッチ。中央やや高めの法文学部の階段教室で「イールズ事件」が

「イールズ事件」

武井昭夫

で立錐の余地もない。わたしもそのなかのひとりでした。最前列あたりの学生たちがイールズに質問を浴びせかけ、つめ寄りました。イールズは答弁に窮し、やがて大学の職員たちにガードされながら退散したのです。揶揄もこめて「眠れる牛」といわれていた東北大の学生が、ようやく立ち上がったといわれたものです。わたしにとっても、学生運動による初めての「後衛の位置から」の政治参加の経験です。

――その頃の学生運動というのは？

松本　当時、全学連（全日本学生自治会総連合）の輝ける初代委員長が、東大の武井昭夫《てるお》さんです。武井さんから、文面は正確ではありませんが、「トーホクダイガクノガクセイショクン　ヨクヤッタ」といったような激励の電報が届き、勇気づけられたことを覚えています。その武井さんとは、後年、新日本文学会などで出会い、未来社と影書房で著書を作らせていただくことになります。ちなみに、そのときの副委員長のうちのひとりは、早稲田大学の学生だった土本典昭《つちもとのりあき》さんで、土本さんはのちに水俣の記録映画を撮りつづけます。あとでお話ししますが、土本さんともやがて親交を深めるようになり、著書も何冊か刊行しました。また「西武」の御曹司《おんぞうし》でのちに詩人・作家になる、東大の学生だった堤清二（辻井喬）氏が、書記かなんかをされていたようですね。

――そのあたりから、日本の戦後は大きく右にカーブを切ることになるんですね。

松本　そうです。五月から六月にかけて、マッカーサーによる共産党中央委員二十四人の公職追放指令、「アカハタ」発行停止、国警（国家地方警察）本部によるデモ・集会の全国的禁止など、左翼・労働運動への弾圧が強化されていきます。そして、六月二十五日、朝鮮戦争が勃発したのです。

――朝鮮戦争の衝撃は大きかったでしょうね。

松本　大きかったですね。敗戦の四五年八月十五日は、十七歳の皇国少（青）年だったわたしにとって、まさに青天の霹靂《へきれき》というべきものです。呆然自失、いったいそれまでのわたしはなんだったのかと無念の思いで、それからの五年間は、いわば夢中で戦後の動向を追いかけていました。しかし朝鮮戦争は、わたしにそれまでと違った衝撃を与え、ぐんとわたしを前に押し出しました。毎日のように、日本の基地から米軍の爆撃機が朝鮮に飛び立っていたんですからね。それ以後今日までの仕事に、ある目を開かせてくれたのは、朝鮮戦争だといってもいいでしょう。これが、わたしの戦後の真の出発といえます。

――学生運動にかかわられていたのに、共産党に入党しなかったのはどうしてですか。当時の意識的な学生は、ほとんど入党していたんじゃないかと思いますが。

松本　そうでもないですよ。党員たちとは『資本論』研究会などもやって、いつも討論していましたが、わたし自身は政治よりも文学を読むことのほうに関心が強かったんですね。

――ちょっと話を戻すと、東北大の英文科ではどういう勉強をされたんですか。

松本　ご多分にもれず、大学に復学してからの二年間は、学生運動や文学・政治等の研究会が中心で、英文学なんてそっちのけでした。だからいまもイギリス語などロクに読めませんし喋れません。

「ぶどうの会」の『夕鶴』公演、山本安英（右）と桑山正一

木下順二

でも、その頃まだ助教授だった村岡勇《たけし》先生の「シェイクスピア批評史」の講義には感動し、そのノートだけはどこかに残ってるはずです。その講義でシェイクスピアをいくらかでも知り、ドラマというものに関心が深まり批評の大切さを知ったことは、何ごとにも代え難いことです。

――のちの未来社でのお仕事につながってるんですね。

松本　そうです。その頃（一九五一年）、木下順二さんの新潮文庫版『オセロウ』（初版、新月社、一九四七。当時、木下さんはオセローをオセロウと表記していた）の名訳にも感銘を受けました。それで大学卒業直前、一九五二年二月に、さきほどの玉井五一を誘い、往復鈍行の夜行で、東京の三越劇場で公演していた劇団「ぶどうの会」の『夕鶴』を観に行ってトンボ帰りしたことがあります。蒲団や本を下宿近くの質屋に入れて汽車賃を工面したりして。それから一年ちょっとで、『夕鶴』の戯曲で出版社を興した未来社に入社して編集者となり、以後、木下さんの多くの本の出版にかかわり、現在も親しくさせていただくことになるなど、思いもよらぬことでした（木下さんは二〇〇六年十月に亡くなられた）。あとから考えると、それぞれが関連し結びあってきますけどね。

夜間高校教師をクビになる

――あのころの学生運動にかかわっていると、卒業してもあまりまともに就職する気にはなれなかったですか。

松本　じつは仙台を去るにあたって、村岡勇先生が、何ひとつ就職活動をしないわたしを心配して、たしか神奈川県立藤沢高等学校の英語教師のクチを見つけてくれました。しかし、東北大入学前の小学校教師時代のことを思いだして、ニベもなく断ってしまいました。そんなこんなしているうち、知人に紹介された都立一橋《ひとつばし》高校の昼間部と夜間部の時間講師を、思いきって選んだのです。

――普通の高校はいやだけど、夜間高校ならいいというのは不思議な感じですが。

松本　そうですね。身分保障もなく、講師料は正規の教員の三分の一ほどしかありませんでした。でも夜間部の、働きながら学んでいる学生に出会えることに、ある魅力を感じたんです。まあ、誰にでも人生の岐路に立っての選択がありますが、この選択はその後のわたしにとって決定的なことのひとつでした。

――ちょっと左翼がかった、ある種の理想主義ですね。そこに、生きていくうえでの思想的な決意のようなものがあったんですか。

松本　特にはなかったですね。小学校教師時代に出会った中国問題研究家の岩村三千夫さんなどをとおして中国、つまり社会主義への憧れのようなものはありましたが。当時の夜学は、夜だけ神田駅前の今川中学校の教室を借りるといったありさまで、ロクな設備もなく、授業中に停電することもしばしばでした。しかも「反動化」の時代ですから、軍隊のなごりをとどめた、極めて暴力的な教師も復活して生徒をしめつけていました。生徒たちは、鉄工場の工員、印刷所の文選工、大工、会社員、鉄道員、商店員などさまざまでしたが、なかには戦争で学校に行けなかった人で、わたしより年上の生徒も何人かいました。眠たい奴は寝てもいいから、自由にやれ、ただし友だちには教えてやれよ、という具合です。授業が終わってから生徒たちのいろんな苦労話を聞きました。たとえば、三月十日の東京大空襲で学童疎開中に家族が全滅したことや、旧「満州」からの命からがらの引き揚げのことなどを、お金がないので近くの公園のベンチに座って聞いたりすることで、大学などでは学べなかった世界に接したように思いました。しかし、それも一学期だけで、九月の新学期にはクビになってしまいました。

――えっ、それはまたどうして？

松本　理由として校長からいわれたことは、いろいろありました。夏休みに無料で希望者に英語の補習授業をやったんですけど、それは口実で、同時に文学や社会の話をし、反戦・平和の運動などを語ったこと、生徒たちの生活記録を集めて演劇台本を作成し、秋の文化祭に準備したこと、昼間部では映画研究会の顧問として、ルネ・クレマン監督の『海の牙』を学校で上映し、解説で激賞したことなど、どれもが「左翼」活動だというんですね。

――そんなことでクビになっちゃうんですか。いまよりひどいんじゃないですか。

血のメーデー事件、1952 年 5 月 1 日

松本　いや実は決定的なことがあったんです。一九五二年五月一日のいわゆる「血のメーデー事件」、皇居前広場でのデモ隊と警官隊の衝突です。わたしは同僚の教師とデモをしたあと、ビールなんか飲んで、流れ解散し、事件をあとで知ったのに、デモの先頭に立って赤旗をふっていたことにされたんです。驚きましたよ。また、たとえば、宮澤賢治の作品や「農民芸術概論綱要」のなかの有名な「世界がぜんたい幸福にならないうちは個人の幸福はありえない」といった言葉とか、当時熱読していた竹内好《よしみ》さんの、魯《ろ》迅《じん》や中国に関するエッセイなどについて生徒に話したことが、「アカ」の根拠だとされたんですね。いまでは想像もつかないかもしれませんが。

――ほとんどレッド・パージ（赤狩り）と同じですが、対抗手段はとられなかったんですか。

松本　生徒たちが、わたしの首切り反対のハンガーストライキを校門前でやったり、全学集会で訴えたり、わたしも教育庁（?）に理由をただしに行った覚えがあります。「婦人民主新聞」（いまの「ふえみん」）が、一ページを使って抗議の記事を出してくれたりしました。

タタキ大工、庄幸司郎との出会い

――その夜学でのわずかな期間が、松本さんのその後の人生にとって決定的だったというのは？

松本　夜学での経験はいろいろありますが、ここでひとりの「タタキ大工」、庄幸司郎《しょうこうしろう》に出会ったのです。ストライキの首謀者でもあった彼が、その後のわたしの編集者人生にとって、実に運命的な存在となりました。彼は、わたしより四歳下の生徒で、以後亡くなるまで五十年近い交友をつづけましたが、二〇〇〇年二月、急逝しました。いま「タタキ大工」といいましたが、これは竹内好さんが、好きな言葉だといって庄さんに贈ったものです。実はわたしは一九五三年に未来社に入社してから、著者たちの家の建築や改築、書斎造りなどで、庄さんを紹介する「営業活動」もやったんです（笑）。竹内好さんもそのひとりです。亡くなる直前、『魯迅文集』全六巻（筑摩書房、一九七六〜七八）の翻訳に竹内さんは全力を投入していましたが、東京の小平にその仕事場を提供したのは庄さんです。その庄さんが、竹内さんと初めて会ったとき、日本に革命が起こったら、「先生」のような男は、しばり首になると言ったというんですね。竹内さんは、腹のなかでそう思っている人間はいるが、庄さんのようにズバリ面と向かって言った男はいない、この男は見どころがあると書いています。そのエッセイ「庄さんの一面」は『竹内好全集』全十七巻（筑摩書房、一九八〇〜八二）の、第十三巻に収められています。こんなエピソードは山ほどありますが、おいおい語りましょう。

――勤めはじめた夜間高校をすぐにクビになった。つまり無職になっちゃったわけで、それは困りましたよね。

松本　ええ。それで庄さんが「俺が食わしてやる」って言うから、わたしもそれをやってたんです。

――それといいますと？

松本　だから、庄さんが大工仕事に行くとき、わたしも大工の格好をして行ったわけです。

――え？　大工になっちゃったんですか（笑）。松本さん、実際に大工なんてできたんですか。

松本　やろうとしたんですよ。でも、冬がきて、寒くて、屋根なんか上ってられない。手なんてかじかんじゃって、釘一本もロクに打てない。だからいまでいう手抜きですよ（笑）。

――あはは、って笑っちゃいけないけど、でもインテリはだめですね。

松本　ほんとうにインテリはだめだということがよくわかりました（笑）。それで庄さんに「俺は本を読むから、お前は働け」と。

――ずいぶんひどいというか、いい加減な先生ですね。

松本　そう。悪いけど、俺は大工仕事はできない。手を比べてみろ、お前はいかにも労働者の手だけれど、俺はだめなのだ。インテリは本を読むしか能がないのだ、と。その代わり君が働いている間、俺が本を読んで、それをダイジェストして教えてあげよう。それでおあいこだ、と。

――それ、おあいこじゃないと思いますよ（笑）。

松本　でも庄さんがそれでいいというので、仕事が終わると、小田急線の代々木《よよぎ》八幡《はちまん》駅近くの食堂なんかで、飯を食わせてもらって、代わりにわたしが本の話をするわけです。すると彼は、わたしが解説した内容を翌日、同じような言葉で、あたかも読んだかのごとく、誰かに話をする（笑）。実に、耳学問にすぐれた人だったんですね。

――なんとなく、一応交換が成り立っているんですね。

野間宏に就職を依頼する

松本　そんなことをしているうちに、東北大に残っていた玉井五一から連絡があったんです。「大学の文化祭で野間宏氏と木下順二氏に講演をお願いしたい、ついては東京にいる君が交渉してくれ」と。それで本郷の真砂《まさご》町の野間さんの家を訪ねたんです。まさに『暗い絵』の作品世界にふさわしい、なんだか暗い古びた家という印象でした。ところが野間さんも木下さんも講演を引き受けてくれたにもかかわらず、文化祭が土壇場でフイになってしまった。これには困ったけれど、仕方がないので、野間さんに謝りに行きました。もちろん野間さんには叱られましたが、しかしわたしが野間さんや木下さんの作品を読んでいたことで、逆に親しくさせていただくことになりました。それで図々しくも出版社への就職をたのみこんだのです。

――野間さんや木下さんをなんと言って口説いたんですか。

松本　特に口説いたわけじゃないんですけどね。

――人生どう展開するかまったくわかりませんね。

松本　それで野間さんが「たとえば、どういう出版社がいいのか」と聞かれるので、未来社と答えたんです。

――それはまたどうしてですか？　未来社は一九五一年十一月の創業だから、まだほとんど知られていないでしょう。

松本　その頃、夜間高校を出た神田駅前の通りに一軒の小さな書店があって、どういうわけか未来社の本が並んでいたんですよ。いまから思えば常備店だったんでしょうか。

――そのころ未来社に常備店なんてあったんですかね。

「てすぴす叢書」No.1～5

松本　それがあったんですねえ。そこで夜学の行き帰りに立ち寄って、その頃までに刊行されていた野間さんのエッセイ集、木下さんの戯曲、それに、舌を噛みそうな名前のスタニスラフスキーという、モスクワ芸術座の演出家の演劇理論などの翻訳を収めた「てすぴす叢書」（「テスピス」はギリシア悲劇の創始者）を買って読んでいたんです。出版なるものは何ひとつ知らず、ただ漠然と本を作ってみたい、それには、こういう本を作っている出版社がいいんじゃないかなと、勝手に思ったんです。

――で、野間さんにお願いしたら、すっと入っちゃったんですね。その頃、入社試験のようなものはあったんですか？

松本　その頃はもちろん正式な採用試験もなく、コネでいい加減に入社してたんじゃないですか。そのとき、野間さんに、お二人がおられた講談社とか小学館とかをお願いしますといっていたら、また別の編集者人生があったかもしれませんねえ（笑）。

2　西谷能雄社長の「頑迷固陋」

動機薄弱な第一歩

——松本さんが一九五三年四月に入社されたとき、未来社はどこにあったんですか。

松本　事務所は当時、本郷通りの東大農学部前の、東京大学学生基督《キリスト》教青年会館、通称東大ＹＭＣＡの二階の一室にありました。ヨーロッパ風に一階と呼んでいましたけどね。そこに野間宏さんが、親切にもわざわざ太った体をゆすって連れて行ってくれたんです。机や本で、野間さんがからだを横にしてようやく通れるくらいの隙間しかない、八畳ほどのごちゃごちゃした部屋だったでしょうか。こちらは出版について何ひとつ知識はないし、出ている本から想像すると、だれだって出版社というのは、もうちょっとマシなところで仕事しているんじゃないかと思うでしょう。ですから、内心がっくりしたものです。

——社長の西谷能雄《にしたによしお》さんとの初めての出会いはどんなふうでした？

松本　西谷さんは、いかつい、頑固そうな感じの人でした。わたしの履歴書を度の強いメガネ越し

西谷能雄

旧東大ＹＭＣＡ、ここに未来社の事務所があった

になめるように見て、「ほう、東北大か。学長の高橋里美さんは、将棋相手だよ」なんて言って、わたしが高校教師をクビになったことなどぜんぜん気にしない。あっさり「じゃ、しばらくやってみたら」ということになったんです。野間さんじきじきのお出ましと、西田幾多郎やハイデッガーに影響を受けた有名な「包《ほう》弁証法」を説いた哲学者の学長と西谷さんが将棋を指していたおかげで、入社できたようなものですね（笑）。なんとも動機薄弱な編集者としての第一歩が始まったというわけです。

――会社の場所も、入社の経緯も、いかにも戦後のどさくさが続いているという感じですが、それにしても出版社としては変わった場所にあったんじゃないですか。

松本　出版社だと神保町とか本郷とかが多いですが、西谷さんはそういう所からちょっと距離を置きたかったようですね。東大ＹＭＣＡは、いまでこそ立派な建物に建て替わってますけど、当時は木筋コンクリートとでもいうんでしょうか、四階建ての薄汚れた黄土色の宿舎でした。そこに、七六年にフランスで客死した森有正さんの部屋があったり、生涯を通して森さんの親友だった木下順二さんが、山積みの本に埋もれるようにして住んでいました（木下さんはわたしが入社してまもなく、現在の文京区向丘に転居した）。上階の広い集会場というか礼拝堂みたいなところは、山本安英《やすえ》さんたちが主宰していた劇団

「ぶどうの会」の稽古場で、いまも声優などでテレビで活躍している久米明さんはじめ当時の若い俳優さんたちが、木下さんの作品などの稽古で、しょっちゅう出入りしていました。東大YMCAは、もともとはキリスト者の東大生だけの宿舎だったんでしょうけど、神を信じないわたしたちや、マルクス主義の著者たちも、勝手に出入りしていて開放的でしたね。そんな時代でした。宿舎ですから、入り口には受付があり、全館土足禁止、みんな上履きにはきかえて上がるわけですよ。

未来社創業のいきさつ

——未来社でのお仕事の話の前に、未来社そのものの設立経緯についてお伺いします。これは業界ではわりと有名な話ですが、若い人たちはもう知らないかもしれませんので。

松本　未来社は、一九五一年十一月、弘文堂という出版社を退社した西谷さんが、編集者の細川隆司《りゅうじ》さんを連れて創立したものです。久保井理津男さんも同時に弘文堂を離れ、しばらく前に亡くなられた大洞正典《おおほらまさのり》さんというすぐれた編集者と創文社を興しました。弘文堂から枝分かれした出版社は、ほかにもいくつかあります。敗戦直後から一斉にスタートした出版社や雑誌社は、ほとんどが倒産して、一九五〇年前後は戦後出版社の第二次勃興期といえましょうか。ひと足早く四七年には、小宮山量平さんの理論社、青木春雄さんの青木書店などが出発しています。

——西谷さんが弘文堂を退社されて、未来社を始められた理由というのは？

松本　西谷さんは弘文堂に一九三七年に入社して、取締役編集部長にまでなったのです。弘文堂は

弘文堂の「アテネ文庫」

当時、「東の岩波書店」に対して「西の弘文堂」といわれるほどの出版社でしたが、木下順二さんの戯曲『夕鶴』のアテネ文庫刊行にまつわる事件がきっかけとなって、退社を決意したといいます。アテネ文庫というのは、四八年三月に発刊された文庫シリーズで、一枚の全紙を折って作った六十四ページのものがほとんどです。薄いけど、安くて一気に読めるユニークな文庫でしてね。深瀬基寛『現代の英文学』、渡辺一夫『知識人の抗議』、西谷啓治『ロシアの虚無主義』、小田切秀雄『共産主義的人間』など、いまも手元に残っていて、私も愛読したものです。この文庫は、思想・文芸・哲学・政治・歴史といった幅広いジャンルにわたっていて、音楽や科学や新約聖書などの三十円の小事典もありました。

——木下順二さんの『夕鶴』にまつわる事件というのは？

松本　西谷さんは、戦争中、築地小劇場に足繁く通い、山本安英さんのファンという演劇青年でしたから、「婦人公論」四九年一月号に発表された木下さんの『夕鶴』と、山本さんの舞台に衝撃を受けて、これをアテネ文庫に入れたいと企画したんです。いまでこそ『夕鶴』は戦後演劇を飾る代表作に数えられていますけど、その頃は京都大学の教授陣などで構成されていた弘文堂のアカデミックな編集顧問団や、会社の上役、仲間のだれもが、「戯曲は売れない」「木下さんはまだ無名だ」

ということで刊行に反対したわけですよ。

――企画や作品そのものではなく、著者の肩書や実績だけを頼りに判断する。いまもよくあることだけど、権威主義的で、ダメな編集会議の典型ですね。そういう出版社はたとえ会社は続いても、結局、出版社としての存在意義を失います。

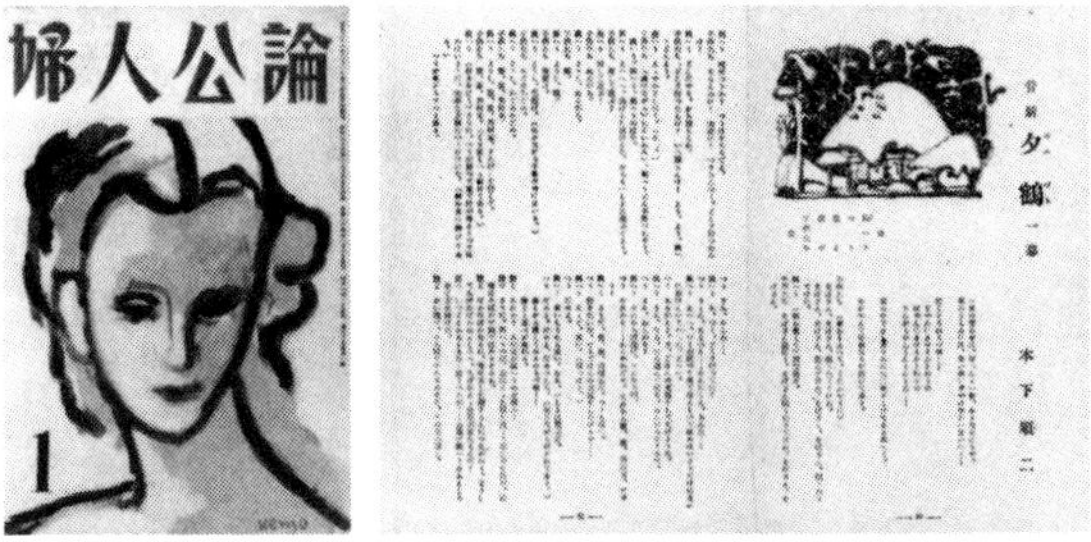

『夕鶴』を掲載した「婦人公論」（1949年1月号）

松本　まあ、結局、退職金などをカタに一切の経済的責任は西谷さんが負うということで、五〇年十月、アテネ文庫No. 131で『夕鶴』は刊行されたんです。ところが、責任を負うどころか、初版一万部はたちまち売り切れ、二刷、三刷もそれぞれ五千部と重版が続いたんです。しかし西谷さんが本当にうんざりしたのは、あれだけ反対した面々から、ひとことの挨拶もなかったことです。これはいまなお出版界にまつわる宿痾《しゅくあ》ですね。それで西谷さんは、権威主義と営業優先の出版姿勢に反発して、作りたい本を作れる出版社をやろうと、『夕鶴』と、同じアテネ文庫版の山本安英さんの『歩いてきた道』の「紙型《しけい》」（活版印刷用の鉛版を作るための堅紙製の鋳型）を退職金代わりにもらって、未来社を創業したんです。まあ、いまの若い方は「紙型」といっても知らないでしょうけれど。活版印刷時代は、のちのオフセット印刷のフィルムと同じく、版を重ねるために必要なもので、いわば出版社の財産です。

——松本さんが未来社に入られたのはそれから間もなくですね。

松本　わたしが入社したのは創業から一年半ほどたっていて、その頃はもう、新刊四十五点を数えていました。そのうち三十点ほどは戯曲かソビエト・ロシアの演劇理論書でした。だからはじめ未来社は、一般には演劇中心の出版社だと思われていたんじゃないでしょうか。事実、創業直後の一カ月ぐらい、西谷さんたちは、『夕鶴』と『三角帽子』(アラルコン原作・会田由訳、木下順二脚色)の「ぶどうの会」の旅公演にくっついてまわって、それらの本をその場で直接売っていたようです。面白いのは、創業にあたって社名を考える際、西谷さんは「ぶどうの会出版部」なんていうのも候補にしたそうです。木下さん、山本さんを通して、よほど深く「ぶどうの会」にコミットしていたんじゃないですか。後年、「いやあ、そんな社名をつけてたら大変だったよ」と苦笑してました。「ぶどうの会」は六四年九月に解散しますからね。

「水陸両用豆タンク」

——西谷さんという方は出版界についての論客としても有名で、けっこうアクの強い方だったようですが、実際につきあってみていかがでしたか。

松本　未来社になんとなく入社して三十年、いうまでもなく出版に関するわたしの師匠は西谷さんですけど、まああたしかに、非常に癖の強い人ではありました。「頑迷固陋《がんめいころう》」と自称していたように、歯に衣《きぬ》を着せず、なんでもはっきり物を言いましたし、好き嫌い、良い悪いがはっきりした人でしたね。だから、出版業界でも煙たがる人はいました。しかも、弘文堂での若い時代は猪突猛進、「水陸両用豆タンク」（笑）といわれたほどです。目が大変悪かったので、それがいくらかブレーキになって、それでわたしたちはいくぶん助かったようなものです。わたしが未来社を退社したとき、「よくもまあ、三十年も勤まりましたね」と、冗談もこめて誰かにいわれたことがありますが（笑）、逆にいえば、そういう西谷さんとだから、三十年勤まったともいえますね。

――西谷さんについてもう少し詳しく教えてください。

松本　実は、日本経済評論社の栗原哲也さんに、早くから「西谷能雄伝」を書けとせっつかれながらそのままなので気が重いんです。しかしそれはそれとして、ちらりちらりと聞いた生い立ちの一端などにふれますと、西谷さんは、いまの東京外国語大学の前身、東京外国語専門学校でロシア語を勉強していたんです。それが、日本でも先駆的な、学生の生協運動かなんかの首謀者として除籍処分になり、たしか、サハリン（当時・樺太）で教師をしていたお兄さんの家に、一時、「島流し」にされたようです。そのとき、小林多喜二が虐殺されたニュースを聞いて、山のなかでひとり泣いていたといいますから、一九三三年、西谷さんが二十歳になるかならないかの頃ですね。

――西谷さんの、その後のお仕事にもつながる、ある一面を思わせるエピソードですね。

松本　その後、明治大学の文芸科に入って、山本有三や豊島与志雄などに教えを受けていますし、小林秀雄などもかかわっていた同人雑誌で、西谷さんの書かれた「レールモントフ論」を読んだ記憶もあります。この文芸科時代の縁で、のちに未来社から『豊島与志雄著作集』全六巻（一九六五～六七）が刊行されたんです。そういえば、その刊行を応援してくれた山本有三氏の湯河原の豪邸に、西谷さんに連れられて行ったことがあります。十代半ばごろに読んで感動した『路傍の石』や『真実一路』や『波』などを思い浮かべて、貧しい人びとの必死の生活が描かれた作品と、作者の現実の豊かな境遇とのあまりのへだたりに、失礼ですけど、がっかりしたものです。

――そうすると、西谷さんは若い頃からまじめ一本やりの方だったんでしょうか。

松本　ところが、そうでもない面白いユニークな一面もあったんです。若い頃に、酔っぱらって当時の市電をとめたりしたこともあったそうですよ。もともと西谷さんの生まれは北海道ですが、お父さんを二歳で亡くしたので、母方の佐渡ヶ島で母の手ひとつで育てられ、中学を卒業して上京したのだと思います。いま、ぱる出版から『秋山清著作集』全十一巻・別巻一（二〇〇七、完結）が出ていますが、その秋山さんがいつだったたか、「西谷さんの佐渡おけさは、日本で二番目にうまい。一番は彼の師匠だけど」と言ったことがあります（笑）。社員旅行なんかで興に乗ると、重量感のある体で実にあでやかに踊りながら歌ってましたが、その正調〝おけさ節〟は味わいがあって見事でした。佐渡時代は夜を徹して踊っていたといいますからね。その下地が、人文・社会科学関係の研究書などへの熾烈な関心とは別に、木下さんの民話劇や、宮本常一さんなどの民俗学、また、『こけしの美』（一九六二）とか『越中おわら風の盆』（一九七九）など、日本の民芸・芸能などへの愛着と出版につながったんでしょう。西谷さんは、一九九五年四月二十九日、八十二歳で亡くなりました。肺ガンでしたが、生前のヘビー・スモーカーぶりは有名で、白内障を手術した時、「医者に眼球が真っ茶色だったと言われたよ」なんて、笑ってました。まあ、西谷さんのことは話し出すときりがないので、おいおい話しましょう。

土本典昭との縁

――しかし、何の知識や技術もなくて出版社に入社するというのは、最初はけっこうとまどったりしませんでしたか。

松本　それはむろん、とまどいだらけですよ。面接のときだったですかね、西谷さんから「君、校正やったことあるの?」と聞かれたんで、とっさに「ええ、あります」と答えちゃったんです（笑）。実は、入社直前、第三回参議院議員選挙（一九五三年四月二十四日）があって、立候補した平野義太郎氏の運動員のアルバイトをやってたんですけど、そのときに、はがきかチラシかなんかの校正をやったことがあったんですよ。

――そんなの、校正とは言いませんよ（笑）。

松本　でもそう言っちゃったもんだから、「じゃ、これを校正してくれ」と渡されたのが、フランスの劇作家アルマン・サラクルーの『怒りの夜』（てすぴす叢書No.18）です。さすがに慌てましたけど、なんとかやったもんです。編集者として校正を担当した初めての本で、忘れられませんね。未来社の創業から四十七冊目の本です。フランスのレジスタンス運動をとおして自由の問題を追究したいい戯曲で、感動しながら、ミスがないように必死でしたよ。この作品の訳者のひとりである道井直次さん（鎌田博夫共訳）は、関西芸術座の演出家で、さきごろ新聞で訃報を拝見し、昔日のことが思い返されました。

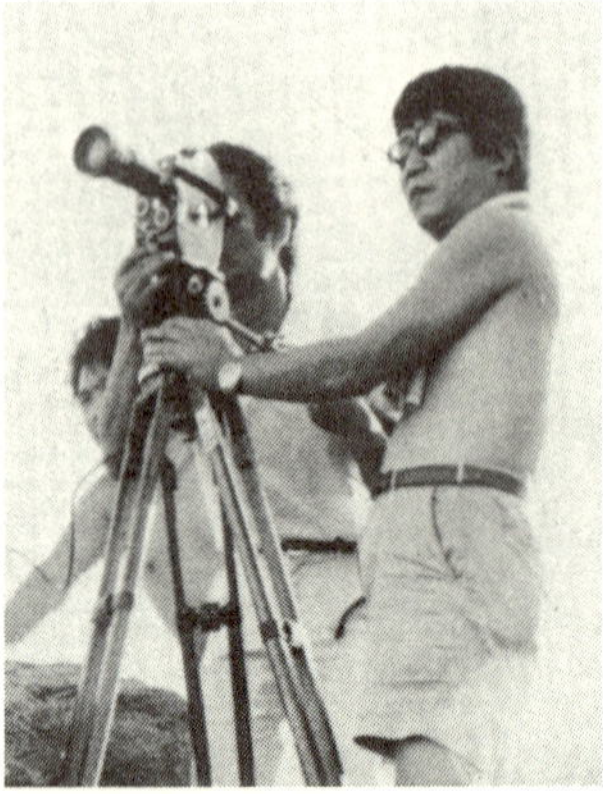
土本典昭（1970年、『土本典昭フィルモグラフィ』シグロ発行より）

――それでともかく校正という難関はクリアした、と。

松本　いえいえ。以来、校正については正式に学んでいません。はじめの頃は、誤植だらけの本をずいぶん作りました。自慢することじゃありませんけどね（笑）。しばらくぶりに著者に会ったりすると、誤植のことを懐かしがって話題にされたりして。その頃は、少々の誤植などであまりガタガタいいませんでしたよ。誤植がなくたってダメな本はダメなんだ、誤植があったっていい本はいいんだ、なんて開き直って（笑）。自己流ですからいまだにダメですね。

――編集者はだいたい校正はだめですね。なんだかわれわれが校正ができない言い訳をしてるみたいですが、あれは特別の才能と長年の訓練がいるようで、どうも編集の仕事とはまったく別もの……。

松本　といって慰めるほかありませんけど（笑）。ところでさきほどの、校正ともいえない校正をやった選挙運動で、実は土本典昭さんに初めて出会ったんです。むろん、そのときは、土本さんがかつての全学連副委員長だったなんて知らないし、ましてや、のちに岩波映画に入って、水俣の記録映画を撮りつづける高名な映画監督になるなんて予想もしてませんでしたけどね。たしか、九段の一口坂《ひとくちざか》にあった中国研究所に選挙事務所があって、そこで選挙参謀というか事務的なことをとりしきる責任者みたいでした。そのバイトには、同じ失業者だった例の庄幸司郎や玉井五一を誘ったんですが、トラックに乗って街中を走りまわる〝連呼〟から夜帰ると、「ごくろうさん」と、気さくにわたしたちを小さな中華そば屋か屋台に連れて行ってくれて、一杯おごってくれたもんです。すっかり親しくなって、文学や政治談義をやったりしましたが、そのときはまだそれだけだったわけですね。

映画『水俣』より

　ところが、やがて招かれた試写会で、『水俣——患者さんとその世界』（一九七一）を見てびっくり仰天。土本さんのすべてのエッセイとシナリオなどを収めた最初の本である『映画は生きものの仕事である』（一九七四・六。新装版、二〇〇四）を、つづいて『逆境のなかの記録』（一九七六・十。新装版、二〇〇四）を編集・刊行することになったんですが、それまでには実に二十年ほどの歳月がたっています。

いい人のいい文章を本にしたい

——松本さんの編集者としての実質的な仕事は、どんなふうにして始まったんですか。

松本　入社してしばらくたってからだったと思いますけど、西谷さんが、企画があるなら遠慮なく出しなさいというんですね。それではと、巻き紙みたいに紙を張りつなげて、思いつくままにずらずら書き並べて出したことがあります。まったく出版に無知だったものですから、そのなかには、

「ぶどうの会」稽古場で（1950年、前列左から西谷能雄、森亮子、山田肇、山本安英、木下順二、山田肇夫人、4列め右端が久米明）

『石川啄木全集』とか『有島武郎全集』とか『二葉亭四迷全集』なんかもあったと思います。駆け出しの、四、五人でやってる小さな出版社でできるはずがありませんよね。むろん、やがて実現する「新日本文学」や「近代文学」関係の戦後派の作家、批評家の方々の企画もあったと思いますけど、なにしろ外国の翻訳ものも含めてずらずらとお経のように書いていったので、西谷さんもあきれたんじゃないですか（笑）。

――未来社にはその頃、ほかにどんな方がいらしたんですか。

松本　弘文堂からずっと一緒で編集者だった細川隆司さんは、五六年二月に事情があって退職しましたが、当時の未来社の本の奥付には、「編集者　細川隆司、発行者　西谷能雄」と、ふたりの名前が併記されていました。細川さんはやさしい人柄で、お酒が好きだったので、よく一緒に飲んだものです。その頃、営業を一手に引き受けていたのが、わたしの前年に入社した五歳年下の、弱冠二十歳の小汀良久《おばまよしひさ》さんでした。小汀さんは、後に宮本常一さんの「土佐源氏」（『忘れられた日本人』収録）の一人芝居で盛名を馳せた、島根で同郷の坂本長利《ながとし》さんと親しく、二人は下宿で一緒だったこともありました。坂本さんは「ぶどうの会」の俳優だったんです。

小汀さんは六二年二月に退社し、六八年に新泉社を設立します。出版活動のほかに、出版流通に関するオピニオンリーダーとして活躍していましたが、九九年十二月に急逝しました。亡くなるまでわたしはつきあいがあって、葬儀のさいには弔辞を読んだ間柄です。あとは、品出しや返品整理をやるアルバイトの青年がいましたが、これがわたしが未来社に入ったときの陣容です。出版についての日常的業務は、細川・小汀両氏に手とり足とり教えてもらいましたよ。それで、わたしが入社した五三年には三十七点、翌五四年には五十点の新刊を出しています。コンピューターもファクスも携帯電話もない、むろん社の車もない、あるのは机と電話と自転車だけ（笑）。そんな活版印刷の時代に、よくやったものですね。

――松本さんご自身の編集方針のようなものはあったんですか。

松本　少しずつ出版の事情や人との関係がわかってくるにつれて、ひそかに心に決めたことがありました。それは、同時代の日本人の文学・思想関係の本を中心に出版したいということです。どちらかというとそれまで、とくに戦後は、わたし自身、翻訳もののお世話になることが多かったんですが、それらはすでにはじめから評価が決まっているものだし、どこの出版社も追いかけているし、翻訳の良し悪しがあるだけなんで、何もわたしがやることはない。それらは読者として買って読めばいいわけだから、あまり他の出版社がやらないもの、それと大出版社が追いかけている文壇的なものや権威的なアカデミズムは避けようと思いました。もともとそんなことができる条件もありませんしね。この点で、西谷さんの反権威的な姿勢に学び、共感しました。

それと、こういうことを言うと編集者として傲慢といわれるかもしれませんが、せっかく同時代に生きて顔つき合わせて本を作るわけですから、人柄のいい人で、いい文章を書く人の本を作りたいと思ったんですね。いいものを書いていても、いやだと思った人の本は作りたくない（笑）。わたしの勝手な、一方的な姿勢ですけど、逆に、相手がわたしをいやだと思ったら、別れればいいことですから。すれ違いの不幸は仕方ないことなんです。

――基本はそれであるにしても、会社の仕事ということになると、それはなかなか通らない話ですね。とくにいまは本をたくさん作らなくちゃならないですから。

松本　それはそうでしょうけど、小さなところはそういうわがままを押し通すしかない。むろん、経済力もありませんから、著者との人間的共感のうえに立って仕事をするほかないんです。わたしなんか、そんなこんなで編集者になったようなものですが、資料によると、わたしが入社した五三年の出版総点数は一万百点とあります。現在は約八万点です。実に八倍ですよ。出版社も、千五百社ほどだったのが、今は四千五百社ぐらいですか。はたして日本の文化は、何もかもが量的に増えることで、向上したんでしょうか。また五三年の「毎日出版文化賞」には、丸山眞男さんの、かの有名な『日本政治思想史研究』（東京大学出版会）や、杉本栄一の『近代経済学史』（岩波書店）などが選ばれていますし、ベストセラーには、アンネ・フランクの『光ほのかに』（文藝春秋新社）のほか、ボーヴォワールの『第二の性』（新潮社）、『日本資本主義講座』（岩波書店）第一巻などが入っています。それに比べていまのベストセラーは、正直なところどう思いますか？　どうなっちゃってるんだろうと思いませんか？　隔世の感というか、暗澹たる思いがしないでもないですね。

3　花田清輝、品行方正の破れかぶれ

最初に企画・編集した本

――松本さんが未来社に入られて、最初に企画・編集した本が花田清輝の『アヴァンギャルド芸術』（一九五四・十）ですね。この出版の経緯をお聞かせください。

松本　わたしが編集者になる前、戦後、花田さんには三冊の著書がありました。『復興期の精神』（我観社、一九四六。のち真善美社、一九四七）と『錯乱の論理』（真善美社、一九四七）、それに『二つの世界』（月曜書房、一九四九）です。つまり四九年以来、五年間、花田さんには著書がなかったのです。花田さんが戦後深くかかわった真善美社や月曜書房がその後、倒産したこともあって、埴谷雄高さんなどとともに〝出版社つぶし〟なんて異名がひそかに流れてましたから（笑）、どこの出版社も敬遠していたんでしょうか。それが駆け出し編集者のわたしにとっては幸いしたといいますか。

――真善美社というのは、東条英機政権に反対して割腹自殺したジャーナリストで政治家の中野正

『1946　文学的考察』カバー

剛、その遺児の達彦・泰彦兄弟が経営していた出版社ですね。

松本　そうです。花田さんは戦時中、中野正剛の末弟の詩人・小説家の中野秀人氏と親しくしていて、雑誌「文化組織」を出していました。そんな関係で真善美社に協力したわけです。わたしは仙台時代前後から花田さんなどの本を読み始めていましたが、真善美社からは、加藤周一・中村真一郎・福永武彦の『1946　文学的考察』（一九四七）や、野間宏さん、中村真一郎さんなどの小説が「アプレゲール・クレアトリス」、つまり「戦後の創造者たち」というシリーズで出ていました。その第一弾が野間さんの『暗い絵』（一九四七）で、第二弾が中村真一郎『死の影の下に』（一九四七）です。「アプレゲール・クレアトリス」というシリーズ名は、中村さんがつけたといわれています。また、埴谷雄高さんの『死霊』（一九四八）も真善美社から、同じく『不合理ゆえに吾信ず』（一九五〇）は月曜書房から出版されていて、それらを読んでわたしは編集者になったらぜひお二人の本を作りたいと、花田さんと埴谷さんには特別な思いを抱いていたんですね。

――特別な思いとは？

松本　埴谷さんの『死霊』は、敗戦翌年の一月にスタートした「近代文学」創刊号から連載されました。ところが、これがすぐにはよくわからない（笑）。花田さんの『復興期の精神』も率直にいってよくわからなかったけど（笑）、とにかく凄いということは直観としてわかった。それまでわたしが読んでいた近代文学の枠内では、ちょっとつかまえきれない何かに惹かれたんでしょうね。なにしろ花田さんの本は、聞いたこともない外国人の名前がずらずら出てくるし、加えて独特の文体ですから、文中に出てくる人名の索引を作って、それを調べながら読んだものです。だからわたしの持っている『復興期の精神』には、「索引作成済み」なんてバカみたいなメモが残ってますよ(笑)。戦争中、花田さんの生活の面倒をみた詩人の関根弘さんが、「『復興期の精神』が戦後文学の方向を決定した」というような発言をしたことがあります。それに対して、本多秋五さんが、名著といわれる『物語戦後文学史』(新潮社、一九六〇。のち岩波書店)のなかで、それには同感できない、なぜなら「わかりにくかった」と反論しています。花田さんの本は、そう簡単にわかったといえるような代物ではないんです。

――ところで、花田さんには、どういうふうに話を持っていったんですか。

松本　当時、書評紙として権威のあった「日本読書新聞」だったと思いますが、その片隅に、花田さんがエッセイ集を計画しているという小さな記事が出ていたんです。花田さんは、書いてるもの

『復興期の精神』表紙

『錯乱の論理』カバー

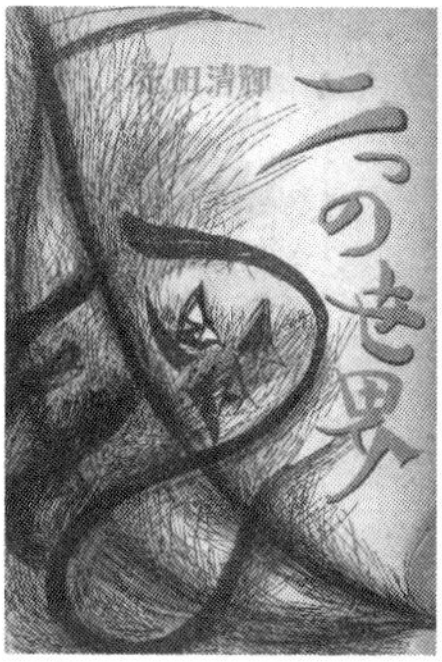

『二つの世界』表紙

から察するとなんとも怖そうな人だと思いましたけど、さきほども言ったように、なんとしてもこの人の本を作りたかったので、ええい、当たって砕けろと決心して、手紙を出し、了解を得て家に飛びこんだんですね（笑）。

――編集者のカガミです（笑）。でも松本さんがそう思ったとしても、社長の西谷能雄さんの、花田さんに対する評価はどうだったんですか。やはり買っておられたんですか。

松本　いや、西谷さんは、花田さんについてはほとんど知りませんでした。でも西谷さんには、未来社創業のきっかけになった例の〝夕鶴事件〟の経験があるでしょう？　それで「やりたいものはやれ」と常々わたしたちに言っていたものですから、「花田さんのことはよく知らないけど、君がいいと言うのなら」と、すんなりオーケーしてくれたんです。

――それが現在、影書房で刊行されている戦後文学エッセイ選1『花田清輝集』につながる、記念すべき第一歩になったわけですね。

松本　そうですね。わたしの編集者人生にとっても、『アヴァンギャルド芸術』がひとつの突破口になったと思います。以後、花田さんが七四年に六十五歳で亡くなるまで、『著作集』全七巻と単行本十一冊、合わせて十八冊を作りました。そして、編集者はただ単に本を作るだけがノウじゃない、編集という仕事を通して時代とどうかかわるか、その基本的な姿勢というか、覚悟みたいなものも学んだと思いますね。

若造編集者と対等につきあう人

――花田さんはそれほど多作な書き手ではなかったし、そもそも、ひとりの著者の本をひとりの編集者が十八冊作るというのは相当稀有なことです。大手の出版社だと、編集者が部署を異動するし、なかなかひとりの著者にそれだけ入れこんでつきあうことはできない。だいたい「よくわからないけど、この著者は凄い」というだけでは、編集会議は通りませんよ。

松本　だから会議なんかやってもダメなんです。わたしは会議は昔からキライです。自由に話しあうのは大好きですけど。第一、多数決や、売れる・売れないだけで、本の出版を決めるなんてわけにはいかないでしょう。

花田清輝（1959年、未来社編集部で、話している相手は松本、撮影・矢田金一郎）

――まあまあ、それはともかくとして（笑）、実際、花田さんにお会いしてみて、いかがでしたか。つきあいやすい方だったんでしょうか。

松本　いわゆる、つきあいやすいタイプの方ではなかったですね。ほとんど日常的な会話はなく、会っても「やあ元気？」なんて時候の挨拶もしない。いきなり、「昨日

『アヴァンギャルド芸術』初版本、カバー・帯

読んだ何々について君はどう考えるか」「いま何を読んでいるのか」「おもしろい本や映画はないか」「コレコレについて書いているが君はどう思うか」といった具合ですから、うかうかしてられません。だから、自宅に伺うときは、花田さんの書かれたものはもちろん、文芸誌から何からいろいろ読んで準備したり、たいへん緊張しました。でもそれは、花田さんの平等感覚というか、相手がどんな若造の編集者であっても対等につきあうという姿勢だったんですね。

亡くなったとき、わたしは、花田さんが好きだったラヴェルの『ボレロ』を引き合いに出して追悼文を書いたことがあります。一見、単純そうに聞こえるあの曲は、各楽器奏者のソロの部分で力量が試される難曲中の難曲でもあるんです。それぞれがパートの任務を果たし、やがて協同し、曲の主題を高めて、一瞬にして終わる。いかにも花田さんの芸術運動論にふさわしい気がするんです。

――『アヴァンギャルド芸術』を出版するまでの編集過程はどうだったんですか。苦労されたことは？

松本　花田さんは「未来社は本の売り方が下手だから」と言って、口絵の著者近影のところに、自分の写真ではなく、当時、西部劇のスターとして人気のあった俳優ヴィクター・マチュアの写真を使い、「スキャンダルを起こし、ベストセラーにしよう」と提案されたんです（笑）。花田さんはヴィクター・マチュアによく似ていたんですよ。わたしは「入社したての無邪気な顔をした編集者」

と花田さんに書かれたことがありましたけど（「著者近影」一九六七・三）、そんな「無邪気な顔」をしたまま、西谷さんにこのアイデアを話したら「君、そんなインチキなことができるか！」って、かんかんに怒られましてね（笑）。結局、口絵はボツになり、花田さんに「欲のない出版社だ」なんて皮肉られました。花田さんは鹿児島の旧制七高入学のとき、自己紹介で「フィレンツェ生まれ」と言っても、だれも疑わなかったって（笑）、嘘か本当かそんな話もあります。

風貌も魅力的な人でしたが、書かれるものもまた大変魅力的でした。エッセイで、七、八割書き進んだあたりで突然、「まあ、こんなことはどうでもいい」と書くんですね。そうするといままで読んだのはムダなのかと思うでしょう。しかしそうじゃないんです。ブレヒトでいえば「異化効果」というのか、相手を立ち止まらせる、突き放すというか、読む者にディスタンス＝距離を持たせる。冷めた目でモノを直視させようとするんですね。こういうふざけたいい方も、そのための手練手管でもあるんです。

――なるほど。これだけたくさん本を作られた間柄なら、酒席をともにされることも多かったでしょう。

松本　花田さんはお酒はぜんぜんダメなんです。目の前のコップに入っていた焼酎か何かを、水だと思って一気に飲んでひっくり返ったという逸話があります（笑）。でも、田中英光とか坂口安吾とか、いわゆる飲んだくれの無頼派的作家の作品や人柄を深く理解して、親切に面倒を見ていたんじゃないですか。二人についてのいいエッセイもあります。そしてみずからは「品行方正の破れかぶれ」と自称していました（笑）。食べ物にも無関心でした。あるエッセイで、「私には神保町はただの砂漠としか思えなかった」といったようなことを書いています。本ばかり見て歩いて、空腹になるけれど、食堂にひとりでは入れない。つまり、人前でものを食べるのは恥ずかしい、何かをくれと注文することが恥ずかしくてできなかったんですよ。

――あんなに立派な、怖そうな顔をしているのに（笑）。

松本　それでいつか、稲荷ずしが好きだとたまたま耳にしたので、わたしのおふくろにお稲荷さんを作ってもらって花田さんに届けたら、「おいしい、おいしい」ってたいへんに喜ばれました。お宅で話しこんで遅くなると、必ずといっていいくらい鰻をご馳走してくれましたが、花田さんは生きるために仕方なく一気に食べるというふうでした。味わって食べるというより、簡単に食べられるものを食べていたという感じですね。野菜なんかを食べて健康に注意するなんてことからは、まことに縁遠い方でした。でも、コーヒーは好きで、喫茶店で話しこんでいると、おかわりしたりしていました。

――僕らは著者と会うと、食べ物の話ばっかりしますけどね（笑）。食べ物だけでなく、著者の好み、いわゆる泣き所を見つけるのは編集者にとって大変大事なことです。「楕円の論理」で知られるコワモテ、花田清輝は、酒は飲まずコーヒーを好み、そしてお稲荷さんが好きだった、と（笑）。そうすると日常生活なんかも大変だったんじゃないですか。

松本　わたしが伺っているときは、奥様とも日常会話らしいものをほとんどしていませんでしたね。その点では普通の家庭とはまったく違っていたようです。「心臓は犬にくれてやった」「impersonal《インパーソナル》な（個人的でない）関係」「仕事の切れ目が縁の切れ目」など、花田さん一流の殺し文句というか、アフォリズムがありますが、花田さんは、日本的で安易なべたべたした人間関係に批判的だったんですね。文壇とか学界に対してもそうでしたから。だから、『アヴァンギャルド芸術』刊行のときも個人的な出版記念会なんかはやらずに、仲のよかった岡本太郎さんが『今日《こんにち》の芸術』（光文社、一九五四）を出版したのを機に、翌年の五五年一月、合同討論会形式で集会を開いただけです。瀬木慎一さんと針生一郎さんの報告などがあり、二十代から三十代はじめの文学者や美術関係者たちを中心に深夜まで議論しました。そこで初めて吉本隆明さんをお見かけしたり、武井昭夫さんの発言に感心したりしたものです。とはいえ、こちらは飛びかう言葉を追っかけるのに精いっぱいで、隅っこで小さくなっていただけですけどね（笑）。

岡本太郎

――その最初に企画編集された『アヴァンギャルド芸術』は、評判になってよく売れたんではないですか。そういう意味ではすばらしいスタートですね。

松本　まあ、未来社としては売れ行きがいいほうで、何度か重版しました。といっても部数はたいしたことはありません。ソフトカバーだったのを、六一年に上製クロース装・貼函《はりばこ》入りの新装版にしましたけど、合わせて一万部ぐらいじゃないですか。あとは、他社がいろんな形で再刊しています。

――部数はともかく、花田さんの仕事は、戦後の文化に非常に大きな影響を残しましたね。

松本　そうですね。今年（二〇〇六）二月に、戦後六十年間に出た戦後思想に関する膨大な著書の中から五十冊を選んだ『戦後思想の名著50』（岩崎稔・上野千鶴子・成田龍一編、平凡社）という本が出ました。それらの選書がすべて妥当かどうかは別にしても、やはり、花田さんの『復興期の精神』が選ばれています。これは一篇を除き、すべて戦争中に書かれたものですから、いわば、戦後を準備したエッセイ集と言えます。文学の域を超え、戦後の思想書の一冊として見逃すわけにはいきません。『戦後思想の名著50』で解説を書いている坪井秀人氏も、この本は、「読者の理解を混乱させる韜晦《とうかい》の書」と思われがちだが、じっくり時間をかけて読めば、その「明晰さと体系性」に「感銘」するだろうと書いています。花田さんが亡くなって、もう三十年以上がたち、その間、機会あるごとにわたしは「じっくり」読んできていますが、どうしてどうして、そう簡単に感銘できる本ではありませんよ。

発禁を狙った「男女交合図」

――未来社から、花田さんの五冊目の著作となる『復興期の精神』が五九年に復刊されていますね。

松本　ええ。『復興期の精神』は、五一年に角川文庫に入ったんですが、わたしが花田さんにお会いした頃は、もう品切れだったんです。そういえば、文庫になったものを単行本で復刊したいと思ったものが、そのころ三冊ありました。『復興期の精神』と、竹内好さんの『魯迅』、武田泰淳さんの『司馬遷――史記の世界』（ともに一九五二年に創元文庫に入ったが絶版）です。『魯迅』は六一年に未来社で復刊し、『司馬遷』は五九年に文藝春秋新社が復刊しました。いわばこの三冊が、戦争中に書かれたものでありながら、戦後のわたしのささやかな歩みの指標となった本と言えるかもしれません（『魯迅』は二〇〇二年、鵜飼哲さんの解説付きで未来社から四十年ぶりに再刊された）。

――『復興期の精神』は復刊だからすんなりいったでしょう。

松本　『アヴァンギャルド芸術』のときは、さきほど言ったとおりヴィクター・マチュアの写真の案が西谷さんに却下されましたが、『復興期の精神』では、これも花田さんの提案で、本扉にレオナルド・ダ・ヴィンチの「男女交合図」のスケッチを印刷したんです。「これで発禁になれば評判になる」と花田さんに言われて（笑）。わたしもいくらかはウブな編集者の域を脱していましたから、今度は西谷さんにもだれにも言わないで、不安と期待をこめて勝手にやってしまったんです。ところが発禁になるどころか、どこからも反応がない（笑）。だいたい、本の扉なんてそんなによく見ないところだし、淡い緑のインクの印刷が薄く精密すぎて、だれも気がつかないんです。これには花田さんとがっかりしたものです。もし、この初版の本をお持ちの方がいらっしゃったら、せっかく発禁覚悟でひと工夫したんですから、じっくり見てください。

――花田さんは本作りでも奇抜なアイデアを考えるんですね。

松本　そうなんです。『アヴァンギャルド芸術』のときには、もうひとつ提案があって、カバーにディズニーのカラーアニメを使おうと言われたんです。でもお金がかかるので、結局これ

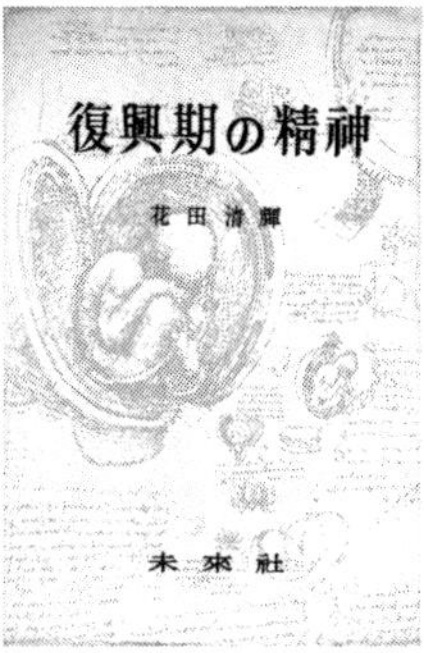

『復興期の精神』カバー

『さちゅりこん』

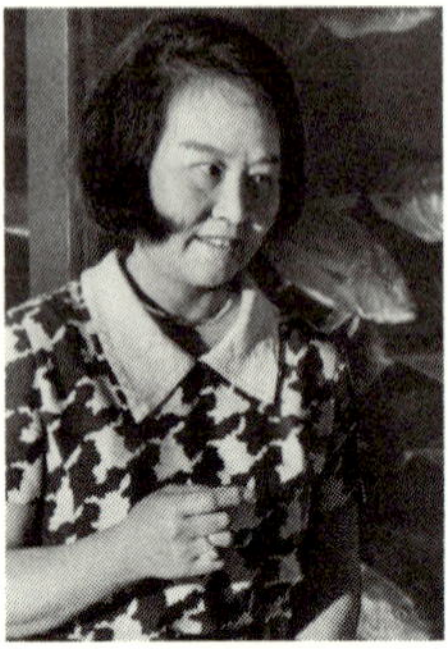
桂ゆき

も却下され、インクを一色しか使わない粗末な装幀になってしまいました。しかし、五六年に出た花田さんの二冊目のエッセイ集『さちゅりこん』では、西谷さんもいくらかわたしの実績を認めてくれたんでしょうか、洋画家の桂ゆきさんの『婦人の日』という絵を、カラーでカバーに印刷できました。花田さんと、桂さんのアトリエを訪ね、花田さんが選んだその絵を車で運び、未来社の前の東大農学部構内の広い空地で、太陽光線の下、印刷所の友人に撮影してもらいました。

――手作りというか、ずいぶんと原始的ですね（笑）。

松本　その印刷所の友人というのが、仕事だけでなく個人的にも親しくつきあいを続けた形成社印刷の入野《いりの》正男さんです。二〇〇二年二月に亡くなりましたが、印刷職人の最後の人といってもいい人です。彼のこともおいおいお話しすることになるでしょう。もうひとつ、花田さんの本の装幀のことで言うと、『近代の超克』（一九五九・十二）では、岡本太郎さんの『赤い兎』という絵を、やはり、花田さんと一緒に岡本さんのアトリエに訪ねてお借りし、表紙に使わせてもらいました。だけど、桂さんにも岡本さんにも、装幀料は一文も払ってなかったと思いますよ。おふたりとも花田さんには敬意を払っておいででしたからね。

――よほど著者と親しい方でないと、いまではまず無理な話でしょう。

『映画的思考』

松本　なんでもかんでもカネで片づけるような時代ではなかったということです。三冊目の『映画的思考』（一九五八・四）のときは、映画『ロンリー・マン』の公開用ポスターをカバーにどうかと花田さんが言うので、映画館にそのポスターをもらいに行って印刷したんです。ところが意に反して実に低俗な仕上がりでね（笑）、がっかりしました。カウボーイ姿の主人公アンソニー・パーキンスが、つばひろのハットを深々とかぶった頭をうなだれ、荒野を馬にまたがってくる場面はなかなかいいんです。映画はつまらないが、『ロンリー・マン』という題名は「身につまされる」なんて、花田さんは書いています。本を届けたとき、最初ご覧になった花田さんは、一瞬ギョッとしましたが、「こういう低俗な感じの本が俺にふさわしいのさ」と言って苦笑されたのが忘れられません。のちの改訂増補版『新編映画的思考』（一九六二・七）では、函に、『勝手にしやがれ』のジャン・ポール・ベルモンドと、『太陽がいっぱい』のアラン・ドロンのスチールを印刷して作り変えました。

——映画のポスターやスチールを使うなんて……とくに外国映画だと、いまはそう簡単にはいきませんよ。当時の出版界には、著作権意識というようなものはあまりなかったんでしょうか。

松本　あまりなかったですね。

「受け継ぐ」ことへの絶望感

——ところで、花田さんの影響は相当多方面に及んでいますね。

松本　ええ、思想や文学は言うまでもなく、美術・演劇・映画・記録・テレビなど、実に広いジャンルに及んでいます。ジャンルを超えることそのものが、花田さんの主張でしたからね。これはだいぶあとの話になりますが、九八年九月、残念にも六十一歳で急逝した久保覚《さとる》さんは、まさに『アヴァンギャルド芸術』の申し子といってもいい人でした。わたしより十歳も若い彼が、高校時代の十六、七歳の時、この一冊を読んで衝撃を受け、以後の人生を決定づけられたと、いつかわたしに語ってくれたことがあります。本を作った本人ですらよくわからなかったのにねえ（笑）。編集者冥利につきる話です。

——久保さんとは、どういうおつきあいだったんですか。

久保覚

松本　彼が現代思潮社の編集者になった六〇年代はじめから亡くなるまで、特に晩年は濃密におつきあいしました。彼は、鷲尾さんのおられた講談社で、すべてをとりしきって『花田清輝全集』全十五巻・別巻二（一九七七～八〇）を編集し、解題・校訂・年譜などを作成しました。これはおそらく、これまでの日本の全集のなかで最高の出来ばえだと思います。この右に出る全集はないんじゃないですか。久保さんの編集者としての力量には、わたしなど足元にも及びませんし、彼の文筆活動もこれから再評価されるべきものだと思います。久保さんの没後、二〇〇〇年十一月、『収集の弁証法――久保覚遺稿集』と『未完の可能性――久保覚追悼集』の二冊を、影書房で私家版として刊行しました。

――そういう意味では、優れた著者、書物の力というのは、後世に思いもかけない影響を及ぼしますね。

松本　ついでですが、さきほどの『戦後思想の名著50』のなかに、花田さんのほか、五〇年代から六〇年代にかけてわたしが未来社でかかわった本が三冊入っています。丸山眞男さんの『現代政治の思想と行動』、宮本常一さんの『忘れられた日本人』、それと橋川文三さんの『日本浪曼派批判序説』です（未来社の本では、国立《くにたち》市公民館市民大学セミナーの記録『主婦とおんな』〈一九七三〉もある）。選ばれている本は違いますけど、著書にかかわることのできた竹内好さん、石母田正《いしもだたしょう》さん、鶴見和子さん、藤田省三さん、上野英信さん、吉本隆明さんなどの本もあります。『戦後思想の名著50』の帯に、「私たちは何を受け継ぐべきなのか?!」とか、「戦後六十年を無駄にしてはならない！」と疑問符と感嘆符つきの惹句がありますが、まあ、当時のことをいろいろ思い起こし、一編集者としてはぜひそうあってほしいと思いますね。いまの日本のありさまをみていると、「受け継ぐ」と言葉で言うのは簡単ですけど、ある絶望感もあります。

――それで花田さんの次に、文学方面の仕事ということで、埴谷雄高さんに行くわけですね。

松本　ええ、でもその前にいくつか大事な仕事があります。実は、わたしが入社早々から企画していた平野謙さんの文芸評論集や、平野謙・山本健吉・小田切秀雄編『現代日本文学論争史』全三巻、それに西谷さんが創業当初から進めていた丸山眞男さんの『現代政治の思想と行動』全二巻や、石母田正さんの『古代末期政治史序説』全二巻などが、五六年末ごろからまとまり始めたんです。埴谷さんのいわゆる「評論全集」のスタートは五七年三月、わたしが入社してから満四年の頃です。しかもこの間、西谷さんとともに未来社を創業した編集長の細川隆司さんは、五六年二月に退社されていますから、結局、西谷さん、営業の小汀良久さんのほかは、営業・総務・経理の女性が三、四人だけで、五九年四月に新たな編集メンバーが加わるまで、わたしの〝編集一人旅〟が始まるのです。この数年間が、編集者としてだけではなく、出版すべての雑事まで含めて、最も鍛えられた時期と言えますね。

4　平野謙の芸術と実生活

編集は足で稼げ

――一九五四年に花田清輝『アヴァンギャルド芸術』を刊行された後、すぐに埴谷雄高さんの仕事に向かわれたのではないとのお話でしたが。

松本　ええ、その前にもいろいろあります。わたしが入社したころ、内田義彦さんの『経済学の生誕』(一九五三・十)の編集が進んでいたのですが、これは社長の西谷能雄さんが、「本書をもって未来社の学術書の出発としたい」と願っていたものなんです。わたしはその校正をまかされましたが、経済学の専門的知識に対する困難よりも、内田さんのミミズが這うような、ほとんど判読不可能な、多量の真っ赤な訂正や書きこみには本当に驚きました。それはもちろん内田さんの、文章に対する苦心の痕跡です。いまのようなワープロ、パソコンの時代には想像もつかないでしょうけどね。

――いまはパソコンの画面上で直すので簡単ですが、活版の時代、訂正の多い著者はたいへんだっ

内田義彦

たでしょうね。

松本　活字を一本一本拾って、一ページずつ組版を作りますから、訂正が多いと本当にたいへんでした。そこで西谷さんが、「内田さんの校正は印刷所の労働者に申し訳ないから、もう一通の校正刷りにきれいに書き写してくれ」とわたしに言うんです。自慢することではありませんが、いまでもその癖がついていて、わたしの校正はきれいですよ（笑）。と同時に、編集者は著者に目を向けるだけでなく、印刷所や製本所で働いている人たちの仕事が具体的にどんなものか、その苦労を知らなければいけないということを学びました。ですから、印刷所・製本所にもよく通い、職人さんたちとも親しくつきあいましたね。

――いま、原稿はデータで印刷所に渡すし、DTP（デスクトップ・パブリッシング）で版面（本文の印刷される面）まで組みあげたものを渡して、印刷所は文字通り印刷するだけという場合も多いですから、そういう現場との交流なんて考えられないですね。

松本　でもそういう製作まで編集側でやるというのは、印刷所の職人さんを出版社内に抱えるようなもので、編集者がそこまでやるのは本当に無意味ですね。経費削減のためでしょうが、編集者は、著者と話しあったり、企画のために資料を集めたり、本を読んだり、もっと本来すべき仕事があるでしょう。わたしは原稿の割り付けはいちばんキライです。せいぜい一ページくらい見本をつけて、あとは現場のベテランにまかせればいいじゃないですか（笑）。

――じゃあ、松本さんは、図版の位置とか文字の大きさとか、細かい指定もせずに、原稿をそのまま印刷所に入れちゃうんですか！

松本　ほとんどそうです。昔の職人さんは原稿を見ただけで、これは山田盛太郎だ、これは野呂栄太郎だってわかったそうです。そんなことはあり得ませんが、別の形で現場の技術者を徹底的に信頼してまかせたらいいんです。いま、前に日本エディタースクール出版部から本を出したことがありますが、そのとき編集部が原稿に入れた細かな指定にびっくり仰天しました。あまりにも丁寧すぎて、こんなにやることないだろうと（笑）。

——うーん、いまの編集者にとってはかなりの問題発言だと思いますが。だいたい編集者がそれをやらなかったら、いったい誰がやるんでしょう（笑）。

松本　まあ極端な話ですが、そんなことばっかりやってってもしょうがないということです。まさに小手先のことばかり一生懸命やっててもね。

——たしかにそういう見極めをしないと、生涯二千冊もの本にかかわることはできませんね。ところで内田さんの『経済学の生誕』は、最初から評判になったんですか。

松本　のちに、何十年に一冊出るかどうかと言われるほど画期的な名著として高く評価されました、未来社の社会科学部門の嚆矢《こうし》となりました。その名前がとどろいてからは、もっぱら岩波書店が内田さんを追いかけましたが、出版当時は、内田さんが官立大学、すなわち東京大学ではなく専修大学の先生だというので、取次店の仕入れ窓口が冷淡に扱ったと、西谷さんがカンカンに怒ったことがあります。取次店まで、東大＝官学偏重の権威主義がはびこっていたんです。

——まあ、そのあたりはもう変わった面もありますけど、でも今度（二〇〇六年）の岩波新書の新赤版リニューアルなんか見ると、同時刊行十点のうち、東大の先生が書いたものが五点ですから、基本的にあまり変化がないとも言えますね。松本さんは、内田さんとも親しくつきあったんですか。

松本　そうですね。内田さんは低血圧型で、原稿をもらいにお宅にうかがっても、「どうも今日は調子が出ないから、君、一緒にレコードを聴かないか」(笑)ということになったりしました。お蔭で、アルバン・ベルクのオペラ『ヴォツェック』全曲を聴いたことなんかもありました。そして、さも仕事をしてきたような顔をして会社に行く。編集者の役得ですね。あの当時はほとんどの著者の家に電話なんてありませんでしたから、手紙で都合を聞いたり、突然お宅に行ったりしてました。あるいは午前中、会社に行って本の品出しを手伝ったり雑用を片づけたりしてから、著者の家を代わるがわる訪ねて原稿や校正をもらったり、話しこんだり……。

――皮肉なことですが、通信手段が発達していないほうが、著者とのつきあいはかえって濃密になりますね。ファクスが登場したときも、著者のところに足を運ぶ機会が減るというので問題になりましたが、今やインターネット全盛で、著者に会う機会どころか、自筆で手紙を書く編集者も激減しました。逆に言えばそういうことができれば希少価値で、それだけで仕事が進めやすくなるという、笑えない事態です。

松本　花田さんなどは、はじめ、「俺は電話なんか絶対に入れないぞ」と豪語してたくらいです。わたし自身、入社したての頃は、電話が鳴るとまだ慣れてなくて、ちゃんと相手と対話できるかどうか受話器を取るのが怖かったもんです(笑)。いまでもケータイなどとても持つ気がしませんが、あんなものでちょこちょこしゃべってたって、中身の濃い本は作れませんよ。

——まあ、それはそれとして（笑）。しかし、ついこの間までは、編集といえば足繁く著者と会う、いわば足で稼ぐ仕事でしたね。

松本　そう、どんな本を作るにしてもそれが当たり前でした。一例ですが、入社早々わたしがよく通った方のひとりに、七六年に五十二歳の若さで亡くなられた、ロシア文学者の鹿島保夫《やすお》さんがいます。西谷さんがロシア文学育ちのせいか、未来社の初期は演劇関係のほか、文学でもロシアものの翻訳が多かったですね。たとえば、エルミーロフの『チェーホフ研究』（牧原純ほか訳、一九五三）とか、シチェドリンの『大人のための童話』（西尾章二訳、一九五四）とか。鹿島さんの訳では、エレンブルグ『作家の仕事』、アントーノフ『短篇小説作法』、マヤコフスキー『詩はいかにつくるべきか』、オストロフスキー『文学修業』と、なんと一年間に四冊も出ています。これらはすべてわたしが担当しましたので、いかに通いつめたかがわかるでしょう。鹿島さんの夫人は、のちにドメス出版の創立にかかわり、女性史関係などですぐれた著書を編集し、いまもお元気な鹿島光代さんです。その頃は新婚ほやほやだったのではないでしょうか。失礼ですけど、決して豊かでもなく小さな借家にお住まいでしたが、三日にあげず、三枚、五枚と遅筆な訳稿をもらいに行くたびに、ありったけの食べ物で接待してくれて、ロシア文学の話をあれこれお聞きしたことは忘れられません。だから原稿をもらえてももらえなくても、お宅にうかがうのが楽しみでしたし、勉強になりました。

『詩はいかにつくるべきか』表紙

平野謙の「三派鼎立論」

――まさに牧歌的な本作りの時代ですね。

松本　その頃のことですが、針生一郎さんが、たしか岩波の雑誌「文学」に書かれたルカーチに関する論考に感銘を受けて、東北大卒業後、東大の大学院の美学研究室にいた針生さんを訪ね、それらの論考も収めてルカーチの論文を編訳した『リアリズム芸術の基礎』(一九五四・三)を刊行しました。これが、花田さんの『アヴァンギャルド芸術』に先立つ、わたしの企画が実現した最初の一冊かも知れません。それを機会に針生さんと親しくなって、庄幸司郎やかつての夜学生たちを連れて、針生さん宅に押しかけ、勉強会をしてもらったりしたことを思い出します。さきごろ亡くなった夫人の夏木さんが、みんなを親切に迎えてくれたことなどが忘れられませんね。

――著者とのそういう勉強会や、夫人とのつきあいなど、編集の仕事としては今はほとんどなくなったでしょう。

松本　そのルカーチを第一冊目にして、「未来芸術学院」なんて、中国の「魯迅芸術学院」を真似た、いまでは顔が赤らむような(笑)叢書名をつけて、二十冊ほど翻訳をすすめました。鹿島保夫さんの何冊かの訳書もその中のもので、新中国の芸術理論も何冊かあります。ほかに、ポール・エリュアールの『状況の詩』(江原順・木島始訳、一九五四・五)や、ルカーチの『小説の理論』(原田義人訳、一九五五・十二)、そしてラルフ・フォックスの『小説と人民』(西川昌久訳、一九五五・十二）などもあります。ここで一つバラしますが、『小説と人民』の訳者名が「西川昌久」とありますが、これは西谷能雄・細川隆司、小汀良久、そしてわたしの昌の合成名なんですね。

——いったいどういうことですか、それは？

松本　実は、どなたが訳されたのか忘れたのですが、訳稿がどうにもよくわからないんですね。それでどうするかということになったら、西谷さんが、「君は英文科なんだから、なんとか手直ししてくれ」って。いやあ困りましたけど、夜な夜な、時間を見ては原書と首っぴきで悪戦苦闘しましたが力足らず、いい加減なところで、えいっ！　と出版しちゃいましたよ（笑）。名著に対してまことに申しわけないことで、その本が手元になくてほっとします。

——翻訳ものは、このところ新訳が続々と出て事情は変わりつつあるようですが、少し前までは、ごく少数の例外を除いておおむね似たようなものではないですか。それで内田義彦さんをはじめ、そういう方々の本を作られた後、埴谷さんのところに行かれたんですか。

松本　いや、ちょっと順序が逆になりますが、じつは花田さんや埴谷さんより早く、わたしは入社早々、平野謙さんの本を企画したんです。平野さんが「近代文学」創刊号（一九四六・一）から連載していた「『新生』論」などを収めた『島崎藤村』（筑摩書房、一九四七）を読んで強いショックを受けていましたし、『戦後文芸評論』（真善美社、一九四八）にも惹かれていたんです。これには、中野重治さんとの有名な「政治と文学」論争の火種になったエッセイも収められ

『島崎藤村』初版本、表紙

平野謙

ていました。そして、入社したときに刊行された『現代日本文学入門』（要書房、一九五三）を読んで、どうしても平野さんの評論集を作りたいと思ったんです。

——それはごく一般的な文芸評論集ということですか。

松本　それもありますが、『現代日本文学入門』は「入門」といっても、ぜんぜん入門ではないんですね（笑）。そんな生やさしいものではない。いわゆる平野テーゼと言ってもいい、現代日本文学における、プロレタリア文学、新感覚派文学、そして、私小説を中心とした既成の自然主義文学との、「三派《さんぱ》鼎立《ていりつ》論」を展開したものなんです。それが戦後にまで尾をひいていて、「封建的な生活感情と、資本主義的な生活様式と、社会主義的な生活志向」が同時存在する、特異な日本の社会構造の文学的反映だというのですね。この平野テーゼに示唆を受けて、平野さんを中心に『現代日本文学論争史』全三巻（一九五六・七～五七・十）を企画・刊行したんです。有島武郎の「宣言一つ」をめぐる論争を皮切りに、それぞれの時代の文学論争をたどると、文学のみならず、日本の現代における思潮がうかびあがるんです。

——平野さんのあの文学理論から『文学論争史』三冊を企画するというのは、尋常の発想ではありません。あれは本当にありがたい本で、全部通して読むと、日本の近代文学史がわかるようになっています。この九月（二〇〇六）に未来社から復刊されるようですね。

松本　それは嬉しいことです。あの頃わたしは、まだ編集者としては半人前で、いや、だからこそ、いちいち平野さんに教えを請いながら資料にあたり、勉強させてもらったことは貴重な経験でした。コピーなんてない時代ですから筆写したりしてね。ちょうどその時期、花田さんの著書や、丸山眞男さん、石母田正さん、埴谷雄高さん、廣末保さん、本多秋五さんなどの著書を同時進行で作っていました。二十代も終わり近く、振り返ってみれば編集者として「疾風怒濤《シュトルム・ウント・ドランク》」のような時代でした。

本を作る前に著者の家を建てる

――平野さんは人間的にはどういう方だったんですか。

松本　背の高い、すらりとした、美男子そのものだったですね。きれい好きで、書斎は「ゲーテの書斎」と言われるほど本や雑誌がキチンと整理されていました。原稿を書く前には手を洗ったといわれています。しかし、わたしが初めてお訪ねしたお宅は、小田急線の柿生《かきお》駅から小高い丘を上ったところで、なんか家じゅうホコリっぽいんですよ。水をポンプで下から吸い上げているらしいんですけど、ときどき渇水状態になる。きれい好きの平野さんは顔をしかめて「ホコリっぽくて、イヤなんだよね」とぼやいていました。それでわたしは、「じゃあ、大工を紹介しましょう」ということで、かのタタキ大工・庄幸司郎に相談して家を建てることにしたんです。

庄幸司郎

――えっ?! 話の流れがちょっとすごいことになってますが……(笑)。本を作る前に、著者の家を建てる世話をするなんて、聞いたことがないですね。

松本 本の編集どころか、その頃、駅のスタンドなんかで売っていた土地の情報紙を調べて、庄さんとまず土地探しですよ(笑)。平野さんは土地を買うお金はあったんでしょうか、建築費はその土地を抵当にして銀行に借りたり、庄さんに月賦払いだったりでしたね。まだ二、三人の仲間しかいなくて、ウデもまだまだだった庄さんにとっての最初の一戸建ての仕事でした。完成した家に行ったら、一本の柱が斜めに傾《かし》いでいるんですね(笑)。「いやあ、柱が曲がっててね」と、平野さんが怒りもせず楽しげに笑った顔が目に浮かびます。しばらくたってから、お詫びのしるしに、たしか庄さんは無料で直したはずです。五六年五月に転居されたこの世田谷区喜多見のお宅が、平野さんの終《つい》の住みかとなりました。

――それは平野さんとだいぶ親しくなってからですか。

松本 いえ、入社してすぐ、お宅にうかがった最初からです。その頃、わたしは好きになった著者の書くものはスクラップしたりしてましたから、平野さんの本を作ろうと思ったら、スクラップを届けて、本を作りませんかという話をしたわけです。

――うーん、聞けばなるほどという感じもしますが、しかしいまは、実際に断簡零墨《だんかんれいぼく》をスクラップする編集者は、まずいません。まあ、優れた編集者は著者のために何でもするけれど、でも土地を探して家を建てる世話までするというのは……。

松本 前にもちょっとお話ししましたが、その頃わたしは、編集の仕事で著者の家に行くと、「本棚を作りませんか」とか「狭いので増築しませんか」とか、頼まれもしないのに庄幸司郎の「営業マン」も兼ねていたんです（笑）。庄さんのところは、やがて、六三年に「庄建設株式会社」になりました。その創立十五周年にわたしが編集した「営業案内」パンフレットには、西谷社長をはじめ、平野謙さんや竹内好さん、野間宏さん、西郷信綱さんなど、未来社の著者たちがずらりと寄稿しています。

――建設会社の「営業案内」に、当時の錚々たる学者・作家が大勢原稿を寄せるというのは、ちょっと考えられない事態です。庄さんという人はその意味でも、未来社とは切っても切れない方ですね。

庄建設の創立15周年・営業案内パンフレットの表紙と本文ページ

松本　そうです。彼のことをちょっとお話ししますと、十四歳で敗戦とともに「満州」から命からがら引き揚げてきて、戦後、困窮した一家を支えるために大工仕事で働きづめに働きます。そうしてかろうじて二十歳で夜間高校に入ったときに、わたしと出会ったわけです。彼から聞いた苦労話は山ほどありますけど、それだけに性格も激しくて、敵味方、好悪がはっきりした人でしたね。さまざまな市民運動、「平和憲法（前文・第九条）を世界に拡げる会」などにも尽力しました。記録社という会社を設立して影書房と連携して出版活動をしたり、本多勝一さんやわたしたちと月刊誌「記録」（一九七九・四〜九二・十、計百六十三冊）を作ったり、井上光晴さんが個人編集した第三次季刊「辺境」（一九八六・十〜八九・七）の発行（影書房発売）、さらに九〇年代の一時期には、影書房の代表取締役まで引き受けてくれました。どれもこれも、あの夜間高校でわたしと出会ったばかりの腐れ縁で（笑）、まあ、わたしの出版の歩みにとっては抜きがたい人です。庄幸司郎は、平野さんなど文学関係の方たちばかりでなく、丸山眞男さんはじめ、藤田省三さん、小林昇さんなど、未来社の人文・社会科学関係の著者たちとも、仕事をとおして親交を深めました。

癇癖の人

――本当にいまでは考えられない人間関係ですね。ところで平野さんと親しくなると、「近代文学」の執筆者たちともつながりができたでしょう。それぞれ個性の強い方たちだったようですが、いかがでしたか。

松本　それについては、埴谷さんが「近代文学」メンバーのそれぞれの性格的特徴について書いています。それによると、本多秋五さんが古代人、平野さんが中世人、荒正人さんが現代人、埴谷さん自身は未来人だというんです。つまり、本多さんは、古武士的、家父長的で悠然としていて、平野さんは逆に、女々しく優柔不断でくよくよしている。荒さんは合理的でてきぱきとしてスピードがあり、埴谷さん自身は、びっくり箱から何が飛び出すかさっぱりわからない。なかでも平野さんは、絶えず行きつ戻りつ、ペシミスティックで消極的、悶えては力及ばず、ついには観念してしまう（笑）。事実、平野さんは、「中途半端が好きだ」「日和見《ひよりみ》主義が大事だ」と公言していました。

――平野さんは立派な顔立ちでりりしい感じなので、ちょっとイメージが狂います。平野さんはお酒を飲んだんですか？

松本　いや、お酒は全然飲まない。喫茶店などで打ち合わせをするときはミルクだったり。たまたま砂糖なんかが入ってるとカッとなったりして、平野さんは癇癖《かんぺき》が強いんです。くよくよして、ぶつぶつ言うけど、怒りっぽい。それでなにかでカッとなって、家の階段や駅のホームから転げ落ちて怪我したりするんです（笑）。

――いやはやたいへんな著者ですね。平野謙は癇癪《かんしゃく》持ちで怒りっぽく、しかしくよくよするたちで、ミルクが好きだった、と（笑）。

松本　でも、いくら優柔不断とはいえ、家はできたのに平野さんの肝心の本が三年たってもまとまらないので、プッシュする意味もこめて、わたしが勝手に近刊予告として、文学関係の本の奥付裏広告などに『政治と文学の間』と仮題をつけたんです。そうしたら、花田さんに猛然と批判されましたね。だいたい「ナニナニとナニナニの間」とは何ごとか。君がそういう曖昧なところに関心を持つのがダメなんだ、って（笑）。まったくおっしゃる通り。ところが、当の平野さんご自身は、このわかったようでわからない標題こそ、わたしの批評的発想を簡潔に言い当てている、つま

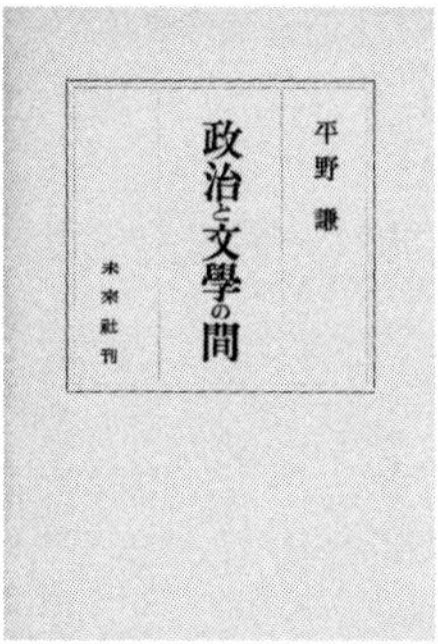

『政治と文学の間』函

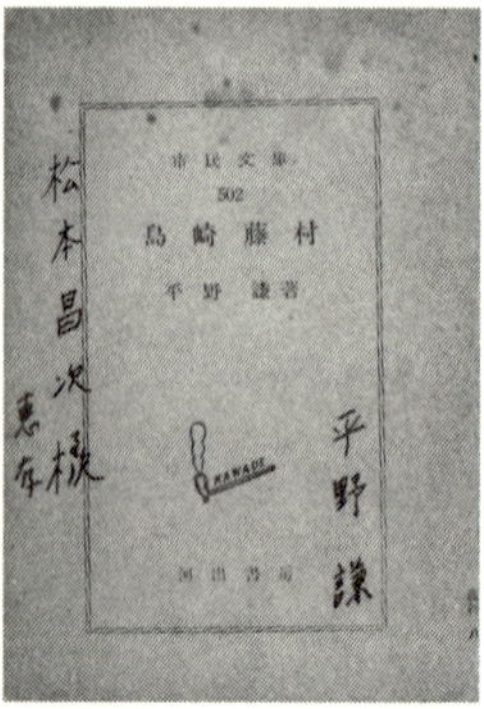

寄贈署名入りの『島崎藤村』
（「市民文庫」版、河出書房）

り二つの対立概念を設定して、その中間に身を横たえ、あるときはこっちからあっち、またあるときはあっちからこっちを撃つのが好きなんだと、逆に気に入られちゃったんです（笑）。書名というのは、各出版社とも苦労するところなんですけど、ケガの功名でしょうかね。このあと「ナニナニとナニナニの間」という書名が、一時期、目につきましたよ。

――そうすると平野さんと花田さんの関係というのは、けっこう難しかったんですか。

松本　まあ、花田さんと平野さんは、批評的立場では対蹠《たいしょ》的といってもいいですけど、お互いに敬意を抱いていたと思います。平野さんの『島崎藤村』が、河出書房の「市民文庫」の一冊として再刊されたときには、花田さんが「解説」を書いています。当時の「市民文庫」というのは優れた企画で、竹内好『現代中国論』、加藤周一『ある晴れた日に』、中村光夫『風俗小説論』などが入っていて、愛読したものです。花田さんは、めったに人の本に解説めいた文章は書かなかった方ですから、平野さんは「してやったり」と喜んだんです。ところがこの解説で大変なことになりました。

――何が起こったんですか。

松本　花田さんは、エドガー・アラン・ポーの『モルグ街の殺人事件』の文句を冒頭に引用したりして、平野さんの「『新生』論」の分析力を称賛したんです。藤村はおのれの芸術を守るため、『破戒』を書いているとき、三人の子どもを病気で死なせ、『新生』では、自分の実生活を守るため、子どもを産ませた姪を見捨てた。これは白昼公然と行われた完全犯罪だと、花田さん一流のレトリックで芸術と実生活の矛盾を問題にしました。しかしそれをまともに受けとった島崎家から、強い抗議が出たんです。平野さんは間に立って相当困って、別の「あとがき」を書いたりして調停されたようです。その解説は、のちに「汚れた手」と題されて、花田さんのエッセイ集『乱世今昔談』（講談社、一九七〇）に収められました。『全集』第四巻にもあります。

――いまはそういう、ある意味で刺激的な原稿をもらったら、編集者がチェックしてトラブルが起こらないように手を打ちますから、解説ひとつでそこまで問題になることはまずありません。松本さんはそれを読まれたとき、どう思いました？

松本　花田さんらしい見事なエッセイだと思いましたね。そうやって権威にたてつくことも大事です。当時は、そういう小さなアクシデントも含めてお互いの批評の仕方が、批判にしろ共感にしろ、生き生きとした交流というか友情に満ちていたような気がしますね。それらに比べると、現在の批評・解説などは、文壇のワク内での当たり障りのないご挨拶というか、それぞれが孤立して陰湿で、自己防衛的な気がしてなりませんね、失礼ですけど。ちなみに、わたしの持っている市民文庫版『島崎藤村』の本扉には、わたしへの平野さんの寄贈署名があります。その本の刊行は五三年七月ですから、いまから振り返ると、入社して三カ月後ぐらいに平野さんからいただいたことになりますね。ついでながら、一九四七年八月刊の『島崎藤村』の初版本の奥付の発行所は、「筑摩書房北海道支社」で、住所は「札幌市南一条西四丁目十二」となっています。なんとも、戦後的状況を感じさせます。

「偲ぶ会」での痛烈な批判

――平野さんとはその後も長くお仕事をされたんですか。

松本　そうでもないです。あるとき、平野さんから率直に言われたことがあります。「はじめは、プリンシプルのある小さな出版社から本を出すのがいい。なぜなら、主張がはっきりするから。しかしあとは大出版社がいい。経済的に安定するから」と。そのとおりなんですね。平野さんに限らず、大学の先生でもしていない限り、原稿だけで食べるのは大変なことですから。このあと平野さんは、明治大学に職を得て、五八年に講談社から『芸術と実生活』を出して「芸術選奨」に選ばれたりします。後年、未来社で『作家論』（一九七〇）と『平野謙対話集』全二冊（『芸術と実生活篇』『政治と文学篇』、ともに一九七一）を作りましたけれど、まあ、ツケタリのようなものです。

――平野さんといえば、その後の受賞問題がありますね。

松本　そうですね。平野さんは七六年、六十九歳の時、食道がんを手術され、七八年四月にくも膜下出血で亡くなられましたが、その前年に「日本芸術院賞恩賜賞」をもらっていたんですね。亡くなられた一年後の七九年五月三十一日に「平野謙を偲ぶ会」が開かれたんですが、そこで、井上光晴さんのいわゆる「爆弾発言」があったんです。わたしもその場にいましたが、立食パーティーでざわついた会場に向かって、井上さんが例の大音声で、「静かに聞いて下さい」とあたりを制してから一席ブッたんです。平野さんの批評の根底にあるものは「合理的な精神」であり、「近代文学」

「平野謙を偲ぶ会」（1979年5月、左から本多秋五、小田切秀雄、埴谷雄高、佐々木基一、藤枝静男、久保田正文）

から教わったものは、「文学の前衛と人間性、批評の人間性」だったにもかかわらず、どうして平野さんは「恩賜賞」をもらったのか、「天皇のしるし」のついた花瓶なんか、平野さんをぶん殴ってでも文部省の玄関に返してきて下さいと、埴谷さんに二時間ほども電話で話したけどそうしなかった、これで「近代文学」の理念はとどめを刺された、と批判したんです。そうして終わりに、「平野さん、すみません」と言葉を結んだんですね。感動的な一場面でした。そのあと、本多秋五さんが絶句しながら、平野さんが食道がんの手術でどんな苦境にあったかを切々と話されました。

――難しい問題ですね。昔の作家・物書きは年金なんか入ってないし、では生活はどうするかという問題もあります。

松本　平野さんを責める気にはなりませんが、文学や思想に真にかかわる人は、やはり、いまのこの「国からのご褒美」などはもらうべきではないでしょうね。それは一種の「転向」であり、体制への服従です。大岡昇平さんみたいに公表はしていませんが、多くの学者や芸術家・文学者が

中野重治　井上光晴
（ともに「平野謙を偲ぶ会」にて）

「国からのご褒美」や勲章を拒否してますね。まあ、それはともかく、その「偲ぶ会」での「献杯」の音頭を、黒っぽい眼鏡をかけた中野重治さんがとったんです。平野さんと中野さんはいわば盟友であるとともに、「政治と文学論争」での論敵でもありました。中野さんは、生前、杯《さかずき》を口にしなかった故人に「乾杯」はどうかと思うが、「献杯」だというので、いくらか曖昧だが、平野謙君の生涯と仕事を偲んで杯を献げたいと、中野さん独特の言い回しで短い挨拶をされました。それが、わたしが中野さんのお姿を目にした最後でした。そのほぼ三カ月後の八月二十四日、中野さんは七十七年の生涯を閉じられました。

5　難解王、埴谷雄高のボレロ的饒舌

天才は病気の巣窟

――今回はいよいよ埴谷雄高さんのことをお聞きします。前に、主として社長の西谷能雄さんが人文・社会科学関係の本を、松本さんが文学・演劇関係の本を作ると役割分担したというお話がありましたが、埴谷さんに向かわれたのはなぜですか。

松本　未来社では、わたしが入社する前の一九五二年に、短篇集で堀田善衞《ほったよしえ》さんの『捜索』と安部《あべ》公房《こうぼう》さんの『闖入者《ちんにゅうしゃ》』が出ています。堀田さんも安部さんもすでに芥川賞を取られていて、特に二十代だった安部さんはかなり有名でした。『闖入者』は本当に傑作と言っていい作品です。でも、未来社のような小出版社では、小説は宣伝力の問題などもあって非常に難しいのです。それで、わたしはエッセイが好きだったこともあり、小説ではなく、文学評論に向かうことにしたのです。

――埴谷さんの最初の評論集『濠渠《ほりわり》と風車《ふうしゃ》』は、五七年三月に未来社から出ています。この十日ほど前、前回話題になった平野謙さんたちの『現代日本文学論争史』中巻が出て、また二十日後には

埴谷雄高（右）と話す松本（1984年、埴谷宅応接間にて、撮影・佐川二亮）

丸山眞男さんの『現代政治の思想と行動』下巻が出ています。戦後出版史を飾る名著が、考えられないようなペースで矢継ぎ早に刊行されているんですね。もっとすごいのは、松本さんは埴谷さんの評論・エッセイ集を二十一冊作り、さらに対談集も十二冊作っています。一人の著者の本を三十三冊作るというのは、ギネスブックものというか、異様なようにも見えますが……。

松本　私は八三年に未来社を辞していますから、直接かかわったのは二十冊までで、あとは残った編集仲間が引き継いでくれたわけです。でもわたしは花田清輝さんの本は、花田さんがご存命中に十八冊、木下順二さんの本も二十冊以上作っています。いまや、ちょっとした出版社では人事異動などがあって、同じ著者の本をたくさん作ることは難しいと、以前言われましたが、自分が惚れ込んだ著者の本を作り続けることにこそ、編集の仕事の意味があるのではないでしょうか。わたしたちのような小さな出版社では、ごく当たり前のことでしたけど……。

——いまの編集者と出版社のあり方に対する強烈なアンチテーゼですね。そうは言われてもなかなか、というところもあるので、お話は承っておくことにして（笑）。埴谷さんのところに初めて行かれたのはいつごろですか。

松本　『濛渠と風車』が出る前年ですから、五六年半ばごろではないでしょうか。平野謙さんや佐々木基一さんを通じて、わたしは「近代文学」の方々と近しくなっていましたし、五七年八月に刊行された本多秋五さんの『転向文学論』の仕事もすすめている時期でした。そのころ埴谷さんは結核が再発し、腸結核と診断され、五二年から自宅療養をされていました。わたしが訪ねたころは、「パス」とか「ヒドラジッド」とか「ストレプトマイシン」などの新薬で、ようやく恢復期に入っていましたが、ときには奥の畳の部屋でからだを横にして、つらそうに話されていたこともありました。

――埴谷さんの原稿は、主にどこに発表されていたんですか。

松本　ほとんどが「近代文学」で、「群像」のほかは、一般紙・書評紙など、ばらばらでしたね。

――ちょっとした書きつけや短い文章にいたるまで、書かれたものすべて「断簡零墨」を集めるという編集方針を松本さんが立てた、と埴谷さんは書いていますが、そういう計画ははじめからあったんですか。

松本　いや、そんな確固とした編集方針がはじめからあったわけではないんです。まあ、事の成り行きでそうなったんですよ。平野謙さんがお見舞いに来て、ベッドに横になっている埴谷さんを見るなり、「ああ、もうダメだな」という顔つきをしたと、埴谷さんが書いています。わたしも、病気の巣窟みたいなこういう天才は、失礼ですけど、決まって早死にするだろうと思っちゃったもんですから（笑）、亡くならないうちに、書かれた文章のすべてをまとめたいと提案したんです。

――そのことは事前に、西谷社長の了解をとったんですか。

松本　埴谷さんのエッセイ集の了解は得ていましたけど、断簡零墨とまでは言ってません。まあそれは、あとからなんとか言いくるめて。なにしろ「埴谷雄高」という名前すら読める人が少ない時代で、「ウエヤオダカ」などと読んだりしてましたからね（笑）。本名は般若豊《はんにゃゆたか》です。西谷さんは、例によってわたしの誇大宣伝にのせられて、君がいいと言うならやっていい、というわけです。〝夕鶴事件〟のことがありますので、西谷さんは、「本当に君がやりたいものならやれ」と。そういうところは本当に西谷さんは偉かったし、感謝しています。

読めない書名がよい

――でも細かい原稿は集めるのがたいへんですし、ましてコピーのない時代ですから、断簡零墨を集めるといっても、実際には並大抵のことではなかったでしょう。

松本　埴谷さんは、雑誌・新聞などに書いたものを切り抜いてわりあいきちんと取っていましたし、目次などもご自身の案ができていたので、編集者は楽でしたね。花田清輝さんもそうでした。お二人ともかつて編集者としての経験があったからでしょうか。前にいいましたように、平野謙さんは、はじめのころはわたしが切り抜きを作って持って行ったりしてました。また富士正晴さんはいかにも大雑把そうなイメージがありますが、全部きちんとスクラップされていました。

――そうすると編集作業はわりに楽で、最初の『濠渠と風車』はすんなり出たんですか。

松本　ところがそうじゃないんです。それまでに書かれたものを集めてみたら、なんと四百字詰め原稿用紙で千枚を超える分量になってしまったんです。本当のところ、一冊ではとても収まりきれない、無理だとはじめからわかっていたんですけどね（笑）。でも常識的に原稿を取捨選択して一冊だけ作ったらあとがどうなるか不安だったので、ええい、ままよと全部を一挙に印刷所に放り込んじゃったんです。案の定、校正が出てみると七百ページを超えてしまいました。仕方がないので、というより予想どおりでしたので（笑）、嘘も方便、西谷社長に「枚数計算をまちがえました」と詫び、文学的主題（『濠渠と風車』）と政治的主題（『鞭《むち》と独楽《こま》』）の二冊に分けたんです。これが、以後、埴谷さんが亡くなるまでつづいた「評論全集」のスタートとなったわけです。

『死霊』表紙

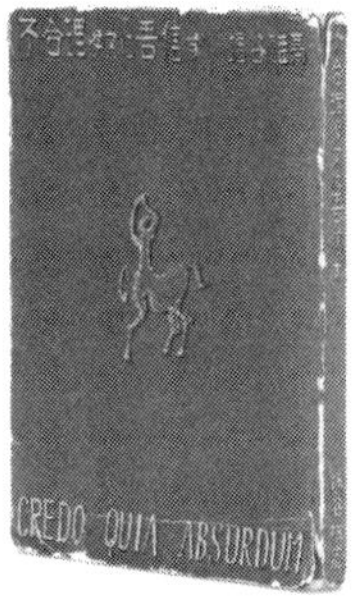

『不合理ゆえに吾信ず』カバー

——そういうのを認めてしまう西谷さんも太っ腹というか……

（笑）。そのあたり、実に名コンビというほかないですね。

松本　しかし当時は、それこそ冷や汗ものでしたよ。なにしろ、『死霊』や『不合理ゆえに吾信ず』が、真善美社や月曜書房の倒産で、ゾッキ本として古書店の店頭で五十円や二十円で叩き売られていた時代ですから。『死霊』なんか何冊も買って友人にくばったりしました。一部でこそ、埴谷さんは秘密の集団の教祖のように敬われてはいましたが、文壇などではほとんど知られていませんでした。しかも埴谷さんには、何を書いているのかわからない「難解王」というレッテルが貼られていました。

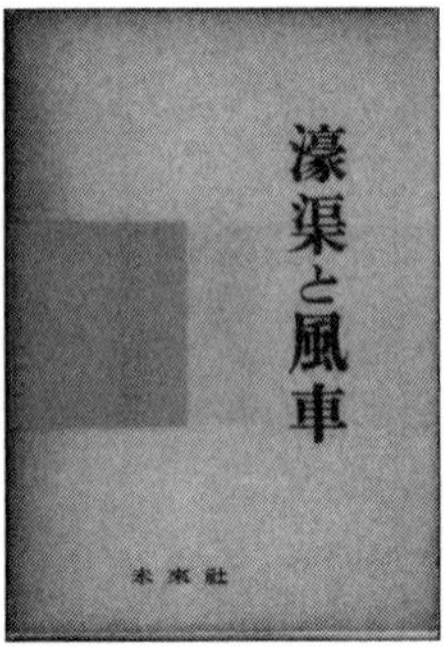

『濠渠と風車』函

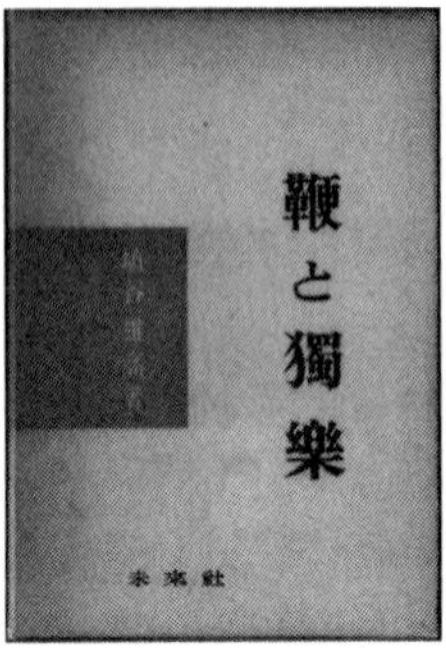

『鞭と独楽』函

岡本太郎さんが、名前をもじってつけたアダ名といわれていますが、埴谷さんは「ナニヲイウタカ」(何を言っているのか) わからない (笑)。ちなみに、花田清輝さんが「ハナハダキオッテル」(甚だ気負っている)、野間宏さんが「ノロマヒドシ」、まさにそのとおりの方々でしたね (笑)。

――そんな策略まで弄して、惚れ込んで作った本の売れ行きはいかがでしたか。

松本　いやもう、ぜんぜん売れませんでした (笑)。『濠渠と風車』が初版千五百部、『鞭と独楽』は初版千二百部だったと思いますが、それぞれ三百〜四百部ほどが売れただけで、各千部ほどが倉庫に山積みになりました。二冊のタイトルはどちらも埴谷さんがつけたんですが、だいたい、ふりがながなければ読めないし、ドン・キホーテの物語なのか、おもちゃの本なのか、なんの本だかわからない (笑)。なにしろ埴谷さんは、自分の書いたものは本来、流通しない贋造紙幣、つまりニセ札のようなもので、ひそかに秘密の一隅で読まれるべきものだ、だから書名も、できるだけ口ごもって読めないようなタイトルをつけたい、と公言していたんですから。

――そういうタイトルはふつう、編集者は許さないでしょう。もう少しなんとかしてくださいと、著者におっしゃったんですか。

松本　いえいえ。いかにも埴谷さんらしいと思ったので、「いやあ、埴谷さん、いいですね」と（笑）。

――著者名も読めない、書名も読めない、どんな本なのかもわからない、それでよく西谷さんがオーケーしましたね。

松本　西谷さんにはさすがに嘆かれましたよ（笑）。わたしも社に対しては、率直に言って困りましたが、そういうところが西谷さんの本当に偉いところで、君がどうしてもそれでやりたいのなら仕方ない、いいよ、やりなさい、と（笑）。なんせ著者自身が売れないことを望んでいるのですし、いかにも埴谷さんらしい書名だと思ったので、とにかくそれで通しちゃったんです。

――売れないほうがいいなんて、営業といっしょの会議では口が裂けても言えません（笑）。

松本　埴谷さんの希望どおり、出版した当初はまったく売れなかったんですが、三年ほどたってから売れるようになったんです。六〇年の安保闘争にかかわった政治青年たちが、スターリン批判の先駆者として、埴谷さんの本を読みはじめたわけです。「風変わりで読みにくい」といわれた「××と××」シリーズも逆に評判になりだしました。

――それはおもしろい現象ですね。本はそういうところがあるから、そうなると先見の明があった、ということになる。ところで、埴谷さんはおしゃべり好きだったそうですが、お宅へ通うとなると時間がかかって、たいへんだったんじゃないですか。

松本　だいたい一日仕事です。埴谷さんは夜型だから、午後にしかうかがえない。それでわたしは会社に出たあと、埴谷さんのところに行くといって昼ごろ吉祥寺へ向かうわけですが、中央線沿線にはいい古本屋が何軒かあって、まずそこへ寄るんです。また吉祥寺には、丸山眞男、竹内好、石母田正といった方々がいましたから、そうした著者のお宅を二、三軒回れば一日仕事です。埴谷さんと一緒に丸山さんの家を訪問したり、武田泰淳さんと連れだって、竹内さん、丸山さん宅を急襲したりしたこともあります。

――埴谷さんは『死霊』のイメージがあるので、作品だけからだと、難しそうな人という感じがありますが、実際は談論風発、非常に芸達者で闊達な方だったそうですね。

松本　そうです。『死霊』などを読んでいると、重々しく、思想家然とした、つきあいにくい人のように思われるでしょう。でも、日常的には大変やさしい、自由で平等感に溢れた方でしたね。決して偉ぶりませんでした。晩年には、大岡昇平さんに「ボレロ的老人性饒舌症」なんて言われましたけど（笑）、話しはじめたらとまらない。その点では丸山眞男さんと双璧で、しかもお二人とも話す相手への心くばりも見事でしたね。埴谷さんは、「来る者は拒まず」ですから、飲んだくれた若い人などが、深夜でもずいぶん押しかけたんではないですか。

「対立物を対立のまま統一」したい

――そういう点では、相手を問わない、非常に包容力のあった方だということですね。

松本　ええ。ですから生前、これほどたくさんの〝追悼文〟を書いた方も珍しいですよ。そのどれもこれもが、実に心のこもったものばかりです。花田さんなどは「追悼文なんて書く奴はくだらない」（笑）と、それらしきものは一切書きませんでした。文学仲間の病気見舞いや冠婚葬祭などにもほとんど顔を出さなかったんじゃないですか。でも、対蹠的に埴谷さんは、四十歳で夭折した高橋和巳をはじめ、武田泰淳・百合子夫妻や竹内好、平野謙さんなどの文学的盟友たちの、死に臨んでの病床を、それこそ毎日のように見舞っては励まし、家族を支えました。そしてその人たちの最期を、感動的なエッセイとして残しました。九二年（五月三十日）に井上光晴さんが亡くなったときなどは、六月一日付の朝日・毎日・読売・産経新聞の四紙に、それぞれ内容のちがう追悼文を同時に発表しています。「群像」「文藝」などにも長い追悼文を書いていますし、よほど深い親交がなければできないワザですよ。

ついでながら、追悼文なんかを軽蔑した花田さんへの追悼文もたいへんいいものがあります。お二人はことごとく対立しているように見えて、実は、敗戦直後の真善美社などの出版活動や「夜の会」などの芸術運動以来、根底的にはお互いに敬意を払っていたと思いますね。わたしとしては、いま作っている「戦後文学エッセイ選」などをとおして、花田さんの言葉を借りれば、「（埴谷・花田という）対立物を対立のまま統一」したいですね。追悼文ばかりでなく、それぞれの友人たちについて書いたエッセイなども、それらの方がたの特徴やエピソードをまじえて絶妙の文章と言っていいでしょう。

――『死霊』からはちょっと想像できませんね。ところで、お住まいが近かったそういう方たちは、お互いに交流があったんですか。

松本　ええ。埴谷さん、丸山さん、竹内さんは、吉祥寺でお互いに近くに住んでいましたから、武

丸山眞男

武田泰淳

田泰淳さんもまじえて夫妻で親しく交流していた時期があります。埴谷宅でご夫妻たちが集まってダンスパーティーを開いたりしています。埴谷さんが書いているんですが、たとえば、丸山さんと竹内さんのお宅は歩いて三、四分しか離れていなくて、たまたま埴谷さんが竹内家にいたとき、丸山さんが訪ねてきたのですが、そのときなども、玄関に入った瞬間から客間のイスに腰かけるまで、腰かけてからもなお「機関銃の無限発射」のように丸山さんのおしゃべりが切れ目なくつづいて、埴谷さんが、いまとまるかいまとまるかと、ときおり合いの手を入れてみるんですが、まるで「精神の自動機械」と化したかのごとく、おしゃべりはとまらないんですね（笑）。

——いかにも丸山さんらしいですね。生前の姿を彷彿させます。

松本　一方、竹内さんはといえば、修行中の「頭の大きな叡山の僧」のように、ただ黙って聞いているんですが、数十分もたって、丸山さんがふと息をついだとき、山寺の鐘がゴーンと鳴るかのごとく、「そうかね」と重々しくつぶやくんです（笑）。この一語が果たして「納得」の表現なのか「不満」の意味なのかわからないんですが、それにかかわりなく、丸山さんはさらにしゃべりにしゃべりつづけるんですね。これが武田さんだと、一時間ぐらい誰かと話し合っているうち、五十九分五十五秒ぐらいうつむいているんですが、ちらりと目を上げた五秒ぐらいの一瞬で、相手を精密に記憶し、その本質を見抜く、と埴谷さんは書いています。これらの方々と直接出会った人間として、そのどれもがいかにもぴったりの表現だと思いますね。

結局、未来社では、竹内さんの本は、前述した『魯迅』の復刊一冊、武田さんの本は、エッセイ集『現代の魔術』（一九五八・七）一冊しか作れませんでした。その頃、武田さんと戦争中の中国以来の親友で、同じく愛読していた堀田善衞さんのエッセイ集『乱世の文学者』（一九五八・一）も一冊だけ作りました。でも、これらの方々には、筑摩書房とか新潮社とか、れっきとした文芸出版社があって優秀な編集者がついていますから、とても零細な未来社などの出る幕ではないんですよ。五〇年代末、井之頭線・高井戸駅近くの公団住宅に住んでおられた武田さんを訪ねると、朝っぱらから一升瓶が畳の上にでんと置かれて、百合子さんともどもコップ酒を傾けたりしました。仕事に行ったのか呑みに行ったのか（笑）、いまは亡き百合子さんの美しくも妖しい雰囲気を、半世紀を隔ててもなお印象深く思いおこします。

埴谷雄高と丸山眞男の交友

――埴谷さんと丸山さんはけっこう交流があったんですか。

松本　近隣というよしみもあったかもしれませんが、そのころはジャンルの枠を超えて、文学者や思想家がもっと生き生きと交流し、意見を戦わせ、そして友情に溢れていたように思います。いまのように、何か一つの専門やジャンルに閉じこもって、バラバラといった感じではなかったですね。未来社で五八年十月に「民話」という月刊誌を創刊しました。わずか二年間しか続きませんでした

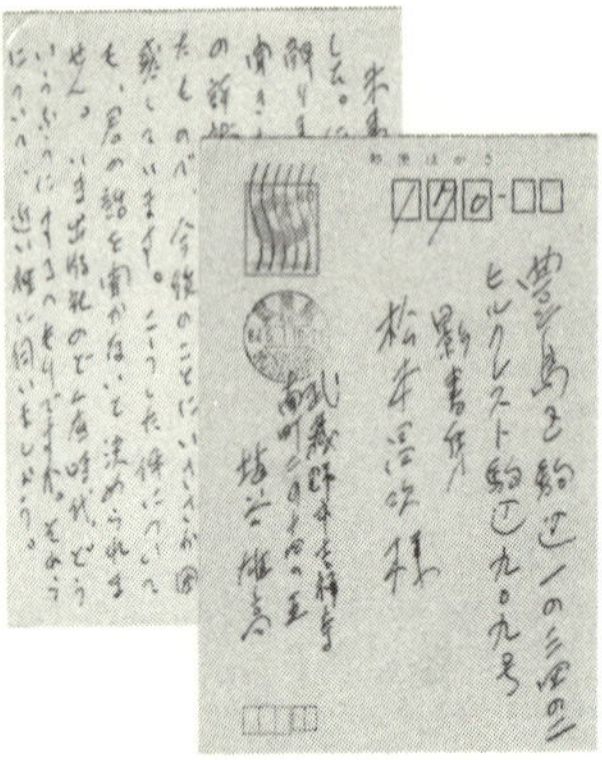
影書房創業について、埴谷雄高が松本に宛てた葉書（1983年）

が。その四号（一九五九・一）に埴谷・丸山対談「政治的状況と芸術」を載せたのですが、そこで丸山さんは、「ぼくの論理は花田清輝に近く、心情は埴谷雄高に近い」と言って、埴谷さんには、「政治の論理は感じない、それは革命的心情がくりひろげる形而上学のおもしろさ」なんだと、はっきり言っています。一方、丸山さんと花田さんが対談することはなかったし、恐らく直接出会ったこともなかったでしょうけれど、丸山さんは、花田さんの丸山批判といわれる、「『実践信仰』からの解放」というエッセイを、「的確」だと高く評価していました。わたしにも直接、花田さんの批判はホースで水をぶっかけられたみたいで実に気持ちがいいと言われたことがあります。個人的には埴谷・丸山ご両人は親しく、家族ぐるみでおつきあいされましたが、パブリックな批評の世界となると、このように日常的関係にはとらわれず、実に率直でさわやかでしたね。

——ただ、お二人が対談する雑誌が「民話」というのは、ちょっと意外な気もしますが？

松本　「民話」については、いずれあらためてお話しする機会もあると思いますが、そういう異質な人たちをつなげていくことも、編集者の大きな役割の一つでしょう。ですから藤田省三さんや谷川雁さんたちも「民話」には書いています。いまたいへん評判の高い宮本常一さんの『忘れられた日本人』（一九六〇・七）は、「民話」第三号から隔月で連載されたものです。

――埴谷さんの日常的に自由闊達な人柄と、『死霊』の難解な観念性とは、どこでつながっているんでしょうか。

松本　「民話」での対談のほぼ二十年後、再び、埴谷・丸山対談に「文学と学問」というのがあります（「ユリイカ」一九七八・三）。そこで丸山さんは、埴谷さんのような変わった観念小説が生まれたのは、変な言い方ですが、戦前の監獄体験と、戦後の療養生活という監獄的状況がつづいたからではないかと語っています。ご存じのように、埴谷さんは日本共産党員として三二年三月、二十二歳のときに逮捕され、治安維持法違反で起訴されます。そして翌年十一月に出所するまで、豊多摩刑務所に収監されていました。その間に、カントの『純粋理性批判』やスティルネル、ドストエフスキーなどを読んで、戦後の文学的・思想的仕事の核心をつかんだと伝説的に語られています。雑誌「未来」でわたしが埴谷さんにインタビューしたものがあるんですが（「裂け目の発見」一九六八・七）、そこで埴谷さんは、一週間おきに白砂糖一斤《いっきん》を独房に差し入れてもらったと語っています。一斤というと約六百グラムで、その白砂糖を膝の間に抱え込んでちびちびなめながら本を読み、妄想にふけるのが好きで、懲役二年、執行猶予四年の判決で出所が決まったときも、出たくないとゴネたようです（笑）。

『死霊』の読み方

――獄中体験のほかに埴谷さんの思想を育てたものはなんだったと思われますか。

松本　そのインタビューの冒頭で語っているんですが、日本の植民地だった台湾で、幼年期から少年時代を過ごしたことが、大きな影響を与えたと思います。つまり八百万人の本島人に対して、十万人ぐらいの日本人が好き勝手に威張りくさっている光景を目の当たりにして、理由はわからなくても胸破られる思いがしたんでしょう。買い物をすれば値切りに値切ってわずかの金しか払わない、人力車に乗ると車夫の頭を後ろから、あっち行けこっち行けといって足で蹴る。本当に日本人がイヤになったと、埴谷さんは語っていました。

――埴谷さんの文学の重要な根っこの一つですね。

松本　ええ。埴谷さんの文学と人間を考えるうえで、これらの獄中体験・療養体験・植民地体験が、変な言い方ですが、重要な育ての親になっているのでしょう。さきほども言いましたように、埴谷さんというと、『死霊』などの小説や、難解なアフォリズムの印象が強烈で、近寄りがたい作家という印象があるようですが、エッセイや対談などはたいへんわかりやすく、それらのどれもが、人生上の過酷で孤独な体験に裏打ちされているように思います。『死霊』なども、素直にその世界に入りこめばいいので、なにかそこから深遠な思想を読みとろうとしないほうがいいんです。わたしに言わせると、『死霊』そのものよりも、ほかの人が『死霊』について書いた評論のほうがよっぽど難解だし、『死霊』の理解を逆に混乱させているんじゃないでしょうか（笑）。

しかし、武田さんの「『あっは』と『ぷふい』――埴谷雄高『死霊』について」は、群を抜いた『死霊』論といっていいでしょう。「あっは」と「ぷふい」というのは、作中の登場人物がしきりに発する間投詞、感嘆詞です。しかし平野謙さんなどは、食道がんの手術で病床にあったとき、『死霊』を読み返したらしいんですが、日記に「第一章、第二章ナカバマデノトコロ、面白クナシ」なんて書いてます（笑）。毎日のように埴谷さんは見舞いに来てくれたというのにねえ。深刻な状況にあった平野さんには、埴谷さんのような観念小説は身に入らなかったんでしょう。もともと平野さんは、私小説好きでしたしね。

――埴谷さんは高名ではあっても、売れっ子作家というわけではなかったでしょう。特に初期のころはどうやって食べておられたんでしょうか。

松本　わたしが評論集を作りはじめたころ、本は売れないし、未来社の窮状もわかるしで、印税をどうやって工面するか苦労したものです。埴谷さんは、家作を処分したり、人を下宿させたり、夫人が小原流の花の指導をしたりなどしていたと聞いたように思います。やがて中央公論社や河出書房や講談社など、いわゆる大出版社が埴谷さんを追いかけはじめたので、経済的な問題では、わたしは本当にほっとしましたね。しかしご存命中、埴谷さんは大量流通する文庫判は決して作りませんでしたし、「評論全集」は、わたしが未来社を辞したあとも亡くなるまで、口約束どおりつづけてくれました。むろん別荘などは持たず、吉祥寺の古びた四、五間しかない狭い家から動こうとしませんでした。埴谷さんは、作家として決して豊かな暮らしをしようとせず、親身になって多くの人たちの相談にのり、面倒をみたんですね。先日、その懐かしい通い慣れた家がどうなったか見に行きましたら、すべてきれいにとり払われ、だれかのモダンで立派な家が建っていました。

宇宙論から男女の話まで

――埴谷さんはお酒も飲まれたし、酒場へも気軽に出かけられたようですね。

松本　日常的には実にくだけた人ですから、何人かの人たちとバーなどに入ると、店の女性たちがいっせいに埴谷さんをとり囲んで、ほかの人たちはほっぽらかしにされたほどです（笑）。すると埴谷さんは彼女たちに、宇宙論からはじまって文学論、そして男女の機微に触れた問題に至るまで、身ぶり手ぶりをまじえて、真剣に論じるんです。そこには、相手がホステスだなどという分け隔てはいささかもない。その話術の面白さは抜群でした。「嘘つきミッチャン」と言われた井上光晴さんの、虚実入り乱れての話も見事でしたが、さすがの井上さんも、埴谷さんの人気には一目置いていたようです（笑）。また、埴谷さんにおごられたことはあっても、わたしが飲み代を払った記憶はありません。

「埴谷雄高氏とお別れする会」

――埴谷さんは没後に講談社から全集も出ているのですが、晩年まで「来る者、拒まず」だったので、ついこの前亡くなられたような気がします。まさに戦後文学の第一人者としての生涯でしたね。

松本　九七年二月十九日に八十七歳で生涯を閉じられましたけど、二月二十四日に東京・新宿の太宗寺というお寺で開かれた「お別れ会」には驚きました。寺院前の広場から入り口の階段にかけて、定刻前から延々と弔問者の列が百メートルぐらいつづいていました。なかには読者とおぼしき若い男女もまじり、まるで有名タレントの葬儀のようでした。千数百人ほどが駆けつけたんじゃないでしょうか。わたしは昔日の感に打たれましたね。初めてのエッセイ集だった『濠渠と風車』と『鞭と独楽』は、出てから三年ほど、そこに参列している人の数の三分の一も売れなかったんですよ。あるときなんか、税金未納のため社に差し押さえにきた執達吏が、埴谷さんの売れない返品の山に「出荷停止」の札をべたべた張ったりしたことがありました（笑）。動かざること山のごとしですから、なんの痛痒も感じませんでしたけどね（笑）。まあ、すぐに亡くなるんではないかと、失礼にも早とちりして通いつめ、結果として埴谷さんのエッセイ・対話集を亡くなるまで出版しつづけることができたのは、編集者として実に幸せなことでした。

6　敗戦前後――わたしの戦争体験

矢田金一郎との出会い

――ここまでお話を伺ってきて、現在の編集者とどこが決定的に違うのだろうと考えてみますと、やはり時代経験というか、なかでも大きいのは戦争体験ではないかと思われます。もうすぐ戦後六十一回目の八月十五日が来るということもありますので、松本さんご自身の戦争体験などをお聞きしたいと思います。

松本　その少し前くらいのところからお話をしますと、わたしは小学校三年生ごろまで、小児喘息《しょうにぜんそく》と蕁麻疹《じんましん》で苦しみ、小学校も欠席が多かったんです。父も喘息の発作が起こるので、東京の、主として目黒区あたりの小さな借家を転々としていました。小学校四年生でしたか、中目黒の比較的高台に住むようになって、喘息はいくらか小康状態を保つようになりました。そこでわたしは、はじめての文化的な洗礼といいますか、それと次第に破局に向かっていく戦争のリアルな体験に直面したんです。

——文化的な洗礼といわれますと？　そのころはもう日中戦争も始まって、日本が泥沼の戦争にはまりこんでいく時期ですよね。

松本　そうです。一九三〇年代末、わたしは十一、二歳でしたが、自宅から数軒離れたところに、ひときわ立派な屋敷があって、そこに住んでいた矢田金一郎さんという方と出会ったんです。彼はわたしより六歳上の一九二一年生まれでしたが、彼の家に遊びに行くなり、まさに腰が抜けるほどびっくり仰天、岩波文庫をはじめ、世界や日本の文学全集やいろいろな単行本が、所狭しと本棚に並んでいるじゃないですか。それまでは教科書と、「のらくろ」や「冒険ダン吉」などのマンガ以外、ろくに本を知らなかったわたしにとって人生最初で最大の、といってもまだ子どもでしたけど、いまでいう「カルチャーショック」（笑）でした。

——まだ子どもとはいっても、そういう本との出会いは、あとあとなんらかの影響を与えるでしょうね。

松本　ええ、その通りで、いつの日か、こんなふうに本を並べて読んでみたいと心底思いました。本だけでなく、蓄音機やレコードがあり、模型飛行機やカメラ、天体望遠鏡まであるんですよ。うらやましくってね。矢田さんは、旧制東京府立四中（現・都立戸山高校）の二年生でしたか、結核で血を吐いて自宅療養していたんです。裕福だった親がせめてもの思いで自由にさせていたんですね。わたし

矢田金一郎（撮影・松本）

は学校から帰ると、毎日のように矢田さんの家に入りびたっていました。もう恢復期に入っていた優しい矢田さんから、お菓子などもらって、無料の私設図書館のように、読めそうな本から読ませてもらったり、レコードを聞かせてもらったり、休日には映画館や釣りに連れて行ってもらったりしました。当時は肺病というと、不治の病で伝染病として恐れられていましたが、わたしは平気でしたね。母親同士も親しく行き来する間柄でした。

――偶然とはいえ、幸運な出会いでしたね。それで矢田さんとのおつきあいは長く続いたんですか。

松本　以後、九五年六月に亡くなるまで、六十年近いつきあいが続きました。趣味にしていたカメラがのちに本職となった矢田さんに、あとでお話しする機会があると思いますが、わたしは、出版にかかわるすべての写真撮影をお願いしました。未来社の著者たちのポートレートや、東北の農山村の農民たちや風景のすばらしい写真を残しましたけど、世間的な名声などを軽蔑していた矢田さんは、ついに一冊の写真集も作ろうとはしませんでした。戦後、すっかり健康を恢復すると、わたしと同じく宮澤賢治や東北の山村が好きだったものですから、岩手山をはじめ、ずいぶんと山歩きに連れて行ってもらいました。社会的な地位や名誉など歯牙にもかけない、当たり前の平等感覚を持った人で、軍人なども大嫌い、こういう人と少年時代に出会い、年上の友人として生涯をともにできたことは、なにものにも代え難いですね。わたしが紹介した著者で、矢田さんと親しくなった人も多かったですよ。

東京大空襲と長泉院

——戦争もだんだん激しくなり、いろいろ苦労されたりということもあったんでしょうが、松本さんにとって最もひどいリアルな戦争体験というのは?

松本　もう日本の敗色も濃厚になった四五年五月二十五日深夜の東京最後の大空襲です。前夜の二十四日に続くもので、いまでもありありと思い起こします。探照灯《たんしょうとう》に照らされた真上のはるか高空のB29の小さな機体が、わたしの目に美しくギラリと見えた瞬間、家のまわりは一瞬で火の海と化しました。何が起こったのか、それこそ無我夢中でした。激しく降りそそぐ雨のような、ざあーっと音を立てて落ちてくる焼夷弾に追われるように、火と煙のまっただなかを走り、わが家の前にあった墓地を通りぬけ、崖の斜面にお寺が掘ってくれていた横穴の防空壕に母と逃げこんだのです。

——まさに九死に一生、命拾いですね。

松本　いま思い出しても、その言葉通りですね。ところで、だいぶのちになって知ることになるのですが、鐘突き堂もあるその立派なお寺が、実は武田泰淳さんの住んでいたお寺の長泉院だったんです。

——えっ?　じゃあそのときすでに武田さんと会われたりしたんですか。

松本　いいえ、武田さんはそのころは中国にわたっていて留守でした。敗戦後中国から帰った武田さんは人づてに聞いて、妹さんが子ども連れで、その壕に逃げこんだらしいことをエッセイ(「私の中の地獄」）で書いていますよ。武田さんは、妹さんたちが〝墓穴〟に難を避けたと書いていますけどね。二番目の子どもを宿して身重だった妹さんは、武田さんの帰国を待たず、出産後まもなく病死されます。住職だった武田さんのお父上の大島泰信氏が、近所の人のために、敷地内の崖に大きな壕を掘ってくれていたのではないでしょうか。まあ、そのお蔭でわたしや父母、矢田さん一家を含めて、近所の人たちは命拾いしたんです。

――でもそれは、あとからふりかえってみると、不思議な因縁というか、人生、どうつながるかわかりませんね。

松本　まあ、そのときは何ひとつ知りませんでしたけどね。長泉院には、のちに出会うことになる竹内好さんはじめ、戦後活動する雑誌「中国文学」のメンバーの岡崎俊夫・小野忍・松枝茂夫氏らがさかんに出入りして、武田さんも戦争中そこで『司馬遷』などを書いていたんです。古林尚氏の精緻な「武田泰淳年譜」（『武田泰淳全集』別巻三『武田泰淳研究』筑摩書房）によると、境内は五千坪もあり、数百本の樹木が叢生していたとあります。しかしわたしたち子どもにとっては、広い迷路のような墓所は格好の遊び場でした。ときどき見まわりに来た大人に怒られ、われ先に逃げたりしましたけど、その大人は、あるいは武田さんのお父上だったかもしれません（笑）。いま長泉院は、斜面の地形を利用して彫塑などを展示した野外美術館みたいになっていますよ。さきほどの矢田さんご一家のお墓もあります。

『きけ　わだつみのこえ』

――戦争末期は日本全国が米軍の空襲にさらされていたわけですが、その東京最後の山の手方面の空襲の被害とは、どの程度のものだったんでしょうか。

松本　記録によれば、二百五十機のB29による二時間半にもわたる絨毯《じゅうたん》爆撃で、油脂焼夷弾、黄燐爆弾など十二万二千個が投下され、死者三千二百人、負傷者一万三千七百人、約十五万五千二百戸が焼失、五十六万人が家を失ったとあります。わたしたちは助かったものの、夜が白々と明け、一面焼け野原となって、まだぶすぶす焼け跡がくすぶっている所にあったひとつの小さな防空壕に、黄燐爆弾が直撃して、家族七人と他二人が爆死したんです。あっという間に燃え落ちたわたしの家から、二、三十メートルほどしか離れていない所でした。わたしたちは、その無残な遺体をみんなで掘り出したんです。赤ん坊を背負った母親が紫色に膨れあがっていた姿や、次々に掘り出される目を覆うような圧死体には、だれもが息をのみ、その光景はいまも目に焼きついて離れません。

――三月十日の東京大空襲では、下町方面が爆撃され、十万人の死者が出たといわれていますが、松本さんの空襲体験もひどいものですね。

松本　三月十日の東京大空襲は、いまもさまざまに語りつがれていますが、父の勤めていた倉庫会社が隅田川のほとりの永代橋《えいたいばし》近くにあって、父の安否をたずねてそこに行ったものですから、膨れあがった数知れない死体が川岸いっぱいに漂っているのも目撃したりしました。しかしお恥ずかし

東京大空襲の翌朝（1945年3月11日）

いことに、それでもなお戦争の実体がどういうものか、わたしは気がつきませんでした。死体や廃墟が、いわば日常茶飯の風景と化して、慣れてしまうんですね。たとえばいま、イラクで、米軍の攻撃で女、子どもをまじえて何十人が死んだと、新聞で小さく報道されますが、それがどんなにひどい現実なのか、みんなはどのように感じているんでしょうか。これは本当に恐ろしいことですよ。

――たしかに、無残な死体を掘り出すという体験は言語に絶することで、その後の人生にも大きな影を落とすでしょうね。

松本　その押しつぶされた壕から死体を掘り出していたら、『岩波講座　哲学』や、『島崎藤村全集』などの本とともに、ノートが何冊も出てきたんですね。実は、わたしたちの家が二、三十軒、肩を寄せ合っていた界隈《かいわい》に、矢田さんのほか、東大の工学部に通っていた住吉胡之吉《すみよしこのきち》という秀才がいたんですが、その人がそこで家族とともに即死していたんです。次から次に掘り出される遺体といっしょに、ぞくぞくと出てくる泥にまみれた本やノートを見て、わたしは本当に心揺さぶられましたよ。それにはまた後日譚があります。戦後の四九年十月、東大協同組合出版部から刊行された『きけ　わだつみのこえ――日本戦歿学生の手記』（日本戦歿学生手記編集委員会編）を読んだときでした。そこに、「住吉胡之吉　東大第二工学部学生。昭和十九年末より航空研究所に動員。

二十年五月二十四日目黒の自宅に帰り同夜家族七人と共に空襲下焼死。二十四歳」とあって、たしかにわたしたちが掘り出したノートからの抜粋と思われる日記が抄録されていたんです。それで初めて、住吉胡之吉さんがどんな思いで死んでいったのかを知ったのです。

——そうやって、貴重な資料というか、無理やり戦争に行かねばならなかった若い学生の思いが、戦後、かろうじて伝達されたんですね。

松本　その日記は、爆死する一週間ほど前の日付で終わっていましたが、戦争や国家を疑いながら、祖国のために「従容《しょうよう》として死に就《つ》く」という矛盾した思いと、別れねばならない恋人への純愛が切々と語られていて、本当に胸打たれましたね。わたしたちは「胡之ちゃん」と呼んでいましたが、年は違うし、秀才だし、静かな人柄の彼を尊敬しながら、どこかで少し敬遠しているところもあったような気がします。その日記には、『夜明け前』や岩波新書の『ドイツ戦没学生の手紙』を読み感銘したというくだりもあり、その苦悩の深さにわたしはみずからを恥じたものです。遺体をそれぞれ大八車にのせて、みんなで近くの祐天寺に運びました。このお寺は、強制連行などで日本で亡くなり遺族のわからない朝鮮人の多くを弔っていることで有名です。そのときの大八車のガラガラという音は、いまも耳の底に残っている気がします。

『きけ わだつみのこえ』
初版カバー

——戦後の武田泰淳さんや、『きけ わだつみのこえ』につながる決定的な戦争体験でしたね。

松本　余談でお恥ずかしいですが、それから敗戦直後に出会い、十年余を経てわたしといっしょになった女性が、わたしたちの焼け跡から二百メートルほど離れた所で同じく焼け出され、祖母と継母を焼夷弾の直撃で亡くし、父娘ふたりになっていました。むろんそのときは、そんなことは何ひとつ知りませんでしたが。それから三カ月足らず、八月十五日の「ある晴れた日に」敗戦を迎えるのです。

——空襲で家を焼かれた直後はどうされたんですか。

松本　住む所も食べ物もなくて本当に困りましたけど、あっちこっちを転々としたあと、近くの焼け残った邸宅の一室に、かろうじて間借りすることができました。母などはそのころ、どこから情報を仕入れたのか、「もう日本は負けるよ」などと平気で言っていましたね。そのたびにわたしは、「皇国少年」、といっても十七歳ですからもう立派な青年といっていいはずなのに、「そんなことを言うな」とたしなめ、特攻隊員になって戦争に勝たねばならないとまだ思いこんでいたんですから、当時の軍国主義、「皇民化教育」なるものがどんなに人びとに浸透していたかを痛感しますね。もっとも母は、兄が軍隊に入営するとき、「武運長久」などの幟《のぼり》を立てて見送りに来ていた大勢の人の前で、「死ぬんじゃないよ」と大声で叫んで、みんなを一瞬啞然とさせたぐらいですから、なまじっか少々知識を学んだ人間よりも、たいした学校も出ないであたりまえの生活をしてきた民衆のほうが、ある場合には現実に対して正しい判断をするのかもしれません。

雑誌「世界」を行列して買う

――敗戦直後の生活や出版事情、また人びととの出会いなどの一端をお話しください。

松本　敗戦前後に一時、間借りした「邸宅」というのは、吉田内閣時代、法務総裁となり、レッド・パージなども強行し、のちに自民党で労相・運輸相などを歴任した大橋武夫氏の、たしか夫を亡くされた妹さんの家でした。大橋氏ご自身もどこかで戦災にあって家を失ったのか、そこに身を寄せて、病気がちの体を養うように、奥の部屋でひっそりと寝たり起きたりしていました。時折、わたしたちの部屋にやって来て、「君、この本借りるよ」などと、個人的には気さくな感じの人でしたね。夫人は、浜口雄幸《はまぐちおさち》首相・立憲民政党総裁のお嬢さんで、実に気品のあるおだやかで親切な方でした。浜口雄幸は、一九三〇年に東京駅頭で右翼青年に狙撃されて重傷を負い、翌年亡くなりました。敗戦でやがて復員してきたわたしの兄が、大橋氏の引きで、当時あった戦災復興院だったかに勤め、建設省などを経て、わたしとは異なる役人の道を歩むことになります。

――敗戦後は出版物の傾向なども、がらりと変わりましたね。

松本　まあ、敗戦直後の食べ物の乏しい、価値転換の混乱時代にはさまざまなことがありましたが、しばらくは〝愛国少年〟の影をひきずりながら、ひたすら、それまで知ることのなかった読書と映画・演劇を見ることに明け暮れていました。まさに何もかもが驚きで、これまで何をやってきたのか、口惜しい思いでしたね。出版のことに限って言いますと、敗戦翌年の一月、岩波書店から雑誌「世界」が創刊されたことは、わたしにとっても画期的なことでした。その内容もさることながら、「世界」や岩波の出版物を手に入れるためには、いまでは想像もつかないでしょうが、行列をしなければならなかったんですよ（笑）。神保町の、現在、岩波ブックセンターがあるあたりの小路を

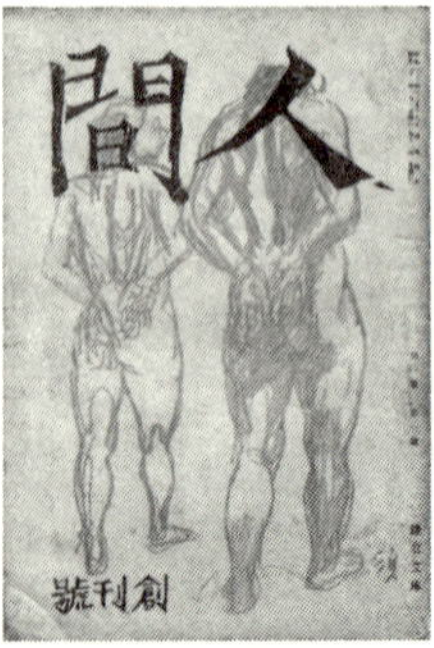

「人間」創刊号

『続日本紀宣命』

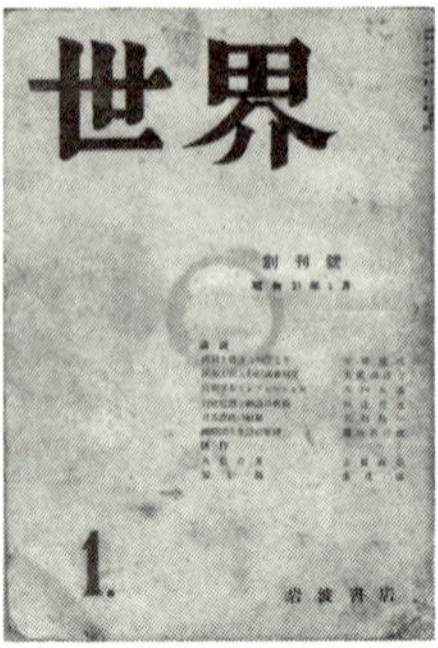

「世界」創刊号

入った所に、その当時「信山社《しんざんしゃ》」といったかどうかわかりませんが、岩波の営業部があって、そこで発売するわけです。しかしわたしは学校があるので、母に早く行って列に並んでおいてもらって、あとから駆けつけて交代して手に入れたりしたものです。同時に鎌倉文庫から文芸誌「人間」が発刊され、やはり創刊号から手に入れました。武田泰淳さんの戦後第一作『才子佳人』や、佐多稲子さんの『私の東京地図』の連載、そして木下順二さんの『風浪』が出たのも「人間」です。

――そのころは本当に活字に飢えていたんですね。西田幾多郎の全集第一巻の発売前夜、寝袋をもって岩波書店のまわりを人びとがぐるりと取り巻いている写真は有名です。

松本　いまでも忘れられないのは、「世界」や『善の研究』などを買うためには、同時に、戦争中に作って売れなくなった『続日《しょくに》本紀《ほんぎ》宣命《せんみょう》』などという岩波文庫も買わなきゃいけなかったことです（笑）。おまけじゃなくて、在庫一掃なんですね。

――えっ?!　セットで買わなきゃならないんですか？

松本　「世界」や岩波の本が欲しいから仕方ありませんけど、粗末な用紙のひどい印刷で読めないページもあるんです。だいいち

『西田幾多郎全集』第一巻の発売を待つ人々（1947年7月、初版7000部のうち250部が岩波書店で発売されるため、3日前から行列がとり巻き、前夜までに200人に達した）

当時、そんな、天皇の命令の古い文書を誰が読みますか（笑）。これは岩波書店を非難して言っているのではなく、そういう時代だったんです。その粗末な文庫本も〝証拠物件〟としてとってあります。

――岩波もやるときはやる（笑）。ある戦後的風景と言えるんでしょうね。

松本　そうしてまあ、なんやかんやで、はじめにお話ししたように師範学校を卒業し、四八年四月に二十歳で、大田区立赤松小学校の教師になりました。小学三年生の担任でしたが、弁当も持ってこられず、米軍放出の脱脂粉乳などで空腹をまぎらす子どももいるような、まだだれもが飢えている時代でした。教師といいながら、内心はこれからどう生きたらいいのか皆目わからないありさまで、年上の先生に誘われるまま、カストリなどというお酒を飲んだりしていましたね。そのクラスに岩村京子さんという少女がいて、そのお父さんがはじめにチラリとお名前にふれた岩村三千夫さんだったのです。

岩村三千夫一家とのつきあい

――戦後早くから中国問題研究家として活躍された方で、岩波新書で『三民主義と現代中国』などを書かれていますね。

松本　そうです。岩村さんは煙草を一本も吸わない方だったのに、残念なことに七七年五月、肺がんで亡くなられました。この方との出会いが、以後のわたしの生き方に大きな影響を与えたといっても過言ではないでしょう。なにしろ、ほんの二、三年前まで、恥ずかしいことに中国人を「チャンコロ」などと蔑称して、日本をアジア解放の盟主と思いこんでいたわたしに、岩村さんの話は、まさに目からウロコが一枚一枚はがされていくものだったからです。そのころ、毛沢東に率いられた中国人民解放軍は、中国全土を着々と解放しはじめていました。四九年十月には、中華人民共和国が成立します。そしてわたしも社会主義的なものに関心を持ちはじめますけど、それに関してはマルクスやレーニンなどの理論書から入らず、中国に関する本や日本のプロレタリア文学、また岩村さんがすすめてくれた河上肇の『自叙伝』（初版、世界評論社、一九四七。現在は岩波書店）など、つまり文学的なものが入り口だったような気がします。

――そういう入り方だと、ガチガチのマルキシストにはなりにくいですね（笑）。

松本　いやいや、あまり勉強していないということです。ところで、岩村さんと親しくなったことについては、もう時効でしょうから告白しますけど、そのキッカケに、わたしの岩村静子夫人に対する一方的な敬愛の想いがあったと言ってもいいでしょうか。

――えっ！　なんだか話の方向が……（笑）。

松本　まあ、そのころは、さきほども言いましたように、だれもが食べ物で苦労していましたので、わたしは、校長の命令にそむいて、担任教師としてやるべき家庭訪問は一切やらなかったんです。なぜなら、訪問すると先生が来たというので、どの家庭も必ずなんらかの接待をするからです。また、当時の〝父兄会〟なるものも頑固に開かなかったんです。しかし校長に迫られて、仕方なく一回だけ開いたんですが、そのとき、最初に教室に入ってこられた方が岩村夫人で、瞬間、その優しい温かい第一印象に心打たれたんですよ。それであわてて（笑）学籍簿を調べたら、岩村夫人だったんですね。そこでクラスの子どもたちに、「中国のことを勉強したいから、悪いけど例外として岩村さんの家に行くことだけを許してほしい」と……（笑）。率直に言って、岩村夫人にお会いできる喜びがありましたね。のちに、わたしの母や妻など家族ぐるみのおつきあいがつづき、紹介した庄幸司郎なども、岩村さん一家と、建築のことだけでなくたいへん親しいおつきあいをつづけました。息子さんの信夫君は、庄さんに大工として弟子入りしたいと言ったほどです（笑）。はじめにお話しした選挙運動で、

『三民主義と現代中国』

岩村三千夫

土本典昭さんに出会えたのも、中国研究所にいられた岩村さんのお蔭です。岩村夫人はいまご病床にあるようですが、お大事にしてほしいです（二〇〇六年十月に夫人は亡くなられた）。

岩村さんご一家は、夫人を中心に実に心温まるご家族で、そのころ、すさんだ思いで迷っていたわたしに、ある生きる勇気を与えてくれました。岩村さんの次女の道子さんは、「澤田章子」のペンネームで、樋口一葉伝などを書く文芸評論家として活躍しています。彼女を未来社編集部にさそって、二年間ほど仕事をいっしょにした時期もあり、いまも親しくさせていただいています。岩村さんにアジアへの目を開かれたことで、教え子であるかわいい子どもたちには申し訳なく離れがたい思いだったのですが、最初にお話ししたように、教職一年で、二十歳での北への旅立ちといいますか、東北大への転身をはかったわけです。そして夜間高校教師になったもののクビになり、ひょんなことから編集者になったというイキサツです。

7 丸山眞男の超人的好奇心

戦後を代表する名著

――ここ数年、丸山眞男さんに関するかなりの数の本が出版されています。それについて私（鷲尾）も毎日新聞に書きましたが（「〈丸山本〉ブーム　迫力があり、高度で、かつおもしろい」二〇〇六年七月十二日付夕刊）、朝日新聞にも一種の丸山熱についての記事が出ました（「没後10年、変わる丸山眞男像　〈神話〉から〈実像〉の再読へ」八月十日付夕刊）。丸山さんは生前の著書は少なかったにもかかわらず、亡くなられたあとは、講義録やノート、座談や手紙など、何から何までが掘り返されて刊行され、さらに『丸山眞男回顧談』上巻（岩波書店）も出たばかりで（下巻、二〇〇六・十）まさにブームといってよい状況です。そこで今回は、代表作のひとつである『現代政治の思想と行動』を実際に担当された松本さんに、編集秘話などを含めてうかがいたいと思います。

松本　おっしゃるとおり、たいへんなにぎわいですね。生前、丸山さんは出版ということについてきわめて厳密で慎重な方でしたから、現状をご覧になって、地下（天国？）で苦笑されているので

丸山眞男

はないですかね（笑）。まあ、丸山さんが遺された仕事からは、掘れば掘るほど、次から次に貴重な鉱脈が出てくるということでしょう。つまり、いまわたしたちが考えなければならないテーマのほとんどすべてにわたって、ジャンルを超えて、丸山さんは生涯をとおして先駆的に問題を提出し、言及していたといっても過言ではないでしょう。鶴見俊輔さんたちの「問いかけ」に答えた『自由について七つの問答』（SURE、二〇〇五・七）のなかで、丸山さんは、「だれがマルクスに匹敵するほど根源的な問題を提出したろうか」と問い、「マルクスくらい、綜合的にね、人間関係、社会関係の問題についての基礎理論というものを構築した人はいない」と語っていますが、それはそのまま、「丸山さんくらい」と言い換えてもいいとすら思いますね。

――丸山さんと親しく仕事をされた松本さんの言葉ですので、他の方の評価とは違った重みがあると思いますが、しかし丸山眞男に対する評価は時代によってかなり振れ幅があります。また現在でも、両極の批評がありますが。

松本　わたしは一編集者として、『現代政治の思想と行動』の刊行にかかわり、ご交誼をいただいただけですから、口はばったいことは差し控えますが、小熊英二氏が、インタビュー「丸山眞男の神話と実像」（『KAWADE道の手帖「丸山眞男――没後十年、民主主義の〈神話〉を超えて」』所収、河出書房新社、二〇〇六）の結語で言っていますように、この本は、丸山さんの仕事のなかでも

「最もすぐれた作品」だと、わたしも思います。これほど、「同時代に即した文章であるにもかかわらず、同時代を超える深さや普遍性がある」著作はそう滅多にありません。小熊氏は、「世に星の数ほど物書きや学者はいるけれど、そんなものが書ける人はほんのわずかしかいない」とまで断言しています。ほかの方には悪いけど、この本を担当した編集者としては、ちょっと胸がすーっとしますねえ（笑）。

――実際、編集者として、これほど長く読み継がれ、かつ話題になる名著に出会える機会はそうはないですからね。

松本　ええ、本当に幸運としかいいようがありません。とくに、わたしは文芸・芸術関係のほうに関心が強く、そちらの仕事に多くかかわってきましたから、丸山さんとの出会いは特別に貴重なことのように思い返されます。たとえば、『現代政治の思想と行動』の編集をきっかけに親しくさせていただいた、わたしと同年の藤田省三さん（二〇〇三年五月没）などは、有名な丸山さんの「超国家主義の論理と心理」（「世界」一九四六・五）や「軍国支配者の精神形態」（「潮流」一九四九・五）を、遠く四国の地で「百姓」をしていたときにいち早く読んで、丸山さんのもとで勉強しようと決意したと言われたことがありますが、さすがケタが違うとしかいいようがありません。わたしなどは、「世界」を創刊号から読んでいながら、編集者として丸山さ

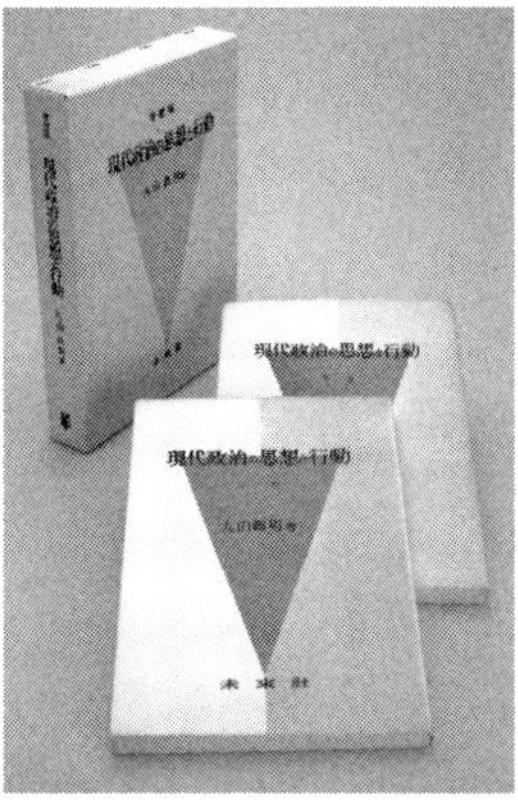

『現代政治の思想と行動』上巻（1956年）、下巻（1957年）カバー、増補版（1964年）函

んにお会いして、はじめてその作品と人柄に魅了されたといっていいんです。

――『現代政治の思想と行動』は、はじめ二分冊で、上巻が五六年十二月、下巻が翌年三月に出ています。このころ、松本さんはまだ入社して三年ほどですよね。どういういきさつでこの本にかかわられるようになったんですか。

松本　もともと社長の西谷能雄さんは、弘文堂時代の一九五〇年前後、編集者として「社会科学講座」で丸山さんと親しく会っていて、未来社創業（一九五一・十一）にあたり、著書をお願いしていたんです。前にもお話しした内田義彦さんの『経済学の生誕』（一九五三・十）の奥付裏広告にある『日本ファシズム研究』という書名の近刊予告がそれです。しかし丸山さんは五〇年末に結核を発病されて、以来、入退院を繰り返していました。わたしが未来社に入社したのが五三年四月ですから、ご病気の最中で、すぐにはお会いしていなくて、もっぱら西谷さんが療養所に見舞いながら話をすすめていたようでした。その後、丸山さんは、五四年秋に左肺上葉切除・胸部成形手術をされ、漸く回復されたのが五六年の春ごろなんです。それでその年の夏ごろから西谷さんの出版攻勢が強まったと、丸山さんは書いています（「三十五年前の話」『ある軌跡――未来社四十年の記録』所収、一九九二・八）。それによると、こんど新社屋を建てるために銀行に二百万円借りたので何とかしてくれと、西谷さんから「切迫した訴え」を受けたというんですね（笑）。いかにも西谷さんらしい、いい、あけすけな「攻勢」ですけど、それにこたえて重い腰をあげた丸山さんも、なんというか「義侠心」があるといいますか……。

――『現代政治の思想と行動』の「後記」で、丸山さんは西谷さんを、出版社の社長というより友

未来社創立 15 周年の小宴、著者たちが西谷夫妻と松本を招待した（左から野間宏、宮本常一、丸山眞男、松本、西谷和歌子夫人、西谷能雄、内田義彦、木下順二、1966 年 12 月 4 日、浅草金田にて）

人と書いています。本を出すということについて、仕事という以上に、人間的な強いつながりを感じます。

松本　そうですね。お二人は年齢的にも近くて、西谷さんは一歳年長の一九一三年生まれですから、この本が出たころはともに四十歳を超えたくらいです。一方、わたしは当時、まだ二十代後半の駆け出しの編集者で、社会科学関係の知識も不十分でした。しかしそんなわたしに対しても、丸山さんはいささかもへだたりを感じさせない、いつも実に開放的で自由な感じの方でしたね。足繁く丸山さんとお会いしたころのメモに、丸山さんとドストエフスキーについて話すとか、映画『最後の橋』について「二時間ぐらい議論」なんて、生意気なことを書き留めていますけど（笑）、いい気なもんで、相手になるはずがないじゃないですか。「三十五年前の話」によれば、「松本君とは、たまたま当時の世界的出来事であるハンガリー動乱と、ソ連による武力弾圧のことをついでに（？）おしゃべり」ともありります。そんなふうにわたしなどともちゃんと相手して「おしゃべり」してくれた数多い場面を、いまも生き生きと思い出しますね。

——いかにも丸山さんの人柄を偲ばせる貴重なお話ですね。私（鷲尾）も実際に丸山さんのおしゃべりの場にいたことがあります。安岡章太郎さんたちと年に一、二回ほどダベる会があって、結構饒舌な人間が集まっていたんですが、九割方は丸山さんの独演でした。大河内伝次郎はこう相手を切るのだと、立ちあがって実演したりして（笑）。そういう映画の話などはあまり伝わっていませんね。お目にかかった人間はみな魅了されてしまう。そのくらい強烈な印象のある先生でした。しかし原稿は書いていただけなかった。とにかく書かせるのが難しい、その意味では編集者泣かせの方でした。

松本　ですから、『現代政治の思想と行動』上下二巻刊行の追いこみ、丸山さんの言葉をもってすれば、「最後の急ピッチの仕上げ」（下巻「後記」）、「ラスト・ヘビー」のほぼ半年間は、「松本君が大変だったね」と、未来社創立十五周年に、内田義彦、木下順二、野間宏、丸山眞男、西谷能雄の五氏で開いた「座談会」で、丸山さんに慰められています。しかしわたしにとっては実に楽しくも緊張した、編集者人生でもっとも働いたときだったかもしれません。

——ちょっと未来社の年譜でこのころを見ますと、五六年十一月九日に三宅義夫『貨幣信用論研究』が出ています。その三日後に石母田正の『古代末期政治史序説』上巻、そのほぼ二週間後に平野謙『政治と文学の間』、その約二週間後に丸山眞男『現代政治の思想と行動』上巻、その十日あまり後に石母田正『古代末期政治史序説』下巻が出ているといった具合です。信じられないような刊行ペースですが、翌年も似たようなもので、五七年二月二十六日に、前にお話のあった平野謙他編『現代日本文学論争史』中巻、その十日後に埴谷雄高『濠渠と風車』、そして二十日後に丸山眞男『現代政治の思想と行動』下巻、その一カ月後に廣末保『近松序説』が出ています。いずれも戦後出版史を飾る名著ですが、もちろんこれら以外にも何冊も刊行されています。これらの書名を見れば、まちがいなく戦後出版史の輝ける瞬間といっていいと思いますが、しかしどうしてこれだけの仕事を西谷さんとたったふたりでやれたのか。しかも西谷さんは目がお悪かったんですよね。

松本　西谷さんは眼底出血による網膜脈絡炎萎縮という目の病気で、入院したり安静にしたりしなければならなかったですから。

——実際に編集の仕事をしてきたわれわれから見ると、とても人間ワザとは思えませんが……。

松本　どうしてできたんでしょうねえ（笑）。ゲラ（校正刷）のやりとりのほか、出版にかかわるあらゆる雑務、たとえば資材の手配、表紙に使う木版など、むろん、前にお話しした、いまは亡き営業の小汀良久さんと、なんとか協力し合ってこなしていたんです。

「誰が断崖に連れて来るか」

——丸山さんの『現代政治の思想と行動』に戻ると、これはすでに発表された論文を集めたものですね。そうするとあまり編集の手間はかからなかったんでしょうか。

松本　それがそうじゃないんです。ただ論文を並べるだけかと思いきや、それぞれに「追記」「補註」を書かれることになり、この間に二百字詰原稿用紙で約四百枚書き、上下巻あわせて五百ページの校正での加筆・訂正をされたんです。丸山さん自身、「一瀉千里。自分でも俺は一体遅筆なのか、速筆なのか分からない」、問題は「誰が断崖に連れて来るか」なんだと、さきの「座談会」で言われていて、内田さんに「速舌遅筆」なんて（笑）、皮肉られています。

——活版印刷の時代ですし、もちろんメールどころかコピー機もファクスもないですよね。失礼ですが、そのころの未来社では自由に車を乗り回すというような機動力もなかったでしょうし……。

松本　機動力どころか、組版をつくる整版所も親族がたった二人でやっている小さなところで、印刷所の営業でしたから、大日本印刷とか精興社などとおつきあいできるほどの会社ではありませんの人が来てくれるわけでもない。したがって、著者—会社—整版所の連日の往復運動は、もっぱらわたしひとりが足と電車とバスを使って動くほかなかったんです。たまに丸山さんのお宅で某有名出版社の方とぶつかると、外に社用車なんかがとまっていてね（笑）。丸山さんを東大前の旅館に、いわゆる「カンヅメ」にして原稿を書いていただいたこともありますけど、受験生たちが泊まるような薄汚れた安宿で（笑）、本当に申しわけない思いをしました。丸山さんは、「気にしないでいい」と逆に気遣ってくれましたけどね。丸山さんは、マス目が気になるといって、二百字詰原稿用紙を裏返しにして書かれ、それがほぼ四百字くらいになるんですが、それを五枚十枚と夜遅くうかがっていただくと、自宅への帰りがけに整版所のポストに入れておくんです。そして翌日の昼ごろに、またそこに立ち寄ると、もう数ページのゲラが出ている。それに社で赤字を入れ、前夜同様、旅館に行って次の原稿と交換するわけです。

——まさに編集の現場そのものですが、しかし何本もの企画を抱え、しかもお相手がかの丸山眞男では、相当たいへんだったでしょう。

松本　でも、それがまた楽しいんですね。ちょっと疲れたからダべろうかということになると、映画、演劇、音楽はむろんのこと、専門外のあらゆるジャンルにわたり、変な話ですが、飲んでいる薬の種類や効能、使っているカメラのことに至るまで、あらゆる蘊蓄《うんちく》を傾けての話になるんです。当時、カセットテープでもあってそれらを録音しておけば、わたしも「丸山眞男かく語りき」なんてまとめて、評判になったかもしれませんね（笑）。ちょっと自慢させてもらえば、さきほどの『KAWADE道の手帖「丸山眞男」』に収められている、木下順二さんの『沖縄』を評価した丸山さんの談話「点の軌跡」は、わたしがインタビューしてテープをおこしたもので、一字か二字の訂正をされただけで、「よくまとめた」と褒《ほ》めていただいたものですよ。お宅などで、フルベン（丸山さんはフルトベングラーを略してこう言われていた）の指揮がいかに素晴らしいかの話になると、ベートーヴェンのシンフォニーの総譜を持ち出しての熱弁ですから、ただただ拝聴するほかなかったですね。

印刷現場で書き、語る

――文学者を含む交友関係の広さや好奇心の旺盛さなど、現在の大学の先生方とはかなりスケールが違いますね。

松本　『現代政治の思想と行動』の「後記」に、丸山さんは、J・S・ミルの言う「すべてについ

丸山眞男が米国バークリーから松本に宛てた手紙（1983年）

て何事かを知り、何事かについてすべてを知る」という言葉を引いて、政治学の途《みち》を歩む者は、「恐ろしく困難な努力を宿命的に課せられている」と書いていますが、その言葉どおりの途を歩かれた方だと思います。ですから、丸山さんは、たえず他ジャンルとの交流、立場を異にするものとの意見の交換を、つまり同時代の横との知的連帯を、生涯、主唱されたんです。専門的でわたしなどよく解らないものでも、丸山さんの文章は何か「面白い」んですよ。「何事かについてすべてを知る」優秀な学者はいっぱいいて、なかには丸山さんを批判する方もいますけど、そういう方の書くものは、失礼な言い方になりますが、どうも「面白くない」んですよ（笑）。それはどういうことかと思うんですけど、たぶんひとつのことを頭の先というか、小手先だけで書いているからでしょうか。丸山さんはそうではなくて、いかなる場合も、広く深い学問的・時代的経験に立って、全人格的といいますか、全身体的といいますか、持てるものすべてを出しきって、書く主題とわたりあうようにして書かれているように思います。まるで、小説か戯曲を読むようにドラマチックでもあって、それは、日常的に人と接する場合の態度にもよく表れていました。

——具体的にはどういうことでしょうか。

松本　前に埴谷雄高さんのところで、丸山さんの「精神の自動機械」と化したおしゃべりについてお話ししましたでしょう。それはわたしたちと話しているときでも同じで、ちょっと二、三十分ダべろうかと言っていたのに、いつしか一時間になり二時間になり、こちらが気を遣って、そろそろ失礼しますといっても、「まあ、いいでしょう」と、二十分もへったくれもなくなり、とどまるところを知らず、劇的展開をするんです（笑）。例の庄幸司郎も丸山さんに紹介しましたので、書斎の増築や書庫などを建てて、たいへん親しく出入りしていましたが、あるとき、仕事に行った彼に、時間があるから少しダベろうかといって、延々八時間に及んだことがあると、庄さんが話していました。フルトベングラー指揮のベートーヴェンの『第七』のレコードまで貰ったりしてね（笑）。

――やっぱり著者とのつきあい方が、いまとは根本的に違うというほかないですね。まあ、著者に大工さんを紹介する編集者は、昔もそれほどいたとは思えないですが（笑）。

松本　著者・編集者の関係は、普通は会社の仕事だけに限られたことですが、小さな出版社の場合は、平野謙さんの家の建築のことでもお話ししたように、プライベートなことでも行き来がいろいろあるんですね。いつかくわしくお話しすることになる九州生まれの井上光晴さんなどは、私のおふくろが長崎県の佐世保育ちでしたから、わたしの家にぶらりと来られたときなど、おみやげを持って「ばあちゃん、元気か」と、わたし以上におふくろと親しく九州弁で話していました。いま小説家として活躍しているお嬢さんの井上荒野《あれの》さんが生まれたときなど、産後の夫人を看病して、おふくろは二週間ぐらい泊まりこんでいましたね。丸山さんのお宅にも、いつだったか正確に覚えていませんが、ご家族で短期間留守にされたときだったでしょうか、おふくろが留守番を頼まれて泊まっていたことがありました。まあ、そんなことは仕事というより、親しいつきあいとして当然のことでしたね。

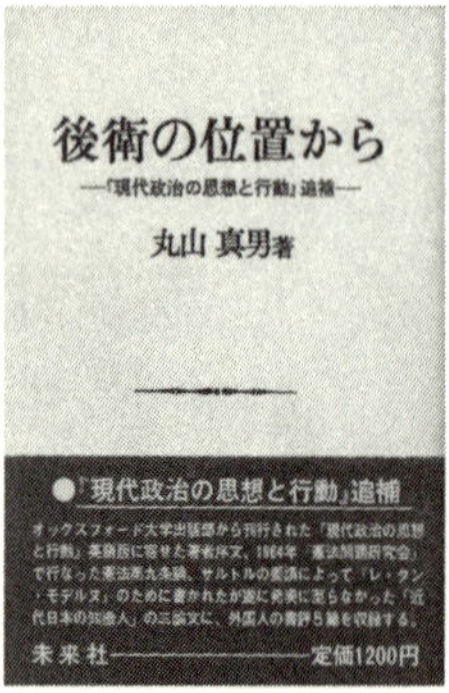

『後衛の位置から』カバー・帯

――編集者の親が著者の家に泊まりこんじゃうというのもすごい話ですね。「全身編集者」と称して熱血を売り物にした編集者もいますが、「全家族編集者」とでも言うんですかね（笑）。

松本　丸山さんは、実にへだたりのない、「すべてについて」好奇心満々で、鋭い感受性をお持ちでしたから、『現代政治の思想と行動』や、わたしが未来社を辞する前年（一九八二年九月）に刊行した『後衛の位置から』のときもそうで、追いこみになると印刷所までこられて、印刷所のごちゃごちゃしたせまい部屋で、原稿を書き、平気で校正をされました。それだけでなく、そのころは活版印刷ですから文選《ぶんせん》（活字を拾う）や植字（活字をページごとに組む）の現場を見て、労働者の人たちと直接話し、赤字訂正などがいかにたいへんかに驚いて、十字訂正するとピッタリ十字入れるという芸当までして気を遣われましたね。だれもができることではないですよ。というより、いまそういうことに心をかける「大学教授」はほとんどいないでしょう。痩せても枯れても「東大教授」の丸山さんが、まったく対等の立場で、印刷所の労働者諸君と真剣に話していたんですからね。

　できあがった本だけ見ていれば、出版はきれいでスマートな仕事に見えますが、本をつくる現場はそんなものではなく、実に多くの労働者の手を借りているのです、とくにそのころはね。ものを書き、本を出される方で、あるいは鷲尾さんや上野さんのような大出版社の編集者で、印刷所や製本所の労働現場がどんなところか、労働者がそこでどんなふうに働いているかを具体的に知っている人が、いったいどれくらいいるでしょうか。

――まあ、ほとんど知らないでしょうね。印刷の現場そのものもずいぶん変わりましたし。

松本　藤田省三さんも、丸山さんと似たところがありましたね。あるとき、わたしがどうしても印刷所に行かねばならないことがあったんですが、「よし、いっしょに行こう」とついてこられて、印刷現場に着くや、「やあ、こんにちは」と印刷工たちと旧知のように挨拶して話しはじめるんです。とうとうみんな機械をとめて、藤田さんとの対話集会になってしまいましたよ（笑）。あとで印刷工たちが、大学の先生があんなに俺たちと平等に話しあってくれたのははじめてだと、わたしに喜んで言っていました。こうした対等の人間関係に立っているからでしょうか、丸山さんも藤田さんも、労働者諸君と話す場合に、決して話のレベルを下げたりしないんです。藤田さんなどは、ウェーバーやカール・レーヴィットなんかを引用しての滔々たる弁舌ですが（笑）、彼らはその話がよくわかるというんです。藤田さんとの三十年にわたるおつきあいについては、あらためてお話ししますが、こういう態度は、たとえば、本づくりのさまざまな局面にも表れていましたね。

粗末な装幀への抗議

――それは本の実際の形について、ということですか。

松本　そうです。まあ、本をつくるとなれば、ほとんどの方が造本とか装幀とか、いろいろ気にされるのは当然のことですが、そこがおふたりともぜんぜん違うんです。藤田さんの最初の単行本である『天皇制国家の支配原理』は、丸山さんの本が出てから十年後の六六年七月に出ますが、藤田さんは「できるだけ粗末に、ソフトカバーの並製で表紙も目立たないように、部数も二千部以下で」と、丸山さんと同じようにおっしゃるわけです（笑）。当時、社会科学関係の本では当たり前だったA5判・上製クロース貼《ば》り・函《はこ》入りといった本にはしないでほしいというんですね。それが丸山さんの場合は、刊行後にいろいろ波紋をおこしましたけど。

――造本や装幀について批判があったんですか。

松本　ええ。つまり、丸山さんの本に対してあまりにも粗末なつくりでけしからん、未来社は丸山さんをなんと考えているんだ、と（笑）。むろんこんな言葉じゃありませんけど、いわゆる造本に対する抗議が電話やハガキでずいぶん来ました。丸山さんご自身、「三十五年前の話」で、「戒能通孝氏（故人）から年賀状を兼ねて長い礼状が来たが、そこにはきまりが悪いほどの褒め言葉とともに、かくも立派な書物に何たる貧弱な装丁かという慨嘆が書き添えてあった。ほぼ同じ頃に、さる学術出版の大手の幹部が、この装丁は何事か、と未来社を難じた話が、間接ながら私の耳に伝わってきた」と書いています。丸山さんは、「これは決して未来社の責任ではない。冤罪だ、私の責任だ」と言われて未来社を弁護されましたけど、こういう抗議には、相変わらずのアカデミズムにおける権威主義の匂いがつきまといます。

この上下二巻の装幀は、小汀さんの発案でした。カバーの中央に、逆三角形が上巻は焦げ茶、下巻はブルーで印刷されているんですが、これは逆ピラミッド、つまり天皇制の逆を意味するものなんだ（笑）と、丸山さんの本にふさわしいと意気ごんだものでした。六四年五月に、若干の論文を入れかえ、二冊を合本にし、上製クロース貼りでケース入りの「増補版」として刊行したのが、現在の流布本です（新版が二〇〇六年八月に刊行された）。

――あれほどの本であれば、内容面の評価だけではなく、いろいろな面で波紋を呼んだでしょう。

松本　そうですね。その波紋のなかには、まだちっぽけで無名の未来社などというところから、どうして丸山さんの本が出たのか、岩波書店で緊急会議が開かれたというんですね。未来社ごときに丸山さんを取られてなんたることか、というわけです（笑）。嘘かまことか、そんな事実がなかったとしても、もう五十年もたっているのでお許し願うことにして、そんな「噂」が流れるほどに、出版界にある衝撃が走ったんですね。丸山さんは、『日本政治思想史研究』（東京大学出版会、一九五二・十二）を「本店」の仕事とするなら、『現代政治の思想と行動』は「夜店」の仕事といわれましたけど、その「夜店」のにぎわいは、想像を遥かに超えました。丸山さんの謙虚な申し出どおり、初版二千部か三千部でささやかにスタートした『現代政治の思想と行動』が、超ロングセラーとなって、いまなお、日本の思想界に「波紋」を投じ続けているのは嬉しいことです。

8　権威嫌いの藤田省三の仕事

丸山眞男の紹介

——前回、丸山眞男さんのお話を伺いましたが、続いて今回は藤田省三さんのことをお聞きします。藤田さんは二〇〇三年五月に七十五歳で亡くなられましたが、丸山さんと並んで、戦後を代表するリベラル派の知識人といわれた方です。みすず書房から『藤田省三著作集』全十巻（一九九八、完結）があり、また最近、『藤田省三対話集成』全三巻（みすず書房）の刊行も始まりました（二〇〇六・七〜〇七・五）。松本さんは、藤田さんの最初の著書である『天皇制国家の支配原理』（一九六六・七）を作られましたが、そもそも藤田さんとはどういうきっかけで知り合われたんでしょうか。

松本　それは、丸山さんの『現代政治の思想と行動』の出版がきっかけです。丸山さんが、この本を出すについては、どうしても「追記」と「補註」を書きたいが、それには、当時東大の助教授だった石田雄《たけし》さんと、まだ法政の専任講師だった藤田省三さんの二人に意見を聞きたいと言われたんですね。それでそのための鼎談をやることになり、わたしは録音係をやったわけです。いまのように、簡単なカセットテープではなくて、小型のトランクぐらいの大きさの重いテープレコーダーを抱え込みましてね。しばらく前にそのテープが発見され、全文が「丸山眞男手帖」（二〇〇四・一）に掲載されました。日付もはっきりしていて、五六年十月十九日です。場所は、東大赤門の脇の本郷学士会館の角を曲がった先の高級料亭「松好《まつよし》」でした。当時の未来社のフトコロ具合からすれば、思いきってやったんですよ（笑）。いつかそのそばを通ったら、もうお店はありませんでしたが。

——最初に会った藤田さんの印象はいかがでしたか。

松本　いやもう、こんな人がいるのかと圧倒されましたね。わたしと同年の一九二七年生まれですから、その頃はまだ二十八、九歳のはずですが、その爽やかな態度といい、わたしが編集者だからといって決して下に見たりしない姿勢といい、けれども丸山さんに対しては、言いたいことを遠慮なく言って食ってかかるんですね。とにかく圧倒されたというのが最初の印象です。この人はすごいな、と。

——前にもお話がありましたが、松本さんはだいたい第一印象で著者を決めちゃう、そして、いいとなるとトコトンつきあう、嫌な人とはつきあわない（笑）。ところで、もうお一人の石田雄さんはいかがでした？

藤田省三（1969年、撮影・矢田金一郎）

松本　石田さんとは、そのときまでに『明治政治思想史研究』（一九五四・十二）と、『近代日本政治構造の研究』（一九五六・六）の二冊の刊行にかかわっていましたので、存じ上げていました。石田さんは藤田さんとは反対に、おっとりし

『天皇制国家の支配原理』カバー

た当たりの柔らかい方です。石田さんの二著は、師匠である丸山さんより前に出版されたもので、言うまでもなく丸山さんの推薦です。とくに『明治政治思想史研究』は名著といわれ、ロングセラーになりました。

――石田さんの二冊の著書のほうが、教授である丸山さんの本より早かったんですか。

松本　そうなんです。それについては面白いいきさつがありまして、ここでまた岩波書店に対して失礼な噂話をしますけど（笑）、はじめ、丸山さんは石田さんの著書を岩波に薦めたんですね。しかし、当時、石田さんはたしかまだ東大の助手だったので、「岩波は助手の本は出さない」（笑）と断られたといいます。まだ、そんな時代だったんです。西谷社長は、そんなことにはいっさい頓着しない人ですから、丸山さんの推挙なら喜んでというわけです。丸山さんは、そういう点でも立派で、弟子であろうとなんであろうと、また外国のものでも、立場は異なっていても、ご自身で良いと判断された企画をいろいろと薦めてくれましたね。

十年つきあって一冊を作る

――藤田さんと初めて会われたのが五六年で、しかし『天皇制国家の支配原理』は、六六年の出版ですよね。そうすると著書が出るまで十年間、じっくりつきあわれたということになりますが、本が出るまでに十年というのは結構たいへんじゃないですか。

松本　わたしは花田清輝さんや埴谷雄高さんはじめ、自由な感覚の文学関係の人たちとつきあっていましたから、大学の先生たちのアカデミックな硬い雰囲気にどうもなじめなかったんです。しかし藤田さんには、丸山さん同様、それまでになかった、まさに衝撃的な印象を受け、魅了されましたね。以来、ご病気になるまでの三十数年にわたる、公私ともに濃密な（笑）おつきあいがつづくことになったのです。近代日本の思想を考えるうえで、丸山さんともども、藤田さんの仕事は、本当に大事だと思います。

——そういう人づきあいはまさに編集の醍醐味ともいえますが、近年の出版事情ではなかなか難しいです。しかしそうすると、その「濃密な」おつきあいのなかには、いろいろとおもしろいエピソードもおありでは？

松本　そうですね。だいたい、未来社から本を出すことになった動機からしてふるっています。わたしが初めてお会いしたときには、すでに西谷さんは、「法学志林」（法学志林協会）という目立たない学術雑誌に書かれた「天皇制国家の支配原理」という論文の単行本化を、丸山さんの薦めで藤田さんに申し込んでいたんです。そのいきさつを藤田さんが「『不渡手形』発行者の弁」という、未来社創立二十年（一九七二）の際に寄せられた文章（『戦後精神の経験II』藤田省三著作集八、みすず書房所収）で書いています。藤田さんは、本を出したいと訪ねてきた、度のきつい眼鏡をかけた西谷さんのいかにもくたびれた粗末な服装と、提げ手がちぎれたボロボロのカバンを小脇に抱え込んだ姿に感動して（笑）、一も二もなく出版をオーケーしたというんですね。言葉あまって、「カネの中公、権威の岩波、中をとりもつ東大出版」なんて（笑）、悪たれをついています。この三社の方には失礼ですけどね……。

――まあ、いかにも藤田さんらしい話ですね。

松本　それで、いよいよ本の出版を決断した動機も、ちょうど息子さんが生まれたときだったんですが、子どもも生まれちゃったし、本でも作るか（笑）というわけです。ご存じのように、『天皇制国家の支配原理』は、序章と第一章で終わっていますが、さらに続きを書く約束だったんですね。註にも、「第二章で詳しく検討する」なんてあるんですが、第二章どころか、とうとう本にするときも、一字一句訂正なし、何ひとつ書かれず十年前の雑誌発表のままでした。しかも、「あとがき」には、はじめから「著書を出すことをあまり好まない」「満足すべき作品ではない」「愉快なことではない」と書き並べて（笑）、ただ喜ばしいことは、十年忍耐してくれた西谷さんとわたしに「責を果たせたことだけ」と、ご丁寧にも「だけ」に強調の傍点を振ってるんですね（笑）。

――丸山さんが『現代政治の思想と行動』をハードカバーではなくて並製のソフトカバーで、と主張され、西谷さんや松本さんと垣根なくつきあわれたのとよく似てますね。

松本　さきほどの文章でも藤田さんは書いていますが、知り合ったとたん、「編集者対書き手」の仕切りなんてすっとんで、「生まれてこのかたからの友人」だったようなつきあいになるんですね。「私の度しがたい悪癖」とも書いていますけど、その「悪癖」のお蔭で、ずいぶん学ばせてもらいました。

著者同士をつなげる

――さらに松本さんのことを、「芸術部門における私の無料相談員」と書いていて、映画・芝居で五〇パーセントぐらい教えてもらったとありますが。

松本　藤田さんはほとんど学問一本の方でしたから、わたしについてはオーバーでちょっとお恥ずかしいですけど、でもこちらは政治学や思想史など専門の分野ではとても太刀打ちできませんから、せめて映画や演劇や小説の話でごまかすんですよ（笑）。六〇年代のはじめでしたか、アンドレ・カイヤット監督の『ラインの仮橋』を見たときなど、感激のあまり話がはずんで、呑み屋を二、三軒ハシゴして、その勢いで親しいある大学教授の家を夜中に急襲し、高級ウイスキーをご馳走になって、とうとう夜明かししたこともあります（笑）。映画の主人公のひとり、パン屋の職人をシャンソン歌手のシャルル・アズナブールが演じていて、対照的な主人公のインテリのありようを、対独レジスタンスをとおして批判的に描いた映画でした。

五九年から六〇年はじめにかけては、未来社も編集メンバーが増強されてきていましたが、まあ、藤田さんが社に現れると、みんな一斉に仕事を放棄、果ては安呑み屋での一大饗宴（?）となるわけです。そこで、内外の名著を取り上げて、片っぱしから、「よし、ぼくが書評しよう」と、決して落とせない「不渡手形」が、次から次に発行されるんです（笑）。原稿はみんな「不渡」でも、ずいぶん貴重な講義を聴いたことになります。

――原稿執筆そのものは、どんなふうにされたんでしょうか。やっぱり「不渡手形」と自称されるくらいだから、かなり大変だったかと思われますが。

松本　いざ原稿となると、本当に厳密でした。月刊誌の「未来」に原稿をもらったときなど、万年筆で勢いよく書かれた原稿を、編集部の床にずらーっと並べて、立ったまま上から眺めて訂正するんですね。文章の流れを考えてるんでしょうか。また、原稿をもらった翌日などに電話がかかってきて、「何枚目の何行目のナニナニの次に、点を打ってください」と言われるんです。点一つですよ。当時はコピーも何もありませんから、書いた文章をソラで記憶しているんです。だれかの文章の引用でも、たとえマルクスであれウェーバーであれ、すらすらと出てくるんですね。

――そういうところはさすがに本物で、たいへんな方ですね。

松本　五〇年代末は、思想の科学研究会の『転向』（平凡社）の原稿を書かれていて、それに井上光晴さんをとりあげたんです。わたしはちょうど、井上さんの『ガダルカナル戦詩集』（一九五九）や『虚構のクレーン』（一九六〇）の出版にかかわっていて、井上さんの作品を集中的に読んでいましたから、何かと相談されたり、ゲラを読まされたりしました。むろん、なんのお役にも立ちませんでしたけどね。ただ、武井昭夫さんの初めての評論集で画期的な一冊である『芸術運動の未来像』（現代思潮社、一九六〇）を貸してほしいというのでお貸ししたんですが、戻ってきた本を見て驚きました。ところどころ、エンピツで線が引いてあったり丸印をつけたり、メモもあるんですね。借りた本もへったくれもない（笑）。お蔭で、藤田さんの本の読み方がわかって、この本は大事にとってあります。

本の読み方といえば、藤田さんが、いつだったかチェスタートンの『正統とは何か』の原書が読みたいと言われたことがあります。花田さんが持っているのを知っていたので、それを借りて藤田さんに渡したんですけど、読んだあと、「いやあ、花田さんはさすがだなあ、肝心なところにちゃんと線が引いてあったよ」と、感心していましたね。

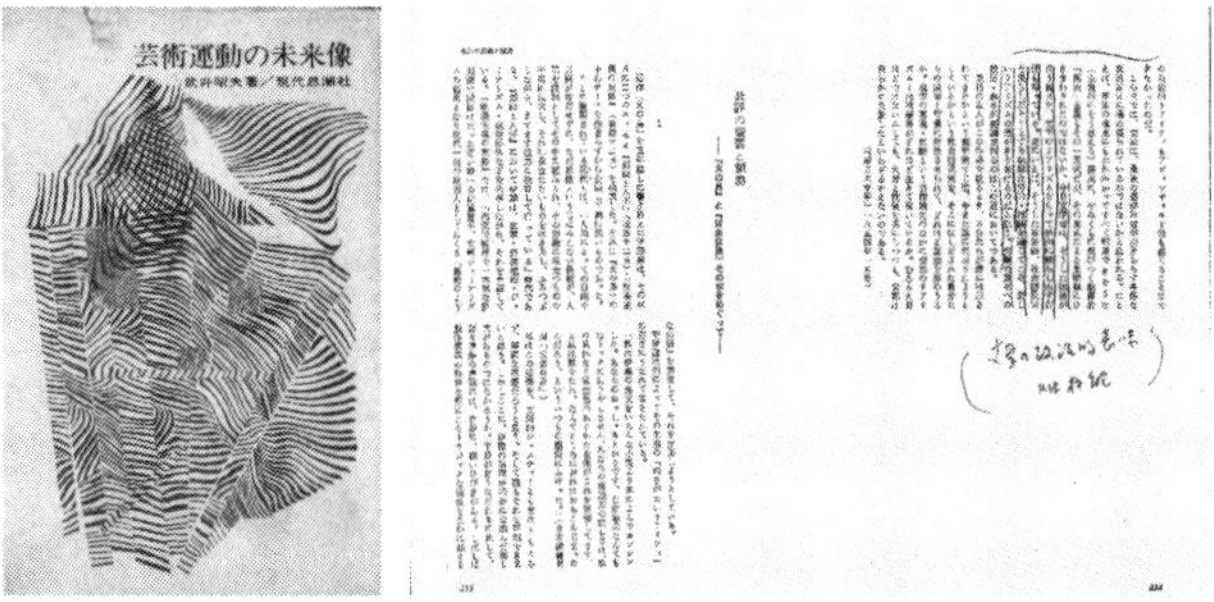
武井昭夫『芸術運動の未来像』カバーと、藤田省三が書き込んだ松本所蔵の本のページ

——そういう著者同士の橋渡しも、編集者の一つの役割ですね。

松本　ええ、編集者は、お互いに関心のある著者同士が、いまどういう仕事をしているかを伝えることも、大事なんではないでしょうか。たとえば、そのころわたしは廣末保さんの『近松序説』（一九五七・四）にもかかわっていて、すっかり廣末さんにもイカレていたんですが、法政大学で学部や専門はちがっても廣末さんと藤田さんはたいへん親しく、仕事のことでも意見を交わし合っていました。また花田さんは、まだ直接廣末さんと会っていなかったんですが、花田さんのお宅に伺うと、「廣末さんは勉強家だねえ。いま、どんな仕事をしてるの」と聞くわけです。だからあれこれ廣末さんのことを伝えるんです。そして今度は、廣末さんの本郷界隈のひとり暮らしの間借りに行くと、「花田さんの今月号の『群像』のエッセイは面白かったねえ」と、ひとしきりその話になるわけです。それは丸山さんや埴谷さんなどの場合も同じでしたね。情報を伝えるという言葉はわたしは嫌いですが、自分の好きな著者同士の仕事をつなげる役割も、編集者にとって大事なことではないでしょうか。

思想家としての廣末保

――丸山さんや近代文学関係のほかに、ジャンルがいろいろ広がった時期だと思いますが、廣末さんとはどういういきさつで？

松本　たしか西谷さんが、西郷信綱さんから廣末保さんの仕事を薦められたんではないでしょうか。それで西谷さんがわたしに「君、やってくれ」ということになったんだと思います。でも、わたしは歌舞伎は見ていましたが、廣末保がどういう方なのかというのは、ほとんど知りませんでした。しかし会ってみると、「ああ、この人だ！」とすっかり惚れ込んじゃったんです。

――これですね、やっぱり。「や、この人だ」と。一瞬の勝負ですね（笑）。そういうのがないと、編集者はダメなんでしょうね。でも、それでまちがえることってないんですか。

松本　だからそこが、編集者は全人格を賭けた仕事だと言われるゆえんなんじゃないでしょうか。『近松序説』のときは本当に通い詰めでしたよ。それで廣末さんも、ときに「おい、ちょっと疲れたよ。池之端へ行ってパチンコでもやろうよ」といわれるので、「じゃあ、行きましょう」とおつきあいする。まあ、わたしはあんまりパチンコはやりませんでしたけどね（笑）。

――うーん、廣末保と一緒にパチンコ、ですか。相手が何者だろうとにかく変幻自在（笑）。ところで藤田さんと廣末さんのかかわりというのは？

松本　わたしはそもそも、戦争中、時流に乗っていわゆる「国文学」に少々なじんだことがあり、その反動で戦後、「国文学」なるものはなんとなく敬遠していたんです。しかし、さきごろ未来社で五十年ぶりに再刊された『日本詞華集《しかしゅう》』（安東次男共編、一九五八）の編集作業などで親しくさせていただいた西郷信綱さんや、廣末さんとの出会いは、計り難い影響を与えてくれましたね。廣末さんは九三年に亡くなりましたが、九六年から二〇〇一年にかけて五年がかりで、藤田さんを編集顧問にして、『廣末保著作集』全十二巻を影書房で刊行したんです。藤田省三さんを国文学者の著作集の編集顧問にというのは、はたから見ると奇異な感じがするかもしれませんが、藤田さんは、廣末さんをだれよりもよく読んでいましたし、専門でなくとも、惚れ込んで勉強するとなると徹底的にやるんですね。わたしも、廣末さんの著作集なんてどこの出版社もやろうとしませんし、これだけはなんとしても残したいと思ったんです。

――志のある大事な仕事だとは思いますが、しかし、失礼な言い方ですが、影書房のような小さな出版社としては、かなり思い切った企画ですよね。結果はいかがでしたか。

松本　売れませんよ（笑）。もう何回目かの配本からは発行部数を千部にしましたけど、まだ半分近く残っているんじゃないでしょうか。昨年亡くなられた夫人にロクに印税も払えず、編集委員の岩崎武夫・田中優子・日暮聖《まさ》・森健（故人）・山本吉左右《きちぞう》（二〇〇七年九月死去）の五氏の編集費なんかもタダで、逆にみなさんは持ち出しです。ほんとうに笑われるほかありませんけど、しかし、藤田さんが廣末さんの著作集の編集顧問をされたことの意味というのは、考えてほしいですね。花田さんや藤田さんなどはジャンルを超えて、近世文学の研究者としてだけではなく思想家として廣末さんを高く評価しましたが、いま、政治・経済・社会などの分野で活発に発言している学者の方々は、日本の近世文学となると、もう見向きもしないんじゃないでしょうか。日本の知識人といわれる方々の多くは、結局、精神構造としては、明治以来の「脱亜」主義がなお続いているのではないでしょうか。

——それは近現代の日本文化全体にかかわる大きな問題ですね。

松本　もっとも、かく言いながらも、日本の古典など、わたしはロクに何も知りませんよ。日本の古代文学は西郷さんに学んだ範囲を出ませんし、近世文学だって廣末さんのお蔭を被《こうむ》っているだけです。お恥ずかしい話ですが、近松の作品を注釈書で読むよりも、よっぽどシェイクスピアの作品のほうを多く読んでなじんでいます。まあ、日本近代の不幸、矛盾としかいいようがありませんが、ただ、それでいいのかということだけです。

話は飛びますが、六〇年代でしたか、林達夫さんの著作集を作りたいと思って、鵠沼《くげぬま》だったかのお宅をお訪ねしたことがあります。「未来社はスタニスラフスキー一辺倒だけど、君、メイエルホリドをやりなさい」と言われて、その原書や、その他グラムシなどの数カ国語の洋書がぎっしりつまったすごい量の本棚を見せられ、仰天したことがあります。「花田清輝はいいねえ」と言われながら、日本語の本などは床に積んであるだけなんですね（笑）。まあ、世界の思想に通暁した碩学ですが、その林さんも、日本の文化や思想を床に投げるように無視したわけではなく、二十一歳ごろ、一高の学生時代に書いた「歌舞伎劇に関するある考察」という最初の名論考があります。むろん、日本的美の批判ですが、その勉強ぶりはすごいですよ。それが出発です。平凡社との関係があるので、著作集は未来社からは出版できませんでしたけど、企画してくれたお礼にといって、七一年から刊行された『林達夫著作集』全六巻（平凡社）をご丁寧にも贈ってくださいました。

――松本さんが『林達夫著作集』を企画されて、実際に林さんと交渉されたというのは秘話ですね。実らなかったけれど、林さんが著作集を贈ってこられたというのも、とてもいい話だと思います。藤田さんに話を戻すと、藤田さんは大学の先生をしながら、専門違いの分野を徹底的に勉強されたということですが、しかし実際には不可能に近いことじゃないでしょうか。

松本　これはしばらく先の話になりますが、藤田さんが、大学紛争などでうんざりして、七一年に法政を一度退職したことがあるんです。八〇年に復帰されましたけど、その間に、日本の古典といわれるものを、あらためてすべて読破したといわれているんですね。その師匠格だったのが、西郷信綱さんであり廣末保さんだったと思います。そしてその間、「みすずセミナー」を主宰したり、平凡社セミナーでは『保元物語』を講じたり、日本エディタースクールでも日本の古典を講じています。わたしも、かの庄幸司郎と組んで、藤田省三ゼミナールを開いて、『平家物語』の一部や『歎異抄』などを講義してもらったりしました。大学をやめられたので、講師料でいくらかでも足しになればと思ったんです。

――そういうときにも、庄建設の庄幸司郎さんが出てくるんですか。

松本　衣食住の問題になると、わたしはすべて庄さんに相談するんです（笑）。庄建設と、前にちょっとお話しした印刷会社の形成社の入野正男さんには、何人就職を頼んだかわかりません。じつは藤田さんも、大学をやめた直後、庄建設で働いてみたいと言われたんです。まるで、過重な労働を自らに課して工場に入り命を縮めたシモーヌ・ヴェーユのように、ですね。それで藤田さんと親しくなっていた庄さんは、「クソインテリ」(庄さんがよく連発する言葉ですが)を鍛えてやろうというので、便所の穴掘りなどのとくにきつい土方仕事を選んでさせたんです。さすがの藤田さんもふらふらになってお帰りになった(笑)と聞いたことがあります。しかしそんなときも、藤田さんは、大工や左官屋などと昼メシを食べながら、平気で難しいテーマの高度な対話集会を開いて(笑)、労働者諸君に深い印象を与えたらしいですよ。

文明社会への警鐘

——お話を伺っていると、藤田さんはまったく型破りな方ですが、その仕事の全体像みたいなものが、現在ではいまひとつわかりにくい感じもします。体系立った政治思想史のような著作を書いてほしかったと思いますが、それよりも、アフォリズム的なものが多いし、誤解を恐れずに言えば、つきあうのが難しい方だったという噂も含めて、なんとなく子どもっぽい感じを受けるところもあります。

松本　藤田さん一流のパフォーマンスなんですね。収まり返った支配的な匂いのする権威を、何より嫌う人でしたから。その著作も、体系立った叙述に細かい註を付けてアカデミックに完成させるというより、断片的で未完成であるということに大きな意味があるんです。そのことはむしろ、今後大きく評価されるだろうと思います。わたしなどに、藤田さんが生涯かけて問いつづけた思想史的仕事について語ることはとてもできませんし、その一面しか言えませんが、藤田さんは、この日本のあらゆる面での破滅的状況を語ることによって、わたしたちのかかえる文明社会に警鐘を鳴らし、「蘇生」への道を暗示し続けた人だと思います。たとえば、影書房で刊行した『戦後精神の経験』I・II（飯田泰三・宮村治雄編、一九九六・二、三）の巻頭に、初めて収められた「松に聞け」（一九八二）という短いエッセイがあります。それは高度成長の表れとしての乗鞍岳《のりくらだけ》自動車道路開発のさいに、年輪幅が年に十分の二、三ミリ単位で百年かけてゆっくり成長してきた「ハイマツ」を、伐採によっていかに「悲惨な屍体」と化したかを訴えたものです。ここに藤田さんの生涯の思いが結晶しているといってもいいと思います。これは単に環境問題を論じたものではありません。そのエッセイのサブタイトルは「現代文明へのレクイエム」です。藤田さんは、それら犠牲への鎮魂歌のみが「蘇生」への道だとかろうじて結んでいるんですが、はたして、ここまできて取り返せるんでしょうか。

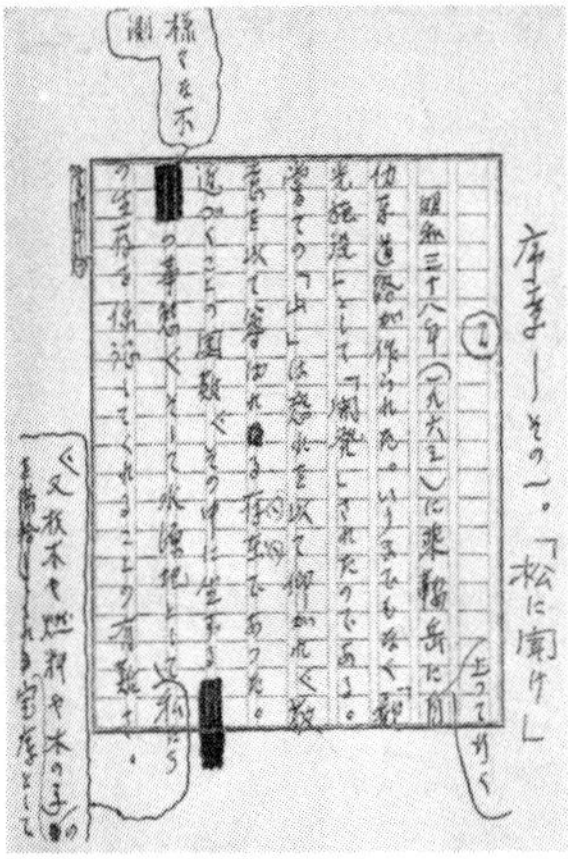

「松に聞け」の原稿（『藤田省三著作集』内容見本より）

——藤田さんは、「天皇制」批判、近代日本思想の研究者として出発しましたが、丸山さんと同じような意味で、大学の専門や、学者の枠にはとうてい収まりきれなかったということですね。

松本　そうです。大学にゆうゆうと籍を置いて、研究者として業績をあげるとともに、ときに日本社会や政治状況を批判するといったほとんどの学者の方々とは、生き方を異にする方です。『天皇制国家の支配原理』なんか未完で放っぽらかしにしてでも、「ハイマツ」の伐採に象徴される日本の荒廃を深める状況には黙っておれず、飛び込んでいくんですね。みずからを「一心太助」と呼んでましたけど（笑）。そのことは、大学をやめて、経済的に逼迫《ひっぱく》したり、土方をやったりといった個人行動にも明らかですけど、安保闘争とかベトナム反戦運動、そしてさらに徐勝《ソスン》・俊植《ジュンシク》兄弟救援運動などへの積極的な参加・発言にも表れています。

そのほか数えあげればキリがありませんが、日高六郎さんたちとの国民文化会議、鶴見俊輔さんたちとの「思想の科学」、まるでジャンルの違う「新日本文学」の運動へのかかわりにも示されています。まあ、誤解を恐れずにいえば、藤田さんの行動と発言のなかに、戦後日本が抱えた問題と、これからの日本を考えるうえで避けることのできないすべてがある、といってもいいんじゃないかとすら思いますね。むろん、やり残した仕事はいろいろあるでしょうが、それはあとの人たちがやればいいんです。

――それだけ鋭い感覚と大きな視野を持っていたということですね。

松本　ええ。十年がかりの本がようやくできた翌六七年に、みすず書房から名著『維新の精神』が出ますが、そのあと、藤田さんはイギリスのシェフィールドやオックスフォード大学に二年間留学します。そして帰国した六九年五月、「未来」の「著者に聞く」という連載インタビューを皮切りにして、またもや濃密なツヽキヽアヽイ（笑）が復活します。「『高度成長』反対」と題したそのインタビューは、まさに、それ以後の生き方への宣言のようにも思えますね。もう「前へ前へ」行くことはやめよう、「過去から学ぶものだけが進歩を結果させることが出来る」と結んでいるのですが、いうまでもなく、日本は「前へ前へ」の道を歩きつづけ、いまなお止まらないわけです。

――日本の現状への批判が、ますます強まるわけですね。

松本　そうなんです。九〇年に書かれた「現代日本の精神」（『全体主義の時代経験』、著作集第六巻所収）になると、もう、日本批判は頂点に達してとどまるところを知らず、といった具合です。戦前日本に滞在していたカール・レーヴィットの言うとおり、日本人ほど自己批判を知らず、自己愛（ナルシシズム）まみれの奴はいないという話からはじまって、日本はよそさまの不幸で儲ける国、歴史的に外国の物真似・模倣の国、「安楽への全体主義」にどっぷりつかって、在日朝鮮人やアイヌや外国人労働者など少数派を排除し、彼らを「ひき臼」にかけて磨滅させて平気な国と、批判の限りをつくします。そして「日本は、世界から見ると、傲慢で、ずうずうしくて、厚顔無恥、しかも無知も加わって、なんとも恥ずかしい」と、悪口雑言、極まれりというところです（笑）。「自虐史観」だとか「美しい日本」なんて言ってる学者や政治家が、こういうことをどこまでわかっているか、まあ、考えたことも、読んだこともないでしょうが（笑）。安酒場での饗宴でも、こういう調子ですから、わたしたちも相当鍛えられるわけです。しかしいまこそ、藤田さんの日本及び日本人に対する「警告」に、わたしたちは心から耳を傾けるべきではないでしょうか。

――こういう方と出会うと、編集者の人生そのものが変わりますね。いまや、そういう強烈な学者・著者はほとんどいないように見受けられますが。

松本 まあ、丸山さんや藤田さん、そして藤田さんが最も高く評価していた花田清輝さんたちからわたしが学んだことのひとつは、編集者は、ただ単に本をつくっていればいいというもんじゃないということです。心をかけた著者と仕事をすることは、その著者とともに時代を変革する運動にみずからもかかわることなんですね。わたしは、外国のすぐれた思想を日本の知識階級に普及しようなどと、そんなおこがましい大それた考えは持ったことがありませんので、よけい、同時代の人たちとともに、出版をとおしてさまざまな運動にかかわることになったのかもしれません。こうして五〇年代後半から六〇年の、安保闘争激化の時代を迎えることになります。

9　全身小説家、井上光晴の文学魂

「花田・吉本論争」のころ

――一九五〇年代末から六〇年にかけての安保闘争の時期、吉本隆明さんや井上光晴さんとのお仕事もありますね。そのきっかけはどういうものだったのでしょうか。

松本　吉本隆明さんについては、武井昭夫さんとの共著『文学者の戦争責任』（淡路書房、一九五六・九）や、『高村光太郎』（飯塚書店、一九五七・七）、「近代文学」ほかの雑誌に書かれていた評論などを読んでいて、エッセイ集をぜひまとめたいと思っていたんです。五八年十一月には、「現代批評」（書肆ユリイカ）創刊号に、有名な「転向論」も書かれました。それまでの文学関係の仕事ではご存じのように、いわゆる第一次戦後派の方々や、「近代文学」の作家・評論家の人たちが中心だったんですけどね。「現代批評」は、吉本・武井・井上さんのほか、奥野健男さん、清岡卓行《きよおかたかゆき》さん、のちに橋川文三さん、島尾敏雄さんらが加わった同人誌で、五号で終わりましたが、井上光晴さんの長篇小説『虚構のクレーン』も連載され始めていたし、「新日本文学」などを読んで以前か

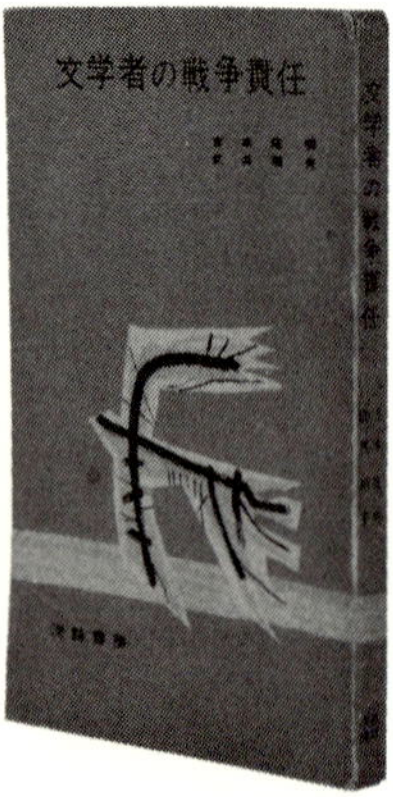

『文学者の戦争責任』カバー

ら井上さんの作品に注目していましたので、これもなんとか出版したいと思ったわけです。

——五八、五九年といえば、戦後論争史のなかでもたいへん有名な、花田清輝さんと吉本さんとの論争の最中でしたでしょう。花田さんと親しくされていた松本さんとしては、いかがでしたか。

松本　そうですね。いまでも、そのときに刊行できた吉本さんの『藝術的抵抗と挫折』（一九五九・二）と『抒情の論理』（一九五九・六）という二冊のエッセイ集には、わたしの編集者人生にとっても、特別に忘れがたい愛着と感慨があります。なにしろ、やがて高揚する安保闘争前夜という政治的状況と、わたしが敬愛する花田さんとの、まさに大論争の渦中での仕事ですから。以後、吉本さんの声名は一挙に高まり、もはや、わたしなどの出る幕ではなくなりました。結局、この二冊で吉本さんとわたしの著者・編集者の関係は、時間が停止してしまったようなものです。しかし、いまなおこの二冊は、戦後の文学・思想・詩を考えるうえで、そして吉本さんの文学的出発点にかかわるエッセイ集として、画期的な著書だと思いますね。

——お会いしたころの吉本さんは、もちろんまだそれほど有名ではありませんね。どんな感じの方だったのですか。

松本　吉本さんの年譜などによりますと、東京の北区田端町、文京区駒込林町、台東区仲御《なかお》徒町《かちまち》と、そのころは一、二年で仮住まいを転々とされています。初めてお訪ねしたのは、五八年半ばごろでしたでしょうか。たぶん、田端だったと思いますが、打ち合わせをした帰りなど、前年末に生まれた長女の多子《たこ》さんを腕に抱いて、当時あった都電の停留所まで送ってきてくれたことを、鮮やかに思い起こします。失礼ですけど、あまり家具もない閑散とした部屋で、ポツンと本棚が一つか二つあるぐらいで、あれだけの文章を書かれるのに、本などどうしているんだろうと驚きましたよ。出版の条件として、印税が払えないので、初版は本をたしか七十冊差し上げることでよろしいでしょうか、とおずおずお願いしたら、「ああ、いいですよ」と、実にあっさり了解してくれたのにもホッとしましたね（笑）。まだそれほど売れると思っていない時期で、部数も千五百部ぐらいだったんじゃないでしょうか。それでも、夫人ともども実に懇切に応対してくれました。特許事務所で働いて生活されていたころです。

吉本隆明、20 代後半の頃

――論争の激しい言葉などからすると、少し印象が違いますね。

松本　二冊のエッセイ集が刊行された五九年の暮れだったと思いますが、野間宏さんと御徒町駅近くで飲んでいたとき、ふと、この近くに吉本さんが住んでいるとわたしが言ったら、野間さんが「ぜひ訪ねたい」と、例の重々しい口調で言われるんです。しかし、『藝術的抵抗と挫折』のなかには、野間さんの長篇小説『地の翼』上巻（河出書房、一九五六・十二）をコテンパンにやっつけた書評が入っているんです。「野間はもともとはっきりした主張もモチーフも喪失していて、あと何千枚書いても結局おなじこと」とか、「野間の手つきは安手の探偵小説にも及ばない浅い描写力と内部分析しかない」とか、「登場人物たちは何《いず》れも自己満足に淫した腑抜けども」とか、吉本さん一流のミもフタもないようなきつい書評なんです（笑）。むろん、野間さんはこれを読んでいますし、夜も遅いし、一瞬、弱ったなあと思ったんですが、思い切ってお連れすると、吉本さんは実に丁重に、「よくいらっしゃいました」と言って一升ビンをデンと置き、「野間さん、飲みましょう」と夫人を交えての酒宴がはじまったんです。そのときの吉本さんの器量といいますか、懐の深い応対には、ほんとうに感心しました。野間さんも批判されているのにニコニコして楽しそうに話していましたが、吉本さんのパンチが効いたのか（笑）、『地の翼』下巻は、とうとう未完に終わりましたよ。

――花田さんとの論争について、松本さんはどういうふうにお考えですか。何となく花田さんが遠慮したような印象もあって、一般的には、吉本さんが勝ったという受け取り方が多いようですが。

松本　いわゆる「花田・吉本論争」はたいへん評判になり、のちに、好村《こうむら》冨士彦さんの『真昼の決闘』（晶文社、一九八六・五）なんて、西部劇まがいの（笑）書名で論争をまとめた本まで出ましたし、大方は、花田さんが、戦争責任問題などを突かれて敗色濃厚みたいに言われましたが、そんなことはありませんね。それは以後の花田さんの傑出した仕事ぶりを見ればわかります。この論争は、単なる勝ち負けではなく、わたしに言わせれば、戦後文学運動の第一幕の終わりみたいなもので、お互いがそれぞれの仕事へ突きすすむ第二幕のきっかけになったような気がします。

いつだったか、論争の前だったんでしょうが、花田さんと話しているとき、若い人でだれに期待しますかと聞いたら、武井昭夫さんのことはむろん、「吉本隆明がいいねえ」と言われたのを覚えています。吉本さんも『復興期の精神』をはじめは高く評価していました。それに比べると、いまの文学状況は陰にこもってそれぞれ勝手にやっているだけで、「決闘」までしなくてもいいですけど（笑）、きわだった論争ひとつ起こらないほど停滞していると言っていいんじゃないでしょうか。

――まあ、たしかに著者もその仕事もばらばらになっている感じですし、タコツボ化して論争など起こりにくい状況ではありますね。ところで、「現代批評」のメンバーのなかでは、次に井上光晴さんに行くわけですね。

深沢七郎を訪ねる

松本　ええ、そうなんですけど、その前に、ちょうどそのころ、深沢七郎さんにたった一度でしたが、お会いしたことを忘れられないので、ちょっとお話しします。

――松本さんから、深沢さんの名前が出るのは意外ですね。

『風流夢譚』が掲載された「中央公論」(1960年12月)

松本　と言いますのも、いま、未来社がオンデマンド出版で復刊している「日本の民話」シリーズですが、五七年六月にスタートしたものが軌道に乗りはじめ、その十七巻目に『甲斐の民話』（土橋里木編、一九五九・三）が出ることになったんです。その「内容見本」に、深沢さんから推薦文をもらうことになり、たしか小田急線の下北沢駅の近くだったと思い

嶋中事件について記者会見する深沢七郎（1961年）

ますが、お訪ねしたんです。深沢さんは実に気さくな人で、いわゆる「作家」という感じはまったくなくて、この人が『楢山節考』や『笛吹川』などの傑作を書いた人とはとても思えない、そのへんのいいおじさんという印象でした。玄関で案内を乞うと、正面の壁の丸窓の障子がすーとあいて、「どなたー」と深沢さんがいきなり顔を出したりしましたね（笑）。

――それは「『風流夢譚』事件」＝嶋中事件（一九六一年二月一日）の前ですね。深沢七郎という型破りな作家の登場はかなりの衝撃だったと思いますが、その人に推薦文を書いてもらうというのはおもしろい人選ですね。

松本　ほんとうにそうです。初めてお会いしたのにすっかり意気投合してしまい、そのうちギターを持ち出して『楢山節考』のなかの唄などを歌ってくれたりしました。結局、小さな推薦文をお願いに行くだけでも一日がかりの仕事でしたが、小さな十字架のついたネックレスを胸に下げていたのが印象的で、「ぼくの神様はプレスリーですよ」と言っていました。推薦文を快く引き受けていただいたうえに、「未来社の民話シリーズは、民衆の残酷なもの、嫌らしいものが抜けていてダメです」と批判して、「僕が甲州の民話をそのうちに書きます」と約束までしてくれたんです。

ところが、先ほどおっしゃった「『風流夢譚』事件」が起こったんです。この事件は、「中央公論」（一九六〇・十二）に掲載された深沢さんの傑作『風流夢譚』が、皇室を冒瀆したとして、中央公論社社長宅が十七歳の右翼少年に襲われ、お手伝いの女性が刺殺され、社長夫人が重傷を負ったというものです。以来、深沢さんの長い放浪の旅がはじまり、やがて埼玉の「ラブミー農場」に落ち着かれましたが、お訪ねするのも何かつらい思いがして、とうとう二度とお会いしませんでした。七つの短篇を収めた『みちのくの人形たち』（中央公論社、一九八〇・十二）は、おそらく戦後最高に位置する作品集だとわたしは思います。というわけで、深沢さんの「甲州の民話」は残念ながら実現しませんでした。

――まだ混沌とした時代だったんですね。「甲州の民話」は惜しい感じがします。

誰も書かなかったアクチュアルな主題

松本　話は吉本さんに戻りますが、井上光晴さんを直接紹介してくれたのは、吉本さんだったんです。奥野さんの家で開かれていた「現代批評」の編集会議に、「井上も来ますからどうぞ」と、吉本さんが連れて行ってくれたんですね。山手線恵比寿駅の近くでしたか、奥野さんのお父上は、最高裁判事かなんかのおえらい方ですから、立派な書斎でした。井上さんの作品集としては、それまでに『書かれざる一章』（近代生活社、一九五六・八）と『トロッコと海鳥』（三一新書、一九五六・十）があって、わたしはどちらも読んで魅《ひ》かれていましたし、「新日本文学」（一九五八・五）に発表された短篇『ガダルカナル戦詩集』にも感銘を受けていましたので、井上さんの本を作って、なんとか未来社の新しい一ページにしたいと思ったんです。

『ガダルカナル戦詩集』カバーと署名入りの見返し

——でも前のお話では小説はやらないというか、事実、未来社はあまり小説を出版していませんよね。それなのにどうしてまた小説に向かわれたんですか。

松本　たしかに小説は、どうしても宣伝費がかかりますから、小さな出版社では無理です。しかし井上さんは、いわゆる文壇的ではなく、「新日本文学」を拠点に、共産党・戦争・炭鉱・被差別部落・朝鮮人・天皇制など、それまでだれも書こうとしなかったアクチュアルな主題に正面から立ち向かっていて、わたしは衝撃を受けたんです。のちに短篇集『ガダルカナル戦詩集』がまとまり刊行したのが五九年三月、つまり、吉本さんの『芸術的抵抗と挫折』の出た一カ月後ですから、吉本さんに連れて行ってもらった編集会議で井上さんに初めて会ったのは、たぶん五八年末ごろだったでしょう。井上さんが少年時代、九州の炭鉱で働いていたことをわたしは知っていたので、ごっつい人かと思っていたら、色白で細身、声が大きく身のこなしが颯爽としているんで驚きました。二つ返事で出版はオーケーしてくれたんですが、さらに驚いたのは、次の打ち合わせに、「何日の何曜日、夜の十時、新宿東口の二幸《にこう》（現在のアルタ）裏のSという飲み屋で待っててください」と言うんですね。夜中に飲み屋で著者と会うなんて、それまで経験したことがなかったし、いまでもそうなんですが、わたしは飲み屋にひとりで入れない性分なので、さて、これから先どうなるかと思いましたよ（笑）。

――そのころ、井上さんはいわゆる週刊誌のトップ屋で、「週刊新潮」の原稿書きで生計を立てていたはずですよね。

松本　そうなんです。それで原稿を仕上げて一杯やる時刻がそのころなんです。以後、井上さんからは、亡くなるまでの三十数年間、一方的に、浴びるほどのお酒と料理をご馳走になることになります（笑）。ご承知のように、井上さんの本は、初期の二冊のほか、『飢える故郷』（一九六一・五）一冊を未来社で出しただけです。九二年五月、六十六歳で亡くなるまでに井上さんは、ほとんどの大出版社から優に百冊を超える本を出版していますが、私はたった三冊を手がけたにすぎません。

　しかし、これはあとでお話しすることになりますけど、六〇年代はじめからわたしがかかわった演劇運動や、また例の庄幸司郎との猛然たる親密関係（笑）による井上宅の建設や、晩年には、庄さんが経営した記録社での第三次季刊「辺境」十冊の発行（影書房発売）などで、親交はずっと続きました。わたしのおふくろが死んだとき（一九八三・一）なんか、まっ先に駆けつけてくれたのは、井上夫妻と庄さんで、自宅での二日間ぶっ続けの通夜には、おふくろがかねがね言い遺していたとおり、井上さんや庄さんがどんちゃん騒ぎの先頭を切ってくれましたよ（笑）。

――もし、いま編集者の親が亡くなって、そこへ著者が来て……と考えると、まずありえないことです。正直、ちょっとあきれるような（笑）お話ではありますね。

松本　埴谷雄高さんが、いみじくも名づけましたように、「全身小説家」井上光晴、「嘘つきミッチャン」としての面目躍如たるサービス精神に溢れた奇行、言動のエピソードは、いちいち挙げたらきりがありません。原一男監督の記録映画『全身小説家』（一九九四）などでも、私塾「文学伝習所」の生徒たちを前にしてのストリップなども公開され、評判になりましたね。それらのさまざまな現場に、むろん、わたしもどれだけ遭遇し、楽しませてもらったことか（笑）。しかしそれは、井上さんの生涯を貫くさまざまな体験に裏打ちされた、他人に対する思いやりの現れなんですね。仕事のうえだけでなく、日常的にも、こんなに会うのが楽しく、同時に教えられた方はまたといません。

——かなり特別というか、特異な著者ではありますね。もっともいままでに登場した方々のほとんどが、そうだとも言えますが（笑）。

「飢え」を知る人

松本　『虚構のクレーン』は、「現代批評」の終刊で中絶、あとは書き下ろすことになったんですが、それがなかなかすすまない。それで西武新宿線の野方《のがた》駅近くの、たしか安部公房さんご夫妻が紹介したという、下が材木屋の二階に、毎晩のように通いづめです。いまならファクスで送って簡単でしょうが、そのころは、原稿を五枚、十枚と手渡しでもらっていました。井上さんは原稿用紙にじかに書かないで、丸善の大型の大学ノートの片側に、ボールペンで横書きに書いていくんです、赤ボールペンのこともありましたが。そして反対側に訂正を書きこむ。わたしたちではちょっと読み取れないその元原稿を、夫人の郁子さんが原稿用紙にさっさっと清書していくわけです。だから、井上さん直筆の原稿は、ほとんどありません。

――原稿の書き方もそうとう型破りですね。

松本　ええ。はじめのころは、俳人でもある有名な編集者・齋藤愼爾《しんじ》さんも、バイトでその清書をしていたらしいですが、終わったあとトランプか花札の賭けごとで、バイト代を全部ふんだくられた（笑）なんて、どこかで書いてました。長女の荒野《あれの》さんも、学生時代、清書のバイトをやったらしいですが、同じように、「おいちょかぶ」のいかさまで、バイト代はすぐに巻きあげられたそうですよ（『ひどい感じ――父・井上光晴』講談社、二〇〇二・八）。井上さんのトランプ手品など玄人はだしで、バーなんかでの手品や運勢占いなどで、たいがいの女性はコロリと参ってましたよ（笑）。ちょっと思いだしましたけど、お嬢さんの「荒野」という名前は、はじめ、わたしの子どもにつけてくれたんです。

――それはおもしろい。どういういきさつでそうなったんですか。

松本　六〇年の初め、いつものように、飲み屋でドンチャンやっているときでしたけど、わたしが子どもができるという話をしたら、井上さんが「よし俺が名前をつけてやる」と言って、しばらく考えたあと、「荒野にしろ」というんです。一瞬、さ

井上光晴と松本（左）（1958年末、井上宅にて）

井上郁子夫人

てどうするかと迷ったんですが、「わかりました、女の子だったら頂きます」とわたしは答えました。ところが男の子だったものですから、井上さんに断って、考えるのも面倒だったので、井上さんも尊敬していた野間さんの作品『暗い絵』の主人公・深見進介からとって、進介にしたんですけどね。その翌年、荒野さんが誕生したというわけです。ちなみに、次女の方は、炭坑のイメージから名づけて切羽《きりは》さんといいます。「切羽」というのは、坑道の最先端の石炭の採掘場のことです。

――いろんな面で井上さんは奇抜な人ですが、そういう方を支えている奥様もすごいですね。

松本　井上さんは五六年はじめに、郁子夫人と結婚して上京しますが、夫人は、佐世保でも有名な、たしか松月堂という、わたしのおふくろも知っていたカステラ屋のお嬢さんです。井上さんはすでに小説や詩やエッセーを「新日本文学」や「近代文学」に発表して、仲間うちでは高い評価を得ていましたが、二十歳そこそこで日本共産党の九州地方委員会の常任をやったり、離党したりして、いわば札付き（笑）の左翼でした。ですからおふたりは、駆け落ちとまでは言わないにしても、そうとうな決意での上京だったと思いますよ。

――原稿の完成をすべて引き受けるというのは、いくら作家の奥さんでもたいへんな覚悟です。ほんとうにご夫婦で支えあっていたんですね。

松本　支えあうなんて感じではなく、実にさっぱりしていましたけどね。それに夫人は、原稿を清書しながらでも、実にうまい料理を次から次に作る特技があるんです。だんだん井上さんの仕事の量も増えて、毎晩のように入れ代わり立ち代わり編集者がやってくるようになりましたが、彼らは、わたしも含めて、あるいは夫人の魅力とその料理も目当てだったんじゃないですかね（笑）。井上さんの父親は、伊万里の名だたる陶工でしたから、井上さんは焼き物については厳しい目を持っていました。食べ物についても、いわゆる「食通」と言われる人とはちがって、自身の口に合うか合わないかがはっきりしていましたね。まだ佐世保で、明日の食べ物もないような毎日を送りながら共産党オルグとして飛びまわっていた十九か二十歳の頃、たまにお金があって一杯やるときも、安酒を飲むな、一本を少しずつ分けあってでも特級酒にしろと、同志たちに言ったことを、どこかで書いていています。あるとき、井上さんと歩いていて、一軒の長崎チャンポンの店があって入ったことがあるんですが、一口食べたとたん、店主に「すみません、急用を思いだしたんでごめんなさい」と言って、いくらか余分のお金を置いて出ちゃいました。こちらは食べられなくて残念だったんですが（笑）。井上さんは口に合わないとなると、絶対に食べませんでしたね。それは炭鉱での少年時代から、ほんとうの「飢え」のなんたるかを深く知っていることの表れだと、わたしは思います。貧しさがどんなに精神を蝕《むしば》むか、どんなまずいものでも腹が減っていたら食べるということで、精神まで病んでしまうことを、井上さんはとことん拒否したのではないでしょうか。

——うーん、なんとなく過大評価のような気もしますが（笑）、しかしいかにも井上光晴さんらしいエピソードではありますね。

サービス精神の塊

松本　もう死語になってしまったかもしれませんが、井上さんは本当に「プロレタリアートの精神」をみずからのものとした作家だったと思います。おや、と思う方も多いでしょうが、まあ、ある程度恵まれて大学に学んで、ひとかどの仕事をされている方々にはなかなか理解されないでしょう。むろん、わたしだって決してわかっているとは言えませんが、被差別部落とか在日朝鮮人とか、日本の差別の根源を小説で先駆的に描き、アメリカ占領軍の日本支配の実態や、炭鉱・原発・老人問題・少年犯罪など、資本主義的構造のなかで見捨てられた人びとに心を注いだ作家として、これだけ努力した人がいるでしょうか。作品のできの良し悪しはあるにしてもです。なんということもないテーマで合格点の小説を書いている人より、よっぽどいいと思いますね。いつかお話しすることになる上野英信さん同様、井上さんは、これから読み返さなければならない人だと思います。機会があるごとにバーで女性たちを口説いたという噂があって、わたしも事実、その現場を何度も見聞していますが（笑）、まあ、そういう店で働いている人たちは、往々にして、それぞれなんらかの形で不幸を背負っているもので、わたしには井上さんの精いっぱいの思いやりだと思いますよ。

——ずいぶん熱が入りますね（笑）。わたしたちの世代だと、直接の担当者以外は、夜中、バーで酔っぱらって大音声で話している井上さんしか知らないというのが、正直なところです。それに、井上さんの作品は、新刊書店では、いまほとんど読めないのが実情です。

松本　井上さんが相手だとその熱がこちらにも乗り移ってきてしまうんです。でも皆さんも、もし一晩いっしょに飲む機会があったとしたら、きっとイカレますよ（笑）。七七年に、故郷の佐世保を皮切りに、全国十六カ所に文学伝習所を開設して、亡くなるまでの十五年間、講義とともに生徒たちと飲んで回ったことは、さきほども言いましたが、原監督のドキュメンタリー映画にも収められていて有名です。しかし、親しかった埴谷さんや瀬戸内寂聴さんはじめ、友人の作家・編集者たちのほとんどは、「時間の無駄遣い。それよりいい小説を書くことが先決。文学は伝習できない」と反対でした。でも、井上さんは「少なくとも魂は伝えられる」と、まさにガンで斃《たお》れるぎりぎりまで、伝習所に出かけました。いま、ウソでもいい、そういうことを言い切る作家がどれだけいるでしょうか。

井上光晴（1970年代）

――原監督の映画『全身小説家』は、そういう井上光晴の虚実を客観的に描いた作品だと思いますが、松本さんご自身はあの作品をどういうふうにご覧になりましたか。

松本　井上さんの出自などを執拗に探索したり、文学伝習所の女性たちにスポットを当てたり、いかにも原さんらしい粘っこい作品で、まさに井上さんの〝虚実〟に迫った力作だと思います。

――井上さん晩年のガンとの闘いは、壮絶だったと言われていますが。

松本　井上さんは、八六年十月、庄さんをそそのかして、(笑)、第三次季刊「辺境」を、庄さんの経営する記録社から発行、わたしのところで発売しました。大好きだった〝オールドパー〟を胸にかかえ、「やあ」と月一回の編集会議に人なつこい笑顔で現れる井上さんが、目にありありと浮かびます。会議なんかそこそこに、社のメンバーをいつも楽しくご馳走してくれるんです。

『狼火はいまだあがらず——井上光晴追悼文集』貼函カバー

「辺境」十二冊が完結した八九年七月、大腸ガンが見つかり手術、翌年には肝臓に転移し手術、またその翌年には肺に転移というわけで、まさに凄絶なガンとの闘病生活を送りましたが、その間も筆は衰えませんでした。「あと十年、命があればなあ」と、井上さんが病床で無念そうにつぶやいたのが忘れられません。亡くなられて二年後の命日、九四年五月三十日、作家・評論家・編集者たちから七十編ほど、文学伝習所の生徒から百編ほどの追悼文を集めた『狼火《のろし》はいまだあがらず——井上光晴追悼文集』を、影書房で編集・刊行し、井上さんの早すぎた死へのせめてもの痛恨の思いをこめました。いまもなお、いやこれからも、まことに忘れがたい人です。

10　上野英信、記録文学の精神

谷川雁のなかば脅迫的推薦

――前回、井上光晴さんのお話を聞きましたが、炭鉱をテーマにした作家ということでは上野《うえの》英信《えいしん》さんもそうです。上野さんは一九五九年の『親と子の夜』（未来社）を皮切りに、『追われゆく坑夫たち』（岩波書店、一九六〇）、『日本陥没期』（未来社、一九六一）、『地の底の笑い話』（岩波書店、一九六七）、『どきゅめんと・筑豊』（社会新報社、一九六九）、『天皇陛下萬歳――爆弾三勇士序説』（筑摩書房、一九七一）など、次々に優れた筑豊記録文学ともいうべきものをまとめられた方ですが、上野さんと出会ったのは、井上さんと同じ九州の炭鉱、というつながりでしょうか。

松本　上野さんを紹介してくれたのは、谷川雁《たにがわがん》さんなんです。雁さん（わたしたちはもっぱらそう呼んでいました）の本を作りたいと思ったのが、実はきっかけなんですね。雁さんと最初に会ったのは、たぶん五九年の初めごろだったでしょうか。雁さんは、森崎和江さんや上野さんたちと、五八年九月、会員誌「サークル村」を創刊していて、わたしも読者のひとりでしたが、その年の十二

「サークル村」のころ（1950年代、左から上野英信、長男の朱と晴子夫人、森崎和江、谷川雁。写真提供・上野朱氏）

月、弘文堂から刊行された谷川雁詩論集『原点が存在する』を読んで衝撃を受けたんです。

——谷川雁さんといえば、大正行動隊などを組織して三井三池炭鉱の大争議にもかかわられたことなどで、わたしたちにとっては歴史的人物です。

松本　雁さんの詩人としての盛名は、すでに九州の一角からとどろいてはいました。それで、前にちょっとお話しした月刊誌「民話」（一九五八・十〜六〇・九）に、原稿を頼み、あわよくば次のエッセイ集が作れないかなと思ったんです。ちなみに、雁さんの初めてのエッセイ集を編集したのは、当時、弘文堂の編集者だった小野二郎さんです。小野さんは、さきごろ亡くなった中村勝哉さんと、六〇年二月に晶文社を設立し、また、ウィリアム・モリスなどのイギリス民衆芸術運動の研究者としても傑出した業績を残しましたが、八二年四月、五十三歳で急逝しました。小野さんについてはいずれまたお話しする機会もあるかと思います。まあ、そんなわけで、「東京へゆくな　ふるさとを創れ」なんて、詩でアジっていた雁さんと、東京へ出てこられるたびに、会うことになったんです。

——有名な「毛沢東」などの詩を読みましたが、伝説的な人物だったようですね。実際はどんな人

『原点が存在する』カバー

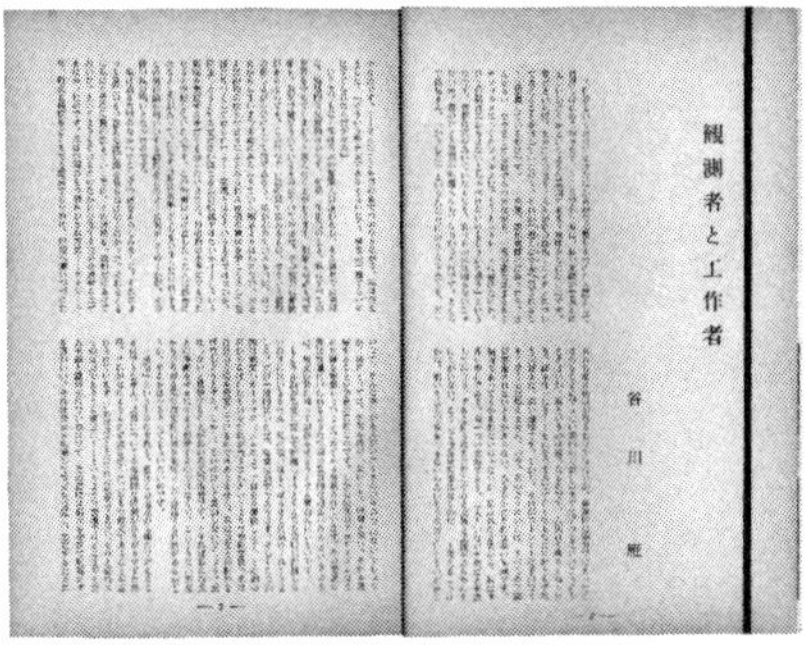
観測者と工作者

谷川雁

谷川雁「観測者と工作者」の誌面

だったのですか。

松本　昂然とし、自信に溢れているようでいながら、ある孤独な陰影というか、後ろ姿に寂しさを感じさせる人でしたね。雁さんからの電話で受話器を取ると、いきなりえんえんと演説が始まるんですが、何分間か、立て板に水の一方的なその演説を拝聴し終わると、「いまどこどこにいるから出てこないか」となるんです。それで仕事を放りだして駆けつけると、またひとしきり続きの演説があり、こちらはひたすらハイハイと聞く羽目に陥るわけです（笑）。言葉がこれほど頭のなかで整理されている人もまれじゃないかという印象でした。「民話」九号（一九五九・六）に、「観測者と工作者」という文章が載っていますが、その原稿を受けとったとき、四百字詰め原稿用紙に、実にのびのびした見事な字で書かれていて、たしかほとんど訂正がなかったのに驚いた記憶があります。まさに話すように書き、書くように話した人と言っていいんじゃないでしょうか。

――しかし著書は、未来社からは出ていない。どういうおつきあいだったんですか。

松本　実はあるとき、新宿の中村屋でだったと思いますが、西谷能雄さんに雁さんをひきあわせたことがあるんです。雁さんは、社長なんていってもまるで屁とも思わない態度で、「わたしは、東京の出版社なんかつぶすためにやって来るんです」などと、傲然と言い放つもんですから、まともに聞いた西谷さんはびっくりしちゃって、「君、こういう人は困るよ」(笑)。それでとうとう、雁さんの本は一冊も作れませんでした。そのかわり、上野さんと出会う機会を作ってくれたんです。例によって、いささかの訓辞をお聞きしたあと、「上野の本を出さないか。君も編集者なら、こういう本を出さなきゃだめだ」と。言葉は正確じゃありませんけど、半ば脅迫的に雁さんが薦めてくれたのが、上野さんの五篇の「物語」に、千田梅二さんの「版画」をそえた『親と子の夜』(一九五九・十二)だったんです。

――うーん、いかにも松本流! 雁さんの代わりに、上野さん。

松本　そういうわけでもないんですけど(笑)。五〇年代半ばごろ、柏林書房という出版社から、当時あった文学グループ「現在の会」の編集で、「ルポルタージュシリーズ・日本の証言」という、新書判で百ページ足らずの小冊子が出ていました。安部公房・安東次男・戸石泰一・関根弘・小林勝・杉浦明平といった人たちが、それぞれのテーマで書き下ろす企画です。いまも何冊か持ってますけど、戦後の記録文学運動のハシリと言ってもいい、きわめて意欲的な企画でした。そのなかの一冊に、『親と子の夜』の原型ともいうべき『せんぷりせんじが笑った!』(一九五五・四)があったんです。わたしはこのシリーズを愛読していましたので、これもむろん読んではいました。しかしお恥ずかしいことに、炭鉱のことはほとんど知らないうえに、いわゆる近代小説に慣れ親しんでいたためか、率直に言って、素朴とも思えるおふたりの「版画物語」をどれだけ理解していたか、

『せんぷりせんじが笑った！』カバー

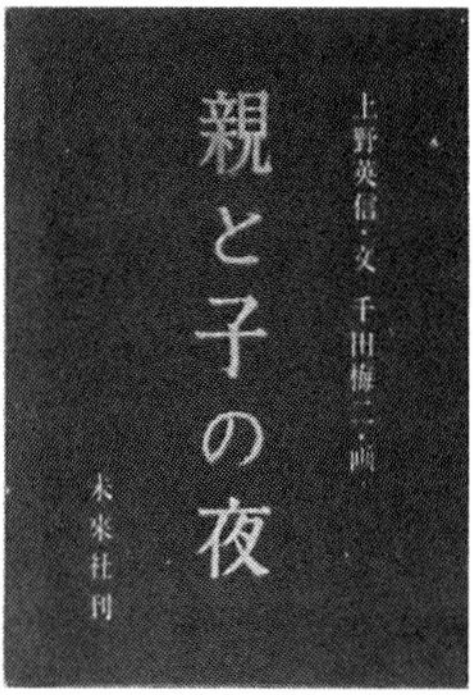

『親と子の夜』貼函

「民話」創刊号

甚だ心もとなかったと思いますよ。

——それでよく決心されましたね。松本さんはいつもこういう感じだなあ（笑）。

松本　雁さんから、こういう作品がわからないようでは編集者がすたる（笑）ぐらいに言われていましたからね。ところが、やがて編集の打ち合わせに現れた上野さんに会ったとたん、また皆さんにからかわれるかもしれませんが、その人柄に一も二もなく一目惚れしちゃったんです（笑）。こういう人の本を出さなかったら編集者として、というより、それこそ人間がすたると思いましたよ。

——またまたすごい惚れこみよう。たしかに写真などで拝見しても感じの良い方ですね。

松本　ええ、毅然とした風格があるといいますか。上野さんは広島での被爆体験などを背負って、敗戦後の四七年、京大で中国文学を学んでいたんですが決然と退学、もっとも苛酷な労働現場だった筑豊の中小炭鉱にすすんで身を挺しました。そういう人が持つ優しさとでもいうんでしょうか。いわゆる大学ですんなり学問を身につけたインテリとは、ひと味もふた味もちがう存在感がありました。そうは言ってもわたしは、上野さんの本としては、『親と子の夜』のあと、ルポルタージュ集『日本陥没期』（一九六一・十）という初期の二冊にかかわったに過ぎません。

炭鉱の現実をありのままに

――上野さんはそれがきっかけで、その後いろんな出版社から優れた作品を出されましたね。

松本　わたしの存じあげている編集者でいえば、岩波書店の田村義也さん、当時筑摩書房にいて、のちに径《こみち》書房を創業した原田奈翁雄《なおお》さん、葦書房の久本三多《さんた》さんなどが、上野さんの存在を広く世に知らしめた人たちですね。装幀家としても有名だったいまは亡き田村さんとは、個人的にも親しくさせていただきましたが、田村さんが筑豊まで飛んで編集した岩波新書の『追われゆく坑夫たち』（一九六〇・八）と、『地の底の笑い話』（一九六七・五）は、上野さんの代表的記録文学で、前者は九四年に岩波同時代ライブラリーで再刊されました。当時も炭鉱の現実をありのままに伝える作品として、多くの読者に迎えられました。このことでわたしが何より嬉しかったのは、失礼ですが、実を言うと、貧しい日々を強いられている上野さん一家に印税が入ることでした（笑）。なにしろ未来社ではロクに印税が払えないもんですから、上野さん自身が本を売って現金化していたようなありさまでした。

『追われゆく坑夫たち』

──次々に新しい作品につながったんですから、まあよかったじゃないですか。

松本　そう言っていただければありがたいですけどね。さらに嬉しいのは、八七年十一月二十一日、六十四歳の若さで亡くなるまで、本は二冊しか出せなかったけど、ほぼ三十年近く、上野さんと親しいおつきあいを続けられたことです。しかもわたしは結局、一度も上野さんの「筑豊文庫」を訪ねたことがないんです。むろん、炭鉱の坑道に足を踏み入れたこともなく、ボタ山を直接見たこともないんです。「筑豊文庫」とは、「一人は万人のために、万人は一人のために」をスローガンに、上野さんが、六四年に筑豊の廃墟に構えた自宅を人々に開放したものです。結局、わたしなどは、上野さんの記録文学によって、かろうじて炭鉱のなんたるかを学んだにすぎないと言ってもいいんです。

──「筑豊文庫」には、訪問客が絶えなかったそうですが。

松本　記録によれば、ある年など、「筑豊文庫」の訪問者が、千五百人を超えたことがあるそうです。単純に計算して、一日数人、ほぼ二十年間でのべ三万人を超える人たちを上野英信・晴子夫妻は迎えたことになります。その大半は泊まり客で、なかには数カ月も腰をすえる者がいるので、「非国民宿舎」という看板を掛けようかと思ったことがあると、上野さんは書いています。これは「国民宿舎に非《あら》ず」の意味なんですが、晴子さんに、かえってわれこそ「非国民」の代表と思う客が増える（笑）と言われたそうです。岡村昭彦さんが、評判になった『南ヴェトナム戦争従軍記』（岩波新書、一九六五・一）を書くため、長逗留したことは有名です。

わたしが唯一、心おだやかでいられるのは、「筑豊文庫」の泊まり客にならず、晴子さんにご迷

上野英信（1965年、「筑豊文庫」にて、撮影・本橋成一）

惑をかけなかったことです（笑）。九七年八月に亡くなられた晴子さんの感動的な遺著『キジバトの記』（海鳥社、一九九八・一）に、客人を手厚く迎える反動として、晴子さんに勝手、横暴ともいえる接待を要求する英信さんが、実に生きいきと描かれています。「刺身なんかは材料で料理じゃないから、火を通したものを早く作れ」とか、台所で調理していると「お客にホステスとしての役目を果たさずに失礼だ」とか、その場にいたら、わたしは断然、晴子さんの味方になったでしょうね（笑）。カネもない、材料もないなかで、ひっきりなしにやってくる訪問客にキリキリ舞いさせられた晴子さんは、本当にたいへんだったと思いますよ。逆に、上野さんは、一晩だけでしたけど、わたしの共同住宅《アパート》に泊まったことがあるんです。

廃鉱地帯を離れず

――またまた「全身編集者」ですね。

松本　八六年十月下旬に、東京で山本作兵衛さんの「筑豊絵図」展が開かれ、それに上野さんが上京されたんです。亡くなられる一年ちょっと前のことです。影書房で、写真報告『関東大震災　朝鮮人虐殺』（一九八八・十）を出版していただいたりして親しくしていた写真家の裵昭《ペソ》さんと、午後三時ごろ影書房の事務所に来られたんです。上野さんが現れるや、社のメンバーはみんな仕事をやめ昼日中から酒盛りで、夜はいまも親しくしている近くの行きつけの朝鮮料理店「大昌園」へ。上野さんの「ゴットン節」を拝聴したりしました。三日後、再び社に来られ、作家の真尾《ましお》悦子《えつこ》さんに会いたいと言われたのでお連れしたんです。そのころ、真尾さんは、わたしがいまも住んでいるところに比較的近い、埼玉県S市に住んでいました。真尾さんが用意してくれていたおでんを「おいしい」と喜んで食べていた上野さんに、すでに食道がんが忍び寄っているなど、思いもよりませんでした。その足で、わたしの共同住宅に泊まられたというわけです。

翌年の一月二十四日、写真家の本橋成一さんが経営している、東中野にある「ポレポレ坐」の前身ともいうべき青林堂という書店の二階で、『写真万葉録・筑豊』全十巻（葦書房、一九八四・四～八六・十二）の完結出版記念会が開かれ、上野さんはまた上京してきますが、そのときには、もうのどが痛いということで、ふと不安を感じた覚えがあります。それから十カ月後に上野さんは世を去りました。その時一緒にこられた葦書房の久本さんも、もう亡くなられました。

――さぞかし口惜しかったことでしょう。

松本　無念だったと思います。上野さんの著作は、『上野英信集』全五巻（径書房、一九八五・二～八六・五）に、『眉屋私記《まゆやしき》』（潮出版社、一九八四・三）以前のほとんどが収められていますので、それらを読んでください。また上野さんが、それこそ最後の力をふりしぼって完結させた『写真万葉録・筑豊』にある写真の一枚一枚に、どうかじっくり目を凝らしていただきたいと、わたしはよ

山野炭鉱のガス爆発で命を落とした237人の遺影（撮影・藤川清）

『写真万葉録・筑豊7 六月一日』カバー

く言うんです。一九六五年六月一日といっても、だれも覚えていませんよね。福岡筑豊の山野炭鉱でガス爆発があった日で、死者二百三十七人、一酸化炭素中毒者二十七人を出した日です。写真集の第七巻はタイトルそのものが『六月一日』です。次々に上がってくる無残な死体、白木のお棺、号泣する老女、子どもや妻たち、チマ・チョゴリの朝鮮人、葬儀、炭坑夫たちの在りし日の姿などが収められています。すでに忘れ去られてしまいましたが、現在の豊かさ（？）が、これら地底の死者たちの犠牲の上に成り立っていることに、せめて思いを馳せてほしいのです。

——最後の最後まで、炭鉱労働者を見届けて……。

松本　そうですね。石炭産業の壊滅とともに、炭鉱労働者たちは「棄民」となり、散り散りになりました。しかし上野さんは「せめて一人なりと、生活保護作家がでてもよかろうもん」と日ごろから言っていたとおり、亡くなるまで廃鉱地帯から一歩も離れず、行き場のない人々とともに暮らしました。それどころか、海外に移住して生きる道を求めなければならなかった炭坑夫たちを、メキシコやブラジルほか南米各地に訪ね歩いて、彼らの運命を記録し続けたんです。いま、作家と言われる人で、こんな人がいますかね。七四年の初めごろだったと思いますが、最初の南米行きの壮行会を東京・新宿の中華料理店でみんなで開きました。その後も南米をたびたび訪れ、その延長線上で、沖縄の『眉屋私記』などの仕事に発展したんです。

——ずいぶん面倒見のよい方だったんですね。

松本　それは見事な方でした。石牟礼《いしむれ》道子さんの『苦海浄土』は、いまや古典的名著の誉れ高い本ですが、六九年一月、講談社で刊行されるまで、上野さんが岩波書店はじめいくつもの出版社を持ち回って断られたエピソードは、いまや出版界の語り草ですね。わたしのところに上野さんが持ちこんでこられなくて助かりましたよ（笑）。もし断わりでもしていたら、それ以後、とても上野さんにも石牟礼さんにも、顔向けできなかったでしょう。

——わたし（鷲尾）の上司がガンバって編集したようです。しかしはじめは、まったく売れなかった。評判になったあとで、講談社は意図的に売ろうとしなかったなどと、ひどい噂が出ました。会社を説得してようやく企画を通した上司は、怒っていましたね。講談社もいい仕事をやってるんですよ（笑）。

松本　それで思い出しましたが、上野さんから、山本作兵衛さんの画文集の企画を相談されたことがあるんです。それで刊行することを決めたんですが、筑豊に帰った上野さんからすぐに電話があって、留守中に山本さんと出版社の間で話が成立してしまっていたんですね。それが、六七年十月に、同じく講談社から刊行された山本さんの画文集『炭鉱《やま》に生きる』だったのではないでしょうか。

残念でしたけど、講談社で出版したほうが印税もちゃんと入りますし、よかったと思います。上野さんと山本さんの出会いは、ザラにはない感動的な「歴史的事件」といってもいいでしょう。

精神を受け継ぐ人びと

――上野さんの仕事は、これからもっと評価され、見直されるべきものですね。

松本　強くそう思います。でも幸い、上野さんの「精神」を受け継いだ人たちが、それぞれの地点でいい仕事をしているんですね。わたしが存じあげている何人かの方々がいますが、上野さんが東京に来るといつも世話をされた本橋成一さんもそのひとりです。本橋さんの最初の写真集『炭鉱〈ヤマ〉』（現代書館、一九六八・十二）は、上野さんのところに通いつめて撮ったものです。上野さんが序文で、六五年冬の筑豊にねばり強く足を運ぶ若き日の本橋さんに感嘆しています。本橋さんはこの一冊を原点として優れた仕事を重ね、いま、チェルノブイリ原発事故に直面した人々を写真と映画で撮り続けたりしています。九二年に『炭鉱〈ヤマ〉』が二十四年ぶりに第二版を重ねたのも、出版界では特記すべきことです。

また川原一之さんは、影書房から『土呂久羅漢《とろくらかん》』（一九九四・九）を刊行していただきましたが、これは、病床での上野さんの指示によるものでした。この本は、朝日新聞の記者を退いた川原さんが、宮崎県土呂久のヒ素中毒事件の責任を問い、患者支援の運動で出会った患者さんたちの苦行の姿を、石に刻むように「語り」で描いたものです。川原さんはいま、アジア各地で同じようにヒ素公害で苦しむ人々と共闘しています。川原さんを、上野さんは記録文学の「直弟子《じきでし》」のように愛していました。鎌田慧《さとし》さんの息つく暇もないような活躍については、いまさら申しあげるまでもないでしょう。その一貫して民衆の立場に立つ仕事のなかに、上野さんの記録文学の精神が脈々と受け継がれ、流れていることは明らかです。

——影響は大きなものがありますね。

松本　琉球新報の三木健さんもその一人です。新聞記者としてのみでなく、沖縄・西表《いりおもて》炭鉱の研究者として貴重な仕事もされていますが、沖縄での上野さんの仕事を中心になって支えた人です。上野さんが南米に旅立つ日、餞別として封を切っていない給料袋を三木さんからそっくり渡されたことを、上野さんが書いています。また、RKB毎日放送のテレビ・ディレクターだった上坪《かみつぼ》隆さんは、残念にも九七年七月、六十一歳で病没されましたが、強制連行された朝鮮人炭坑夫たち、炭鉱災害で夫を失った女たち、戦争難民の女・子どもたち、従軍慰安婦たち、そして伊藤ルイ（ルイズ）さんなど、社会運動に献身した人たちをテレビ・ドキュメンタリーで撮った方です。彼の著書『水子《みずこ》の譜——引揚孤児と犯された女たちの記録』（発行・現代史出版会、発売・徳間書店、一九七九・八。のち「現代教養文庫」）を、「未来」誌上でわたしが激賞したことから親しくなったのですが、彼も、上野さんを「師」と仰いでいました。

——おでんをご馳走してくれた真尾さんという方は……。

松本　真尾さんとわたしが会ったのは、上野さんと出会うより前の五九年初めごろではなかったかと思います。当時の映画館では、本編の前に「朝日ニュース」というのが上映されたりしましたが、

真尾夫妻の生涯と作品を紹介したイベントのチラシ（2004年、いわき市立草野心平記念文学館、松本の講演も行なわれた）

それで真尾さんご夫妻を知ったんです。福島県平《たいら》市（現・いわき市）で小さな印刷所と出版をたったふたりでやっているドキュメントでしたが、詩人の真尾倍弘《ますひろ》さんは、結核の手術で肋骨を七本も取られて、しかも喘息に苦しみ、夫人の悦子さんは四歳のときに小児麻痺を病み、片足がご不自由なんです。しかしふたりは、けっして湿っぽくなく、地域の雑誌を出すために原稿取りから組版・印刷に、貧乏なんかどこ吹く風と奮闘しているんですね。わたしはすっかり心打たれて、夫人にこれまでの人生を書いてもらおうと、西谷さんに企画を出し、平に飛んだんです。

——今度はニュース映画で一目惚れですか（笑）。

松本　それが、真尾さんの最初の本となった『たった二人の工場から』（一九五九・八）です。その後、真尾さんは東京に移って、秋田の出稼ぎ未亡人、沖縄戦や海難漁民の女たちの苦難の人生を追ったすぐれた記録文学を、主として筑摩書房から出版しました。なかでも『地底の青春』（筑摩書房、一九七九・九）は、真尾さん一家が十三年間暮らしたいわきの常磐炭田で、「あと山」の厳しい労働に生きた女たちを描いた作品です。上野さんはこれらの作品を高く評価して親交を深め、真尾さんも「筑豊文庫」の訪問客でした。まあそんなわけで、真尾さん夫妻とわたしたちとは家族ぐるみのおつきあいで、影書房からもエッセイ集を二冊刊行させていただいています。倍弘さんは二〇〇一年に亡くなり、悦子さんは目を病んでいますけど、現在、息子さんご夫妻と札幌で暮らしておられますよ。

――上野さんを起点にして、さまざまな記録分野の出版物を手がけられることになるわけですね。

松本　これらとの関連もあったのでしょうか、この時期あたりから、厳しい生活を強いられている女性たちや、中央から見放されて地方に生きる人々の人生を記録した出版物が、未来社の重要な一分野になっていきます。それはともかく、上野さんの記録文学やエッセイの根底を流れるものは、社会的矛盾を一身に背負っている人々への痛切な思いであり、それらを見過ごし、放置し、抑圧している人々への怒りです。これは現代の文学や思想に最も欠けているものです。わたしが親しみを覚えている何人かの方々しかご紹介できませんでしたけど、上野さんの播《ま》いた「種」は、これらの方々とともに、ほかの多くの人々のなかにも生き続けています。「筑豊よ　日本を根底から　変革するエネルギーの　ルツボであれ　火床であれ」。これが、上野さんが亡くなる直前、病床で苦しい息の下から書きとめた絶筆です。

11　木下順二と山本安英の奇跡的な出会い

言葉に厳密な人

――昨年（二〇〇六）十一月三十日に木下順二さんの死去が公表されましたが、実際に亡くなられたのはその一カ月前だったそうですね。ちょうど木下さんや山本安英《やすえ》さんとの仕事のことをお聞きしたいと思っていましたので、符合のようなものを感じます。

松本　本当にわたしにとっては衝撃以外のなにものでもありませんでした。ご承知のように、西谷能雄さんが創業した未来社は、木下さんの『夕鶴』と、山本さんの自伝『歩いてきた道』で出発したわけです。お二人なしに未来社の今日の存在は考えられませんし、仙台の学生時代に、あり金はたいて東京まで『夕鶴』を観に来たときの感動がなかったら、わたし自身、未来社を選んだり、編集者になったりしたかどうかわかりません。

一昨年の六月、「戦後文学エッセイ選」で『木下順二集』を刊行させていただきましたが、それが木下さんの最後のご著書になり、なにか、因縁のようなものを感じますね。もうお年でしたし、耳鳴りと難聴でおつらそうでしたから、お訪ねすることは控え、電話と手紙で仕事をしましたが、「長く生き過ぎたよ」と笑って言われ、「経済的に大変だろうに、よくやってるね」とねぎらってくれた声が耳に深く残っています。思い返すと、これまでの編集者人生で、木下さんと山本さんとの仕事の時間がもっとも長かったなあということに気づきます。

――わたしたちはあまり演劇を知りません。作家と役者のつながりという点から見ても、木下さんと山本安英さんの関係は、少しわかりにくいように思います。そのあたりを詳しくお聞かせ願えませんか。

松本　かつて中野重治さんが「竹内好と武田泰淳の出会いは、一つの事件だ」というようなことを言ったことがありますが、お二人の出会いも、まさに「一つの事件」と言っていいんじゃないですか。木下順二作・山本安英主演の数々の舞台が、どれだけ戦後演劇の歴史を豊かにし、問題を投げかけたか。好むと好まざるとにかかわらず、計り知れないものがあると思います。『夕鶴』ひとつを取りあげても、これは木下さん自身が言われたことですけど、一週間ちょっとで書いた作品を、山本さんはほぼ四十年かけて千三十七回上演したんです。回数だけでいえば、杉村春子さんの『女の一生』（森本薫作）とか、森光子さんの『放浪記』（菊田一夫作）とかがありますが、『夕鶴』は、作者と女優が、

木下順二（提供・劇団民藝）

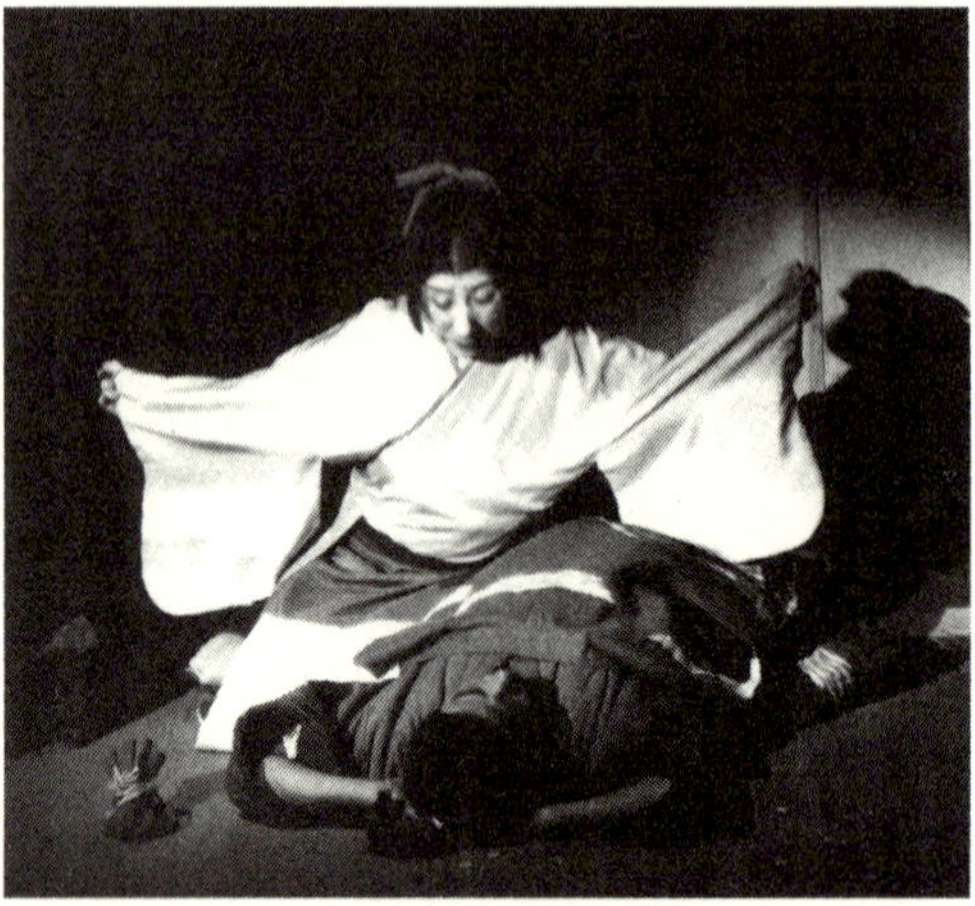

『夕鶴』で「つう」を演じる山本安英（1958年3月、『山本安英の仕事』より、撮影・山沢栄子）

上演のたびに話し合い、練りあげつづけた、「協働」の舞台なんです。それはおそらく、日本の近代に新劇がはじまって以来の「一つの事件」、芸術創造上の「一つの奇跡」ですよ。日本は、西欧諸国と違ってドラマについての歴史も浅く、関心も低いし、みなさんも『夕鶴』をごらんになっていないようですが、これからこんなことが二度とあるかどうかです。

――お話をうかがっていると、非常に稀有なことだとは思いますが、残念なことにわたしたちも山本安英の舞台を見てないんですよ。お二人はどのようにして会われたのでしょうか。

松本　それはやはり、築地小劇場での山本さんの演技に木下さんが傾倒し、訪ねたからです。木下さんは東大で英文学を学び、はじめはシェイクスピア学者というか演劇学者になろうと思われていたのではないですか。これは余談ですけど、作家でフランス語がいちばんできるのは中村光夫さん、イギリス語では木下順二さんだと、だいぶ昔のことですが、だれかに聞いたことがあります。たとえば、日常会話でも、横文字の発音に木下さんはきわめて厳密で、日本語なみに「マクベス」なんて平坦に言ったりすると、必ず「アクセントが違う」と訂正されるんです（笑）。だから、木下さんの前では、決して横文字をしゃべらないと心に決めてたんですけど（笑）、うっかり出てしまって、そのたびに訂正される。横文字の発音ばかりでなく、読んだ本の誤植は、そのページを本の見返しにメモしていましたね。若いときは、道を歩きながら広告のミスを発見すると、いちいち訂正を書きこんだと言われています（笑）。それほど外国語であれ、日本語であれ、言葉に厳密な方でしたね。

――誤植の多い本を作る編集者にとっては、ちょっと困った存在ですね（笑）。そういう方が、どうしてまた劇作の道へ入られたのでしょうか。

松本　むろん学生のころ山本さんに出会ったことと、先生だった中野好夫さんに、当時刊行されていた柳田國男編の『全国昔話記録』（三省堂）を「読んでみたら」とすすめられたことでしょうね。それをもとに、すでに戦争中の一九四三年ごろには、『夕鶴』の原型である『鶴女房』をはじめ、戦後発表される民話劇を何篇か書いているんです。そして山本さんが療養もかねて疎開していた長野県諏訪の農家をときおり訪ねては、勉強会をしたり、敗戦直後には、農村の人たちに民話劇を上演してみせたりしているんです。

また余談になりますが、木下さんは、標準語と方言という言い方はしません。東京語と地方語・地域語です。そして木下さんの民話劇では、それぞれの地方の言葉の特徴を損なわないようにして普遍化した独自の地域語を作りだしているんです。それが柳田國男の忌諱に触れたんですね。もともと「昔話」を「民話」などと言っているのも気に入らなかったのでしょうが、方言を勝手に舞台で改変・普遍化したりして、木下順二は「国賊」だと怒ったとか（笑）、ほんとか嘘かそんな話もあります。

日本の近代とは何か

――この四月（二〇〇七年）には、劇団民藝が『沖縄』を上演するそうですね。民話劇だけではなく、木下さんには、歴史劇、現代劇も多い。

松本　そのとおりで、戦後、雑誌「人間」（一九四七・三）に発表された最初の歴史劇『風浪』の原型は、すでに一九三九年十二月一日、熊本騎兵第六連隊入営の前日、遺書のつもりで書きあげられたものです。その後改稿を重ね、出版されたのはわたしが未来社に入社する直前の五三年一月、「ぶどうの会」による初演はその年の九月です。いまでも思い出しますが、そのころ、ぶどうの会の公演パンフレット作りは未来社が一手に引き受けて、表《おもて》での販売も総出でやっていました。だから山本さんの舞台はタダで何回も見られるし、日銭《ひぜに》が入りますので、舞台がはねると、当時の編集長だった細川隆司さんが、「おつかれさん、一杯やろう」とおごってくれるのも、入社したてで楽しみでしたね（笑）。この『風浪』に、木下さんのそれ以後の、ドラマをとおしての一貫した思想があると思います。

――それは作品に即して言うと、どういうことになりますか？

松本　一言でいえば、日本の近代とはなんだったのかということです。明治以降の、欧米諸国に追従した「木に竹をついだような」急速な近代化のさまざまな矛盾のなかで、それに抵抗して誠実に

公演パンフレット表紙

『風浪』の山本安英（『山本安英の仕事』より、撮影・山沢栄子）

生きようとした人びとを、木下さんは敗北・挫折の側から描くことによって、日本の近代とはなんだったのかをわたしたちに問いかけているのです。『風浪』は、明治初年の熊本での「神風連《じんぷうれん》の乱」が背景になっていて、主人公は、さまざまな思想遍歴の果てに、最後には、大義を忘れた政府を倒そうと決意し、逆賊・暴徒と呼ばれた西郷隆盛に与《くみ》して西南戦争に身を投じます。ご承知のように、その決断がいかに無残な敗北への道であったかは、その後の歴史をみれば明らかです。しかし、では、西郷蜂起軍をせん滅し、勝利した明治政府は正しかったのか。以後の富国強兵・アジア諸国侵略への道を、結局、四五年の敗戦という破局まで突っ走るわけです。木下さんは、『風浪』を「青春の記念」と言い、「ある部分にはほとんど再読に耐えぬ気はずかしさを覚え」るなどと言っていますが、すでに最初の歴史劇に、以後の木下さんのドラマに対する根本的な考え方というか、「思想」がありますね。

――木下さんの戯曲は、いまでは手軽に読み返すことが難しくなっています。その「思想」といわれるものについて、もう少し詳しくお話しください。

(代表作は『木下順二戯曲選』全四冊・岩波文庫に収録されている。)

松本 たとえば、ゾルゲ事件を素材にした戯曲に『オットーと呼ばれる日本人』があります。ご存じのように、実在のゾルゲと尾崎秀実《おざきほつみ》は、敗戦前年の十一月、国際諜報団、つまりスパイ団の首魁《しゅかい》として、いまの池袋サンシャインビルが建っている巣鴨拘置所で絞首刑になりました。わたしは子どものころ、尾崎秀実の家のわりあい近くに住んでいたんですが、スパイだという噂を聞いて恐ろしかった記憶があります。木下さんは、この二人やアグネス・スメドレーなどを登場させて、一刻も早く戦争を終わらせたいと努力した彼らと、日本を敗戦という破滅的状況にひきずりこんだ「大日本帝国」に荷担した面々の、どちらに正義があるのか、人間としての誠実さがあるのかをわたしたちに問いかけているのです。

——たとえ無力でも敗北しても、どのようにして闘うか、闘えるのか、とでもいう姿勢でしょうか。

松本 そうなんですね。『蛙昇天』(一九五二)では、一九五〇年に起きた「徳田要請問題」という事件が素材になっています。当時としては広く知られたなまなましい事件でしたので、木下さんは蛙の世界に託して書いたわけです。モデルとなった菅季治《かんすえはる》氏は、ソ連の捕虜収容所で通訳をしていましたが、帰国後、日本共産党の書記長だった徳田球一がソ連当局に「反動は帰すな」と要請したのではないか、その言葉の訳語をめぐり、国会でさんざん追及されとっちめられ、苦悩の果てに中央線吉祥寺駅付近で列車に飛び込み自殺してしまいます。ドラマでも、主人公の蛙は「真実を真実だとする精神」の存在を信じて死にます。務《む》台理《たいり》作《さく》氏に学んだ哲学徒の菅氏の遺書には「人類バンザイ！／真理バンザイ！／と言いながら、死のう」とあって、遺体の上着のポケットには、岩波文庫の『ソクラテスの弁明』があったといわれます。この公演は、朝鮮戦争中ということもあって、左翼系観客を集めていると警察署から調査を受け、三越劇場の夜間上演が閉鎖されるという事態も招いています。

歴史の非情さを直視する

――木下さんというと『夕鶴』、どうしても民話劇のイメージが強いんですよね。

松本　そうなんですね。そして民話劇というと、いかにも民衆のたくましさや明るさが描かれているように思われがちですし、事実そういう面もありますが、『夕鶴』などは、欲にかられた人間たちと、主人公のつうは、決然と別れ、去って行くんです。木下さんのドラマのほとんどは、登場人物が迷い考え抜き、その果てに何が待っているかというと、訣別、挫折、自裁、または国家的抑圧による敗北、死です。木下さんが「やっと〝ドラマ〟が摑めた」と言われた『沖縄』でも、戦争中、恋人を殺したヤマトンチュー（本土人）に復讐した主人公の女性は、幕切れで海に身を投げて死にます。有名な台詞ですが、「どうしてもとり返しのつかないことを、どうしてもとり返すために」という台詞は、わたしたちが背負うべき日本の現在と未来を暗示しているのではないですか。晩年の大作、『子午線の祀り』でも、「見るべき程の事は見つ」と言って自害する平知盛《たいらのとももり》をとおして、決してあきらめではなく、歴史の非情さを直視することによって、逆に闘う勇気をわたしたちに伝

『山本安英舞臺寫眞集』貼函

『山本安英の仕事』表紙

えていると思います。木下さんが亡くなったので、ついつい作品の解説みたいになってすみません。

――いや、そんなことはありません。松本さんとのお仕事の場では、お二人はどんな感じだったんですか。

松本　わたしは未来社時代に、何冊かの単行本のほかに、『木下順二作品集』全八巻（一九六二・六〜七一・五）と、『木下順二評論集』全十一巻（一九七二・十一〜八四・二）にかかわりましたし、あとでお話しする『山本安英舞臺寫眞集』（一九六〇・九）の編集でも、木下さんとたえず打ち合わせをしていましたから、五十年あまり、何かといっては木下さんにいちばんお会いしていたことになります。山本さんの写真集では、影書房でも『山本安英の仕事』（『写真集　山本安英の仕事』刊行会刊、一九九一・十二）にかかわり、編集作業でよくお会いしましたね。木下さんはそんなときでも、いわゆるケジメがきちんとしていて、飲んでも決して酔っぱらうことはなかったですよ。

木下さんが「馬」の権威なのは有名で『ぜんぶ馬の話』（文藝春秋、一九八四・七）という名著もあり、応接室の一間半ぐらいの壁面は、天井まで馬に関する本でぎっしりいっぱいでした。木下さんはどこかで、小説を競馬に、戯曲を馬術になぞらえて比較し、小説はどこまでも突っ走る馬のようだが、戯曲はいかに馬を引き締めるかにかかっているといったようなことを言われていました。木下さん自身、みずからを馬術のようにコントロールできた人ですね。杉浦明平さんが渥美半島から出てくると、野間宏さん宅で一緒に飲んだり、夜おそく「木下を急襲しよう」などと道連れにされたりしましたが、そんなときでも、木下さんは、ゆったりと酒を飲み、寡黙に微笑んでいました。逆にぐでんぐでんの杉浦さんを車でホテルまで運ぶのがひと苦労でしたよ（笑）。木下さんはうまい日本酒を飲ませるしっとりした店が好きで、そういうところではご馳走になりましたけれど、いわゆる文壇バーなどは、あまり好きではなかったと思います。

木下順二（左）、丸山眞男（中）、山本安英（「婦人之友」主催の『東の国にて』をめぐる座談会、1959年10月、『山本安英の仕事』より）

心血を注いだ大冊写真集

――いままでの著者への惚れ方とはちょっと違って、松本さんも、木下さんの前では真面目ですね（笑）。木下さんは、文学者や丸山眞男さんなど思想関係の人たちとも大変関係が深かったとか。

松本　藤田省三さんは、木下さんの作品に点が辛かったのですが、丸山さんはじめ、内田義彦さんや平田清明さんなどの経済学者、竹内好さんや歴史学者の石母

木下順二（左）、**尾崎宏次**（中）、**宇野重吉**（「ことばの勉強会」にて、1977年2月、撮影・笠原衛、『山本安英の仕事』より）

田正さん、それに第一次戦後派といわれる作家たちのほとんどと、木下さんは交友がありました。もっとも親しくされたひとりは、七六年十月、パリで客死した森有正《ありまさ》さんですね。演劇界でいえば、一九一四年生まれで同じ寅年の尾崎宏次《ひろつぐ》さんと宇野重吉さんです。脇道にそれますけど、六〇年代半ば過ぎごろ、わたしはペンネームでテレビ時評とか演劇批評などを書いていたことがあるんです。それであるとき、宇野さんの演出を批判したら、わたしが書いたと知った宇野さんに、ぶん殴られそうになったんです。

——へえー（笑）、おもしろそうな話ですね。

松本　ある会合で、どういうわけか、木下さん、山本さん、宇野さん、そしてわたしだけが残ったんです。なんのキッカケでしたか、突然「お前さんは、どうしてあんな批判を書くんだ」と、ずかずかと宇野さんがわたしに迫ってきたんです。そうしたら、山本さんが驚いてわたしのからだを後ろから押さえたんですね。からだを押さえるべきは、怒っている宇野さんのほうだと思ったんですが（笑）。事なきをえてトイレに入ったら、すぐに宇野さんもやって来て、連れションになったんですが、「いいんだよ、好きなことを書けばいい、へへへ」と、宇野さん特有のくしゃくしゃした笑いを浮かべて言ったんです。そのとき、宇野さんの器量というか、人間味に打たれましたよ。以来、宇野さんが亡くなるまで、なにかと親しくさせていただくことになりました。

俳優としては山本安英さん、演出家としては宇野重吉さん、批評家としては尾崎宏次さん、この三人が木下さんの戯曲を舞台で見事に開花させた代表的な方たちです。なお、演出家としては、新築地劇団以来の盟友で、『夕鶴』や『風浪』を手がけながら、五九年に亡くなってしまった岡倉士朗さんも加えるべきかもしれません。

——山本さんの『舞臺寫眞集』は、当時としてもすごい豪華本です。失礼ですが、未来社でよくできましたね。

松本　いや、大変でしたよ（笑）。おっしゃるとおり、当時としては、言葉どおり画期的な大仕事であると同時に、未来社を画期的な危機に突入させた（笑）原因のひとつでした。本の大きさはA4判で、写真篇と資料篇の二分冊に分かれ、むろん上製でつむぎの布貼り、貼函入り、さらにご丁寧にも、貼函が傷まないよう段ボールのケースに入れてあります。写真篇は、モノクロで総アート二百九十ページ、千三百六十九枚の写真が収めてあります。資料篇は、山本さんの歩みを中心とした「文献による日本新劇史」（執筆・菅井幸雄）と、山本さんの舞台・放送年表および自伝からなり、四百二十八ページ。菅井さんの力作「日本新劇史」は四百字詰原稿用紙で二千枚近くもありました。むろん活版印刷で、二分冊の総重量が三・五キロ。発行部数は八百、限定番号入り、定価七千五百円でした。一九六〇年九月刊です。いまなら、それこそウン万円というところでしょうか。

——その大作の売れ行きはどうでした？

松本　売れませんでしたね（笑）。だから危機的状況に突入したんです。しかしこの本は、戦時下、官憲の検束に遭いながら、築地小劇場にかよいつめ、山本安英という女優に入れ込んだ西谷さんのロマンチシズムによる企画で、何年間か温めていた、やむにやまれぬ思いがこもったものですから、わたしもその思いに感応し、まあ、こんなに全力で肉体をかけて（笑）やりとげた仕事は、あとにも先にもないと言っていいでしょう。

山本さんは低血圧で午前中は起きられませんから、ほとんど半年以上、毎日のように昼ごろ自宅におうかがいし、当時、秘書のようにして山本さんの身のまわりを世話されていた木藤弘子さんという方と三人で、夜九時、十時ごろまで、六千枚ほど保存していた舞台写真のなかから選択するわけです。ただ選ぶだけではなく、天眼鏡を片手に、舞台で小さく映っている一人ひとりの俳優を、山本さんはほとんど見分けるんですね。その記憶力には驚きましたが、その俳優の名前をいちいち記録するわけです。昔の親しい俳優さんたちに来ていただいて、確かめることもありました。時どき、百メートルほど離れたところに住んでいる木下さんが、「ご苦労さん」と立ち寄られて、意見を言われるんです。疲れると、山本さんはウイスキーがお好きなのでチビチビ飲んだり、みんなでソバをとって食べたり、そんな日の連続でした。

——うーん、根気と体力。編集の極意ではありますね。

松本　山本さんは、舞台写真だけでなく、関連する日常の写真、パンフレット、チラシ、台本や、小さなチケットに至るまでもれなく保存していましたので、資料で山本さんの全舞台活動や日常がたどれるわけです。こんな女優がいたこと自体、「一つの事件」ですよ。山本さんは写真を選びながら、舞台でのエピソードをいろいろ語ってくれるのですが、これがまた抜群におもしろいんです。

滝沢修さんが、舞台で不意にすっとそばに寄ってきて、「山ちゃん、俺の次の台詞《せりふ》はなんだっけ」と（笑）耳もとで囁いたとか、薄田《すすきだ》研二さんが台詞につまってどうにもならないので、プロンプターが、「ひっこめ！」と言ったら、それが台詞だと思いこんで「ひっこめ！」と怒鳴った（笑）とかですね。築地小劇場の開幕を告げる銅鑼《どら》は、ヒロシマの原爆で死んだ丸山定夫がたたいていましたが、貧乏なので楽屋に住みこみ、猫を可愛がっていたという話もうかがいました。次に作った『山本安英の仕事』には、さまざまな話が、山本さんの「写真を見て思い出すこと」（筆録・船木拓）として収められています。

山本安英の気品

――山本さんは、舞台とラジオに出演を限っていたそうですね。

松本　そうなんです。木下さんと同じく、己のなすべきことを固く守った方でしたから、木下さんも山本さんも、国家からの褒章は一切拒絶しました。また、テレビや映画などに演技者としては出演しませんでしたから、杉村春子さんのように庶民的に広く知られることはなかったですね。山本さんは、東京・神田の生まれで横浜育ちですから、からっとしてきっぷのいい側面がありましたが、同時に、聖女といいますか、なにか気品の高い雰囲気があるんです。俳優座の東野英治郎さんの芸談をわたしは未来社で二冊作ったことがあって、東野さんとよくお会いしましたが、新築地劇団に入団したときまわりの人から、「いいか、警官なんかが踏みこんできたら、お前なんかどうでもいいから、山本さんだけを守れ」(笑) なんて言われたと、笑って話していました。やはりそのころから、山本さんは特別な女優だったんです。

——会ってみたかったですねえ。しかし、あれだけの豪華本を完成させるのはほんとうに大変だったでしょう。

松本 その年、六〇年九月十二日に、まだ国交が回復していなかった中国へ、初めて、訪中日本新劇団が行きました。『夕鶴』上演で山本さんも旅立たれるのでそれに間にあわせるため、わたしは、追いこみの二カ月ほどは朝八時から夜八時まで、前にお話しした入野正男さんの経営する印刷会社・形成社につめっきりでした。そのころは写真やネームの銅版などを木の台木に小さな釘で打ちつけて印刷するため、最後のどたん場でそれを一本貼りちがえても大変ですから、印刷機械の刷り出しに立ち会わねばならなかったんです。あるとき、脚に腫《は》れものができて歩けなくなったんですが、そのときは世田谷の自宅から新宿区の形成社の工場まで、まるでどこかのおえら方みたいにタクシーで往復しましたよ (笑)。わたしが行かないと機械が動かないからです。その前の六月ごろは、例の安保闘争で、山本さん宅や形成社での仕事を早めに切り上げては、国会前のデモに出かけたりしました。写真集の製作は進めているものの、経済的には逼迫し、丸山眞男さんも語っていますが、西谷さんが「岸内閣に抗議して社をつぶすか」(笑) と、あまり辻褄のあわないことを言ったことは語り草になっていて、わたしも聞いています。六〇年は、日本にとって大きな岐路だったと思いますが、未来社にとってもそうでした。

——まさに政治と芸術、それに経済も絡んだ大変な時期に木下さん、山本さんと仕事をされたわけですね。

松本　木下さん、山本さんのお二人に関連してつけ加えたいのは、昨年（二〇〇六）六月十日、四十年近く親しくさせていただいた、わたしよりふたつ年下の演劇評論家・宮岸泰治《やすはる》さんを喪ったことです。宮岸さんこそ、木下、山本さんのお二人の精神を後世に伝える唯一の人で、わたしもどれだけ学んだかわかりません。『木下順二論』（岩波書店、一九九五・五）がその一冊ですが、もう一冊は昨年十月、影書房から刊行させていただいた『女優山本安英』です。亡くなる二日前に校正をお見せすることができたのですが、残念なことに遺著となりました。演劇評論というと、周囲に気をつかったおざなりの印象批評や仲間ぼめなどが横行していますが、それはまあ思想・文学界でも似たようなものかもしれませんけど、宮岸さんはどんな場合も、カフカの言う「どうしても書かねばならないことだけ」を書いた人でした。編集者として、こういう方と友情を結ぶことができ、その著書を出版できたことは光栄というほかないですね。一九二九年、朝鮮で生まれた宮岸さんは、生涯をかけて日本の植民地支配の責任を深く心に問いかけていました。それで、遺言は、新潟沖の三十八度線上に散骨してほしいということでしたので、夫人の現代舞踊家・手島かつこさんとご家族にわたしも同行し、遺言どおりに散骨しました。朝鮮半島と、佐渡ヶ島に立つ「夕鶴の碑」を遥かのぞめる海に、宮岸さんは眠っています。

12 秋元松代の反響とわが演劇運動

演劇座との二足の草鞋

――一九六〇年代、松本さんは編集のかたわら、劇団を立ち上げて演劇運動にもかかわられたそうですが、そのきっかけはどういうものだったのでしょうか。

松本　直接的には、演出家の高山図南雄《となお》さんに出会って、劇団を旗揚げしたいと相談されたことでしょうね。同時に、演劇書を編集したり舞台を観たりしているうちに、実際に演劇運動をすすめてみたいというウズウズした思い（笑）もあったかもしれません。高山さんはわたしと同い年で、残念ながら三年ほど前に亡くなりましたけど、当時、イギリスのロシア演劇研究家・マガルシャックの『スタニスラフスキイ・システム』（一九五五・七）などの翻訳をしてもらったりして、親しくなったんです。敗戦から十年ほど経っていて、戦前・戦中の新劇運動を担った千田是也《せんだこれや》さんや村山知義《ともよし》さんたちに教えを受けた戦後世代の演劇人たちが、ようやく一斉に仕事をしはじめたころです。第二の新劇ブームの時代とも言われました。演劇には、変に人を巻きこむ魔力みたいなものがあって(笑)、わたしもついつい、さそいに乗ってしまったわけです。

――今度は誘いこまれたわけですね。とはいっても、編集と演劇を両立させるのは容易なことではないでしょう。

松本　劇団演劇座がスタートしたのは、前回触れた『山本安英舞臺寫眞集』を完成させた翌年、六一年十月のことです。それから劇団が解散する七一年はじめまでの十年間、わたしが企画・制作・演出協力などにかかわったときは、午前十時過ぎごろから夕方六時ごろまでが未来社、そのあと夜の十二時過ぎごろまでは劇団、という日が多かったですね。編集者と劇団の文芸演出部という「二足の草鞋《わらじ》」をどうやってこなしたのか、どんな作品をどういう方々と上演したのかは、おいおいお話ししますが、ウズウズした思いをぐんと前に突き出したきっかけのひとつは、やはりベルトルト・ブレヒトとの出会いが大きな要因です。そしていまひとつは、花田清輝さんが初めての戯曲『泥棒論語』を書き、舞芸座で上演し（一九五八年十月〜十一月）、それを翌年三月、未来社で刊行したことですね。ブレヒトの作品とその演劇運動、そして花田さんが年来主張してきた芸術理論の舞台での具体的な実践に、共感し、こころ動かされたんです。

――ふつうは「ブレヒト体験」といっても、なかなか劇団立ち上げまでは踏み切れませんよ。僕らからすると、ちょっと呆れてしまうのですが(笑)。

松本　ご承知のように、未来社は創業以来、モスクワ芸術座の演出家で指導者だったスタニスラフスキーを中心とする演劇理論書を刊行していて、とくに、彼の主著である『俳優修業』六分冊（山田肇訳、一九五四・十一〜五六・四）は、そのころの新劇関係者たちにとってはバイブルのようなも

『ブレヒト教育劇集』
初版カバー・帯

『ガリレイの生涯』の舞台

ので、絶大な影響を与えたものです。わたしも編集者としてかかわりながら、ご多分にもれず愛読したひとりでした。しかし五〇年代に入ったころから少しずつ、東ドイツ（当時）でベルリーナー・アンサンブルを率いるブレヒトの演劇理論やその戯曲が日本で翻訳されはじめ、舞台で上演されるようになったんですね。わたしが劇場で初めて観たのは、たしか千田是也演出・新人会公演の『家庭教師』（一九五五年三月）だったと思いますが、決定的にショックを受けたのは、若手劇団が結集した青年劇場公演の『ガリレイの生涯』（千田・下村正夫共同演出、一九五八年四月）の舞台でした。ふつうこの舞台が、本格的にブレヒトが日本で知られるきっかけになったと言われています。

——スタニスラフスキーとブレヒトがどう違うかと言われても、一般的にはまずわかりません。

松本　それはそうですね。わたしはドイツ語が読めるわけではなく、すべて千田さんや岩淵達治さんなどの翻訳のお世話になっているので、ブレヒトについておこがましく語るわけにはいきませんけど、『ガリレイの生涯』は、冗談交じりに言えば、わたしにとって、スタニスラフスキー的「天動説」から、ブレヒト的「地動説」へのコペルニクス的転回をうながしましたね（笑）。

まあ、誤解を恐れずかいつまんで申しますと、それまでのドラマについての考え方は、アリストテレスの『詩学』で定義づけられたように、観客の感情同化、浄化作用にあったんですが、ブレヒトはそのような催眠術的な感動から観客を解放し、現実を認識させ、この世界を変革する道を示さねばならないと主張したんです。舞台への同化ではなく異化効果ですね。それを近代劇的な劇作法に対立する叙事詩的演劇と称して、ベルリーナー・アンサンブルで見事な舞台を実現したんです。たいへん有名な『肝っ玉おっ母とその子供たち』などの舞台を、わたしは記録映画で観ました。ちなみに後年、未来社から千田さんと岩淵さん訳で『ブレヒト教育劇集』（一九六七・四。改訂版、一九八八・三）を刊行しました。ブレヒトは、五六年八月、五十八歳で急死してしまいましたが、花田さんは、自分は「ブレヒトの日本における生まれ変わり」なんて言って（笑）、以後、戯曲やテレビドラマでも、優れた作品を書かれました。

——ただただ、うなるより仕方ないのですが（笑）。実際にはどんな劇団を作ろうと？

松本　わたしは出版と同じく、同時代の日本の作家の創作劇を中心にしたかったんですね。ブレヒトであれチェーホフであれ、いわゆる「赤毛もの」と言われる翻訳劇は、できるだけ避けたかった。いくらやったって、本場にかないっこありませんし、演技が変に外国人の物まねになりますからね。それで、井上光晴さんの長篇小説『死者の時』（「新日本文学」一九五九・四〜六〇・九に連載。中央公論社、一九六〇・九）の脚色・上演を提案したんです。

これは、被差別部落出身の主人公や朝鮮人の青年が、戦争末期、特攻機で突入し死ぬことによっ

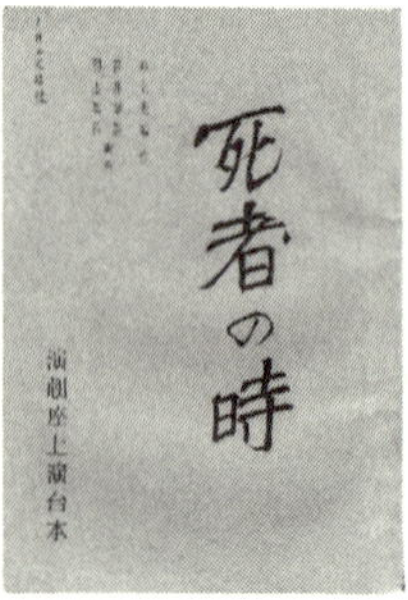

『死者の時』上演台本

『死者の時』の舞台稽古を見る井上光晴（右）と松本（1961年、旧俳優座劇場にて）

てしか、差別を克服できない悲劇を描いた長篇小説です。いまどきの特攻隊美化物語とはまったく違っていて、天皇制支配下の差別構造を追及した作品で、平野謙さんをして「現代小説史上の一傑作」と言わしめたものです。それを、未来社時代、演劇書関係の出版でもっとも世話になり、家族ぐるみで親しくさせていただいた、演劇評論家の菅井幸雄さんと共同で脚色したわけです。彼はいま、明治大学名誉教授なんて、偉くなっちゃいましたけどね。

——反響はどうでしたか。お客さんは入りましたか。

松本　さっぱりでしたね（笑）。劇団創立者のひとりで、いまも活躍している灰地《はいち》順《じゅん》さんや、後年、青年座に所属していて二〇〇四年十二月に急死した、徳永直《とくながすなお》の娘さんの徳永街子さんなども出演していましたけど、貧しい旗揚げ公演で、六一年十月、わずか四ステージしか打てませんでした。パンフレットには、野間宏さんや木下順二さんに、日ごろのコネを使って（笑）、えらい激励と期待の言葉をもらったりしたんですけどね。いまは亡き劇作家の宮本研さんが、「そうまでせねばならなかったか、しかしよくやった」という、幕ぎれに流れる天皇が神風特

灰地順

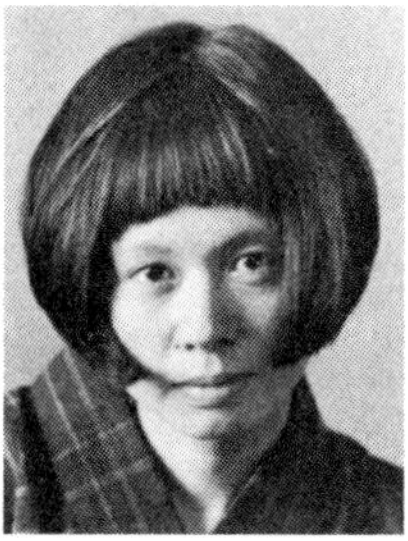
徳永街子

別攻撃隊に対して実際にいった言葉をもじって、ほめたのかけなしたのかわからない（笑）劇評を書いてくれたのを覚えています。研さん（親しみをこめてそう呼んでいました）とは名作『明治の柩《ひつぎ》』（一九六三・六）を〝てすぴす叢書〟で刊行させてもらったりして、その頃はよくお会いしていました。

以来、井上さんと劇団の関係は深まって、翌年五月の第二回公演は、井上さんの、共産党内部の組織的腐敗を批判した書き下ろし戯曲『スクラップ』を上演しました。井上さんはサービス精神旺盛ですから、何かといっては貧しい俳優たちに気前よくおごってくれたりしたんです。ときには酔っぱらった勢いで、灰地さんなんかはそれまで本名の野本昌司で俳優として通っていた名前を、「俺が芸名をつけてやる、改名しろ」（笑）と、井上さんの小説に出てくる登場人物名に強引に変えられちゃったりもしました。まあ、結果としてはよかったかもしれませんけど。

花田清輝『爆裂弾記』の上演

――「二足の草鞋」は楽しそうですが、時間のやりくりがたいへんだったでしょうし、会社との関係でいえば、よくそんなことができましたね。

松本　からだはきついですけど、演劇に限らず、本業のほかに同人雑誌に加わったり、市民運動なり芸術活動や研究なんかに編集者がかかわることに、わたしは賛成なんですよ。ただ本だけをしゃかりきに作るのがノウじゃないですよ。鷲尾さんや上野さんにしても、歌人・評論家としての活動や児童文学の研究を、それぞれ編集と両立させ、ともにいい仕事をされているじゃないですか。それで作家や専門家になりたければ、さっさと編集者なんかやめればいいんで、そういう方はいっぱいいます。編集者の場合は、「二足の草鞋」の間の緊張関係、往復運動が役に立つのではないでしょうか。

事実、わたしにしても、演劇座が崩壊する七〇年代はじめまで、つまり、わたしが二十代後半から四十代はじめまでの十数年間が、編集者として最も働いたときではなかったでしょうかね。西谷能雄社長は、気にはしていたかもしれませんが、表向きは理解してくれていて、舞台も観にきてくれましたね。もっとも、五〇年代後半から六〇年代にかけて、未来社に新しい優秀な編集スタッフが何人か徐々に加わり、編集の仕事はすべて彼らとの協働作業ですから、演劇運動もなんとかすめることができたといっていいでしょう。こうした仲間たちとのことについては、機会を作っていつか語りたいですね。

――理屈はわかりますが、それを十年も続けるというのは、やはりただごとじゃないですね。

松本　それには六三年一月、演劇座の第三回公演として、花田さんの『爆裂弾記』を上演したことが大きかったんです（同年七月刊）。もともとこの戯曲は、千田さんの要請で、俳優座のために書かれていたのですが、執筆が遅れ、上演中止になったものなんです。まだ原稿執筆中の前年七月下旬、

『爆裂弾記』函

『爆裂弾記』初演舞台面

花田さんに呼ばれ、「これを書き上げたら君に渡すから、演劇座でやったらどうか」と言われたときには、びっくり仰天（笑）、嬉しさ半分、果たしてやれるかどうかの不安半分。それから幕が開くまでの半年間は、高山さんが「魂魄《こんぱく》となってさまよわん」とつぶやきましたけど、まさにその言葉どおり不眠不休の毎日でした。何しろ上演時間はゆうに四時間を超える大作で、登場人物は二十八人、装置は四幕（四杯）、一八八五（明治十八）年、自由民権運動の時代の話ですから、衣装、小道具もたいへんですし、いろいろ関連する勉強もしなければならず、といったわけです。

――よく無事に上演できましたね。

松本　俳優もロクにいない零細出版社ならぬ零細劇団ですから（笑）、文学座や自由劇場などから半分以上客演してもらったんです。それを「劇団エゴイズムを芸術的な横の連帯を通して打破する」などと大上段に意味づけて、かろうじて開幕に持っていったんです。いま、テレビで特異なキャラクターとして人気のある、若き日の北村総一郎さんなどにも出演してもらいました。

ところがいよいよ初日になったら、裏方といいますか俳優座の大道具方でしたか、それまでに一円もカネを払っていないものですから、不安になったんでしょうか、「十万円先払いしなければ幕を開けさせない」というんですね（笑）。制作責任者としてわたしはなんとかせねばならず、そこで前にもお話しした玉井五一に電話して、カネを届けてくれるように頼んだんです。そのころ、彼は電通の嘱託かなんかでフトコロ具合がよかったんですね。彼が開幕一時間前に駆けつけてくれて、事なきを得たことなどを思い起こしますよ。

――またおカネの問題ですね。出版だけでもたいへんなのに、演劇運動もそれに劣らぬ経済的困難さ（笑）。

松本　それはそうですよ。しかもいざ幕を開けたら客席はガラガラなんです（笑）。旧俳優座劇場には二階席もあったんですが、二階にはいちばん前の席に花田さんをはさんで高山さんとわたしの三人しかいなかったなんてこともありました。幕が開くと両袖から冷たい風が流れこんで、一月なのに暖房もロクに利かず、お客はブルブル震えながらの観劇でした。ところが、中日《なかび》ごろでしたか、映画評論家の佐藤忠男氏だったと思いますが、朝日新聞に激賞の舞台評が出たんです。とたんに翌日から観客が押し寄せ、楽日《らくび》は満員札止め、たしか二日ほど追加公演をしたと思います。

――そのころの劇評や書評の効果は、今では想像できないほど絶大でしたね。

松本　さきほども言いましたが、『爆裂弾記』は、一八八五（明治十八）年に起こった大阪事件を背景に、自由民権運動の担い手だった福田英子や大井憲太郎などの壮士たち、「朝野新聞」主筆の成島柳北《なるしまりゅうほく》などの言論人たちをモデルに、言論と行動、非暴力と暴力、芸術と政治といった対応関係を現在の問題として描いたディスカッション・ドラマなんです。しかも「芸術の綜合化による大衆化」という花田理論の上に立って、壮士芝居や新派の方法を採り入れたり、当時流行した俗謡や俗曲もふんだんに使い、両国の川開きの花火まで打ち上げるんですからたいへんでしたよ（笑）。初演から五年後の六八年一月から二月にかけては、『爆裂弾記』を「明治一〇〇年批判公演」と銘打って再演したりしました。

丸山眞男が激賞した秋元松代の舞台

――演劇運動をしておられた十年間は、出版活動も非常に旺盛ですね。未来社の目録を見ると、文学・演劇だけでも、『木下順二作品集』全七巻（一九六一・七〜六三・十二。八巻、一九七一・五、増巻）、『花田清輝著作集』全七巻（一九六四・一〜六六・三）、尾崎宏次編『秋田雨雀日記』全五巻（一九六五・三〜六七・十二）、菅井幸雄編『小山内薫演劇論全集』全五巻（一九六四・十一〜六八・十）、中島健蔵・平野謙・花田清輝・豊島清史編『豊島与志雄著作集』全六巻（一九六五・六〜六七・十二）、『飯沢匡喜劇集』全六巻（一九六九・七〜七〇・九）など、巻数ものがまさに目白押しです。

松本　まあ、いろいろやってますけど、むろんその他、社会・人文科学関係の難しい研究書や、宮本常一さんをはじめとする民俗学関係や記録などを含めて、毎年平均六十点ほどの新刊を、三、四人からやがて四、五人に増強された編集の仲間ですすめていたわけです。いま影書房で「戦後文学エッセイ選」として刊行させていただいている島尾敏雄さんや長谷川四郎さん、そしてわたしが格別敬愛してやまない富士正晴さんと出会ったのもこのころです。橋川文三さんの最初の著書で、戦後屈指の名著と言われる『日本浪曼派批判序説』を企画し刊行したのも、六〇年二月でした。これらの方々についても、また別の機会にお話ししましょう。

——編集とは別に営業面では、六八年五月に、西谷さんの年来の願いであった書籍の注文買切制に踏み切りますね。出版界の商習慣である委託販売制をやめて切り替えるのは、よほどの決意がなければできないことだと思います。しかも、演劇運動の最盛期にですよ！

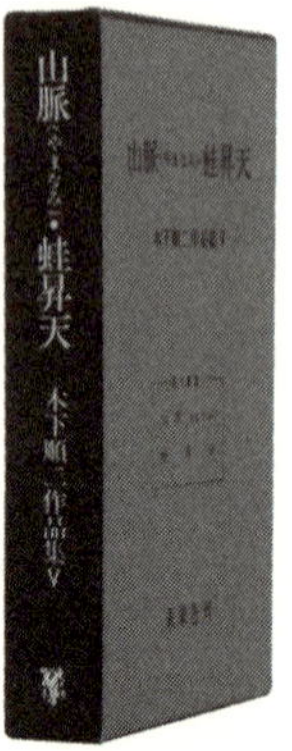

木下順二作品集V『山脈（やまなみ）・蛙昇天』貼函

松本　それは本当にたいへんでした。このあたりのことについては、こってりお話しすることがありますが（笑）、果たしてどれだけお話しできますか。なかでも、わたしにとっては、注文買切制と同時に創刊され、現在も続いている月刊誌「未来」の編集作業がいい経験になりました。創刊号から「著者に聞く」というインタビューを四十八氏にお願いして毎号連載したんですが、トップバッターは丸山眞男さんだったんです。そこで丸山さんが、演劇座公演の秋元松代《あきもとまつよ》さんの『常陸坊海尊《ひたちぼうかいそん》』を激賞されたことは嬉しかったです。かくして、演劇座でのわたしの仕事も、ある意味で公認（?）されたことになりましょうか（笑）。

——何より体力的にたいへんでしょう。でも昼と夜の活動がつながって、プラスに転化したとおっしゃりたいわけですね。

松本　そういうわけでもないですが（笑）。とにかく、わたしにとっては、編集者としてあらゆる意味でもっとも勉強を強いられた十年でしたね。たとえば『木下順二作品集』には、各巻末に、三十ページから長いのになると五十ページに及ぶ、木下さんとの「解説対談」というのがあって、対談者には内田義彦、竹内実、尾崎宏次、野間宏、丸山眞男、下村正夫、堀田善衞・猪野謙二（鼎談）、江藤文夫の諸氏が登場しています（この「解説対談」は、『木下順二対話集　ドラマの根源』として未来社で二〇〇七年十月に刊行された）。司会は先ほどの菅井さんですが、わたしも全巻出席しましたから、それなりの準備が必要で、司会に協力しなければなりません。

Ⅴ巻の『山脈（やまなみ）・蛙昇天』（一九六一・十）の対談者は丸山さんで、わたしはちょうどそのころ、先ほど申しあげたようにブレヒトにのめりこんでいたので、そのことを話しましたら、ブレヒトを知らなかった丸山さんは「面白いな、新しいね」と、すごく関心を示されました。この対談直後から六三年四月まで、丸山さんはハーバード大学に招かれたのを機に、米国からヨーロッパ各地を夫妻で旅行されたりしますが、帰国後お会いしたら、ドイツ語の原書でブレヒトをほとんど読破されていて、「いやあ、ブレヒトはすごいね」と言われたのには驚きました。

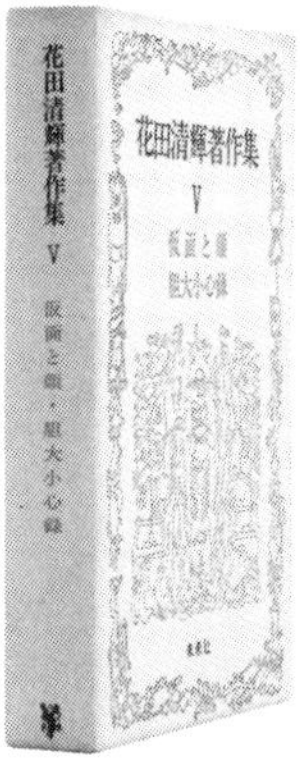

花田清輝著作集Ⅴ『仮面と顔・胆大小心録』貼函（装幀・中村宏）

——そういうことは嬉しいですね。

松本　そうですね。まあ編集者ができるのはそんなことぐらいですよ。他の企画について言うと、『花田清輝著作集』は、それまでの著作でほとんど構成しましたが、Ⅴ巻の『仮面と顔・胆大小心録』（一九六五・六）だけは違うんですね。これは、収録されなかった単行本や単行本未収録のエッセイから、「君が勝手に編集しろ」と言われて作ったわけで、それらを読みかえし、選択するのはひと仕事でした。花田さんはそうやって、編集者を自分と対等に尊重しながら、どうなるか見ていてやろうと、いわば力量を試してもいるんですよ（笑）。

豊島与志雄は、前にもちょっと触れましたが、西谷さんの明治大学文芸科での恩師で、花田さんの強い薦めもありましたし、わたしも愛読していたので力を入れたんですが、さっぱり売れなかったと思います（笑）。しかし最近の未来社の目録を見ると、完全に品切れですね。こういう作家が正当に認められるようになるといいですけどね。

また『飯沢匡喜劇集』は、巻末に、同じく菅井さんと共同で飯沢さんにインタビューした「演劇的自伝」を収め、全作品の解題はわたしがまとめました。これをたしか、武田泰淳さんが「毎日出版文化賞」に強く推したらしいんですが、未来社は印税の支払いがよくないという異見が出て、落ちたという噂を聞いたことがあります。「未払社《みはらいしゃ》」なんて（笑）陰で言われていましたからね。この全六巻は、『飯沢匡喜劇全集』として、新しい作品を増補し、豪華本で再刊（一九九二・七〜九三・五）されました。日本では喜劇というと低く見られがちなんですが、飯沢さんの仕事をあらためて高く評価したのは、花田さんなんです。「花田大明神」と言って、飯沢さんは亡くなった花田さんに感謝していました。

——演劇についても花田さんの協力は絶大だったんですね。

松本　そうなんです。演劇座の第五回公演では、発見の会と合同で六四年七月、廣末保さんの戯曲『新版　四谷怪談《うらおもて》』を上演したんですが、花田さんは、パンフレットで廣末さんと対談（「かぶく精神」）をしてくれたり、舞台稽古にまで来てアドバイスしてくれたりしました（この公演には、さきごろ亡くなった太田省吾さんなども演出助手としてかかわっていました）。『近松序説』に続いて、このころ、廣末さんの論考を『前近代の可能性』（一九六〇・二）とか、『芭蕉と西鶴』（一九六三・八）などにまとめていたのですが、花田さんはこれらを読んで、「前人未到の領域を開拓」する人と激賞していました。第六回公演（六五年二月）は、花田さんのテレビドラマ『就職試験』を舞台化したものと、長谷川四郎さんの戯曲『二つに割れば倍になる』の二本立てでした。長谷川さんとはそのころ、出版では、ブレヒトの『コイナさん談義』（一九六三・四）の翻訳や、連作小説集『目下旧聞篇《きょうかたるきのうのこと》』（一九六三・十二）などで、詩人の菅原克己さんとご一緒に頻繁に会ってはよく飲んでいましたから、戯曲を同時に頼んだのです。人を食ったなんとも奇妙な一幕劇でしたが、これも出版と演劇の同時進行というわけです。

『常陸坊海尊』は日本の戯曲史上ベストワン

——演劇座の存在を広く知らしめたのは、なんといっても秋元松代さんですね。私たちも見ていますから。

松本　ええ。秋元さんの『常陸坊海尊』を薦めてくれたのも花田さんです。未来社はかつて、薄い一幕ものの戯曲を三冊ケースに収めた「未来劇場」というシリーズを刊行していたことがあります。当時はガリ版なんかで作っていた台本の代わりになるため、学校や職場演劇をやっている人にはよ

『常陸坊海尊』公演パンフレット

『常陸坊海尊』の舞台（1967年初演、撮影・矢田金一郎）

く使われたんですが、そのなかに秋元さんの『婚期』（一九五四・七）もあり、『村岡伊平治伝』（劇団仲間公演）や『マニラ瑞穂記』（ぶどうの会公演）などをわたしは舞台でも見ていましたから、秋元さんには親しみを覚えていました。でも、『常陸坊海尊』は知らなかったんです。

この作品は、ひそかに六四年末ごろ書きあげられたまま、どの劇団も手をつけず、私家版（牧羊社、一九六四・十二）に収められていただけですが、読んで本当に驚きました。これは戦災孤児として見捨てられた子どもたちの悲痛な人生を、東北地方に伝わる超歴史的な、源義経にまつわる「海尊伝説」を織りこんで描いたもので、底辺に生きる民衆の現実を、これほど鮮やかに描いた戯曲は読んだことがありませんでした。日本の戯曲のほとんどは、知識人の苦悩が中心ですしね。まあ、驚いたり、ショックを受けたり、一目惚ればかりしていますが（笑）。いまなお、わたしはこの戯曲を日本の戯曲史上、ベストワンに挙げます。

――出ましたね、いつもの松本節が（笑）。ものすごい惚れこみよう。

松本　ビデオなんかなかった時代ですからね。舞台はすでに四十年も前に消えてしまっていますし、ここで作品論をやるわけにもいきませんので、読んでいただくほかありませんが、上演（六七年七月）の反響はすごかったですよ。先ほどの丸山さんは、「あまたの天皇制研究者はいるけど、この作品の右に出るものはないね」と、おおっぴらに言えませんから、ひそかに（笑）わたしに言われましたよ。そして、宿命的に日本人をがんじがらめにしている「土着的なもの」を、これほど痛く感じさせるものはないと言って、久しぶりに「運動としての新劇」に接したと絶賛されましたね。藤田省三さんも、「未来」誌のインタビュー「『高度成長』反対」（六九年五月）で、「全くビックリ玉手箱」と（笑）脱帽して、天皇制の自己矛盾を一身に背負わされる民衆の悲痛さを描ききった作品として敬服し、同時に秋元さんの独立した自由な精神に感心しっぱなしでした。

いわゆる劇評という範囲を超えて、他の分野でもこれほど多くの批評が行き交ったのも稀ではなかったでしょうか。花田さんは、パンフレットに、柳田國男が『遠野物語』のトビラに載せた「外国に在る人々に呈す。」という献辞を、この戯曲のトビラにも載せる必要があると書きました。まあ、新劇人のみでなく、日本の知識人と言われる人たちは、ほとんどが「外国に在る人々」ですからね。花田さんの、小さいですけど秋元さんをたたえた見事な文章のタイトルは、「大きさは測るべからず」で、同じ『遠野物語』の一節からとられたものです。

――しかし、その三、四年後に、演劇座は解散になる。それはどういう事情からですか。

松本　演劇座の崩壊過程についてはいろいろありますが、それは、小さな劇団の多くが辿る運命でもありますね。秋元さんも個性の強い方ですし、結局、俳優さんたちやスタッフとの折り合いがつ

秋元松代（撮影・矢田金一郎）

かなくなったんです。また例によって、わたしは庄幸司郎をひっぱり出して、わたしができなかった制作の仕事をやってもらったり、稽古場まで作ってくれたんですが、うまく言えませんが、逆に経済的きしみが生じてきたんですね。一般的に言って、どこにでもあるような人間的・経済的矛盾を克服できなかったんです。しかし小さな劇団はある時期、大劇団ではできない、際立った仕事をすることがあるんです。それは、劇団のみならず、出版界でも似たようなものではないでしょうか。

――その後、社会や時代が変わってきたこともありますね。

松本　おっしゃるとおりで、七〇年代に入り、高度成長が増進し、なにかそれまで必死になって進めようとしていた「戦後精神」が崩壊しはじめた時代でもありました。秋元さんもやがて、劇団民藝などを経て蜷川幸雄さんという大演出家と出会って、大人気スターなんかとともに『近松心中物語』などの絢爛豪華な大舞台を、帝国劇場で二カ月間公演されるほどになります。演劇座が小さな劇場で『常陸坊海尊』や、それに続く『かさぶた式部考』（併せて講談社文芸文庫一冊に収録）という名作を、それぞれ一週間ぐらい、持ち出してしか上演できなかったのとはケタが違いますよ。秋元さんが困難な人生を、みずからを決して偽らず生き抜き、数々の名作を残して晩年豊かになられたことは本当によかったと思います。朝日新聞社の「秋元松代賞」なども残されましたしね。

しかし、わたしたちの舞台と、どちらの舞台がすぐれていたかは別の問題だと思います。それは、それぞれの舞台を誰がどのように批評したかをくらべてみれば明らかでしょう。花田さんも、やがて七四年九月二十三日、まるで世をはかなむようにして、六十五歳で亡くなってしまいます。このあたりから、わたしはひとつの呪文を唱えるようになります。

――えっ、それはどういう呪文ですか。

松本　「魯迅・ブレヒト・花田清輝」です（笑）。ある喪失感と、これから来るであろう困難な時代を、「開けゴマ！」みたいに、この三人を師表に突破しなければならないと思ったんです。

13　竹林の隠者、富士正晴

一兵卒の視点から

——今回は、富士正晴さんについて伺います。富士さんといえば著名な文学者ですし、松本さんは格別な思いがあるようですが、その作品となると、一般にあまりなじみがありません。

松本　それは無理もありません。なにしろ戦後、やり返しむし返し、さまざまな「現代日本文学全集」なるものが刊行されましたが、『富士正晴集』なんて、二人組、三人組ですらただの一冊もありませんでしたからね。目くばり十分な本多秋五さんの、名著の誉れ高い『物語戦後文学史』（新潮社、のち岩波書店）ですら、富士さんの文学についてはただの一行もふれず、素通りと言っていいでしょう。本多さんには、『転向文学論』（一九五七・八）をはじめ何冊か評論集を作らせていただいて敬意を抱いていましたけど、そのことでちょっと苦情を書いたことがあります。

富士さんが死んだ翌年（一九八八）、ようやく『富士正晴作品集』全五巻が岩波書店から出ましたし、文庫判の「ちくま日本文学全集」に『富士正晴』（一九九三・六）一冊も入りましたが。わたし自身、これまでお話ししたように、東京在住の第一次戦後派作家たちに関心が集中していましたので、戦後も十年ほどたって、『贋・久坂葉子伝』（筑摩書房、一九五六・三）や、小説集『競輪』（三一書房、一九五六・十）、また「近代文学」「新日本文学」などに時折り発表される短篇を読むうち、だんだん惹かれはじめたといっていいでしょう。それで、『帝国軍隊に於ける学習・序』（「新日本文学」一九六一・一）を読み、どうしても作品集を作りたいと思ったんです。

富士正晴（1972年、自宅にて、撮影・矢田金一郎）

――具体的にはどんなところに惹かれたんですか。

松本　簡単には言えませんが、富士さんが長谷川四郎さんの名作『シベリア物語』や『鶴』などの作品を読んで感じとったように、軍隊とか戦争というものを、将校とか下士官などの高い目からではなく、一兵卒としての低い地面からの視点で観察し、描いていることでしょうか。それと、侵略された側の中国人に対する、民族を超えた親愛感と、同時に、日本の軍隊のダメさ加減を、実に乾いた批評的文体で描いているんです。そうした富士さんの姿勢は、なにも体験に根ざした戦場小説だけに限りません。だから、富士さんの書いたものを読んだり、その人柄に接したりしていると、いつの間にか身についてしまった日本的なまがいの知識人ヅラみたいなものが、ガラガラ崩れ落ちる気がするんです。

——もう少し詳しく教えてください。富士さんというと、「竹林の作家」ということだけが喧伝されていますが。

松本　富士さんは、戦争が終わったからといって、さあこれからだと、いい気になって新しい現実に飛びついたりせず、むしろ過去の「古い現実の補修」に、生涯こだわり続けたんですね。中国戦線に一兵卒として狩り出された折にも「戦時強姦をしない」と心に決めるんです。ということは、日本軍が、中国でいかにそういうことをやっていたかということです。そして、よく食べる、よく殴られる（笑）、必ず生きて帰ると自らに言い聞かせ、結局、鉄砲玉ひとつ撃たないで復員しました。しかし中国に対する加害者としての責任、痛みを忘れず、戦後の日本の豊かさなどに安易に乗っかることを恥じたんです。それゆえ大阪府茨木市のはずれの「丘の上のボロ家」で終生過ごし、みんなからは「竹林の隠者」などと言われました。けれども、なにも蛙のツラばかり眺めてのんびりしていたわけではなく、戦後の現実や文学に対する批評精神の鋭さは、人柄は違いましたけど、花田清輝さんと共通するものがあったと思います。関東と関西で、ふたりとも「動かざること山のごとし」（笑）ですから、せいぜい一、二度会ったぐらいでしょうが、お互いに敬意を払っていました。

富士正晴の絵（松本蔵）

売れない傑作

——未来社から出た富士さんの本は、最初は小説でしたよね。未来社では、めずらしかったんじゃないですか。

松本　最初に手がけたのは短篇集の『帝国軍隊に於ける学習・序』（一九六四・九）です。富士さんがそれまでに書いた戦場小説を七篇集めて、西谷能雄さんに企画を出したら、「なに！　あの富士君が小説を書いているの？」と驚かれましてね（笑）。というのは、戦争中の四二年から翌年にかけて一年ほど、弘文堂の京都店に、富士さんは編集者として勤めたことがあるんです。弘文堂は東京と京都に店があって、西谷さんは三七年の入社以来、両方を行き来していましたからよく知っていたわけです。それが幸いしたのかどうか、いつものわたしの誇大宣伝に乗ってくれて（笑）、割合すんなりオーケーしてくれたんです。

——面白いものですね。

松本　富士さんの場合と似たようなことが、富士さんの前に、橋川文三さんの『日本浪曼派批判序説』を出版するときにもありました（ちなみに、文三は正確にはぶんぞうではなくぶんそうです）。

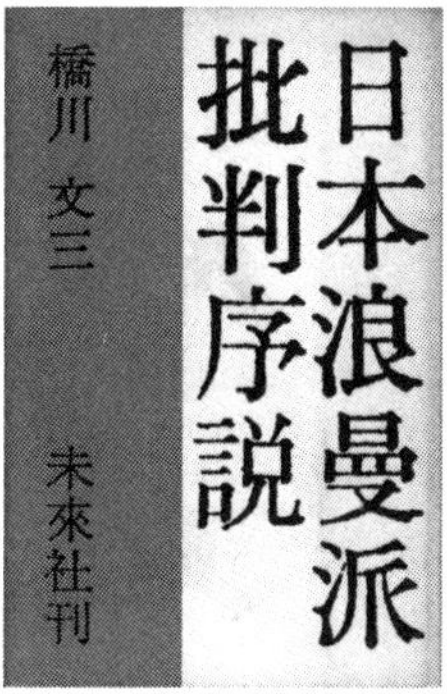

橋川文三『日本浪曼派批判序説』初版カバー（装幀・曽根元吉）

橋川さんの論考は、ピアニストとして著名な安川加寿子さんのおつれあいである安川定男氏などとやっていた同人誌「同時代」に、五七年から五九年にかけて六回ほど連載されたものです。その連載を読んで、戦争中のわたしのかすかな「保田與重郎経験」が根底からゆさぶられ、目からウロコが落ちるといいますか。それで西谷さんに企画を出しましたら、このときも「えっ、なに！　橋川君が何を書いてるの？」（笑）と、西谷さんはびっくりしました。なぜなら、橋川さんは、五〇年三月から翌年九月にかけて、弘文堂で西谷さんの下で編集者として働いていたからです。結核で入院、手術、失職するまでの一年半ほどですけど。

――松本さんのまわりは奇縁だらけですね（笑）。

松本　そうですね。おふたりとも偶然に西谷さんの手下で（笑）、旧知の仲だったのが幸いしました。しかも富士さんは、西谷さんの従兄にあたる、京都哲学派の西谷啓治さんに可愛がられていましたしね。弘文堂時代、「富士君は、仕事で出かけるといっては、啓治さんの家の二階で昼寝ばかりしていた」（笑）なんて、西谷さんが言ってました。それで思い出しますが、西谷さんといっしょに関西方面に出張したときは、必ず啓治さんのお宅が定宿《じょうやど》で、二晩も三晩も泊まってあっちこっち仕事をしていました。菓子折りひとつの手みやげで宿賃の節約ですよ（笑）。いつ行っても変わらない、庶民的で気さくな夫人のおもてなしには心打たれましたし、啓治さんも何ひとつ口出ししない泰然とした人柄で、いつも朝まで書斎にこもっていました。橋川さんには、言うまでもなく丸山眞男さんのバックアップもあったと思います。橋川さんの本は、以後、翻訳も含めて六冊ほど手がけましたし、機会を変えていろいろお話ししたいですけどどうなりますか。

――富士さんの最初の本の反響はいかがでしたか。

松本　『帝国軍隊……』は直木賞の候補にもなったんですが、せいぜい二千か三千部ぐらいしか売れなかったんじゃないですか。わたしは、未来社じゃおカネは頼りないから、他の出版社がなんとか富士さんに注目して、本を作ってくれて印税がいくらかでも入るようにならないかと思っていました。それでその年、六四年十二月に、戦場ではなく戦後を題材にした短篇七篇を集めた『あなたはわたし』も未来社から出したんですが、これがまた前の本に輪をかけたようにさっぱり売れない(笑)。しかもこの二冊に収めた短篇は、ほとんどが「近代文学」や「新日本文学」、そして富士さんがはじめた同人誌「VIKING」に書かれたものですから、富士さんにはもともと一文《いちもん》の原稿料も入っていないんです。

久坂葉子の死

――売れない話ばかりですが、そのころ富士さんは何で生計を立てていたんでしょう。

松本　どうやってたんでしょうかね(笑)。しかもさきほど、「補修」と言いましたけど、ただ戦争で傷ついたものの補修をやっていただけじゃないんですね。富士さんは、冠婚葬祭なんかにはいっさい顔を出さないと決めていた人ですけど、同時代で親しかった文学者や友人などが先立ったときには、実に手厚く、追悼の思いをこめて多くの補修の仕事をしたんです。むろんあまり生活の足しにならないことばかりですが、たとえばそのひとりが竹内勝太郎です。富士さんがまだかろうじて京都の旧制三高に在学中の一九三一年、十八歳ぐらいのとき、訪ねて行った志賀直哉に竹内勝太郎を紹介さ

竹内勝太郎

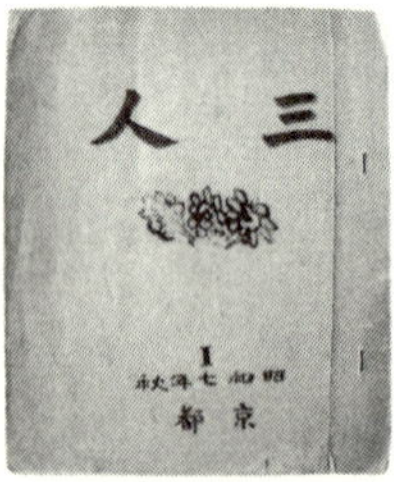
同人誌「三人」創刊号

れてからすっかり傾倒し、翌年には有名な同人誌「三人」を、野間宏さん、桑原静雄さんと創刊し、詩作などに励みます。しかしその代わり、さっぱり学校の教室には顔を出さないものですから、落第を重ね、とうとう三五年には三高を退学してしまいます。しかもその年の六月二十五日、四十一歳で竹内勝太郎が黒部渓谷で墜死してしまうんですね。すると以後、富士さんは、猛然と師の遺稿の整理に没頭して、詩集や著作集の刊行などに、生涯をとおして全力を傾注するんです。それが、ずっと先のことになりますけど、七七年一月にようやく未来社で刊行した『竹内勝太郎の形成――手紙を読む』にまでつながるわけです。

ちなみに、「三人」のメンバーのひとり、桑原静雄さんは、筑摩書房の社長もやった竹之内静雄さんの旧姓で、もうお亡くなりになりましたが、この本と「三人」にふれて「未来」に連載してもらったことがあり、お宅におうかがいしたこともあります。

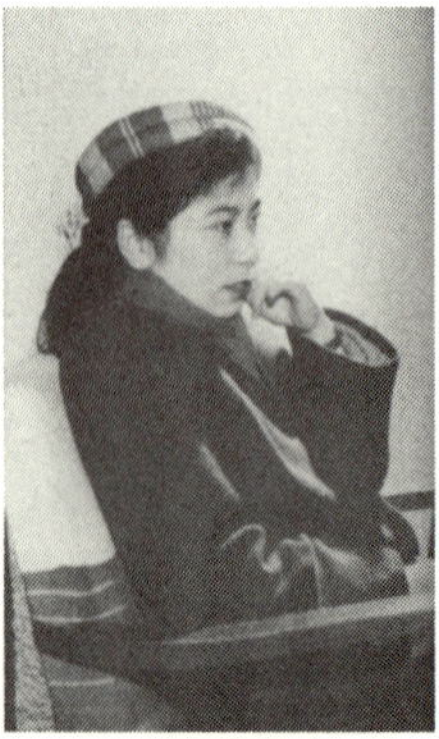
久坂葉子

――芥川賞候補になりながら若くして自殺した久坂葉子《くさかようこ》に対しても、富士さんは力を入れたそうですね。

松本　そうなんです。「VIKING」のメンバーだった久坂葉子の才能を富士さんは高く買っていて、たいへん可愛がっていたんですけど、五二年十二月三十一日、大晦日の夜、京阪神（今の阪急）電車の六甲駅で飛びこみ自殺してしまうんですね。二十一歳でした。小説『贋・久坂葉子伝』の冒頭に、それとほぼ同じ時刻、富士さんの寝床に久坂葉子がもぐりこんできて、体にからみついてくる夢をみるところが書かれています。「彼女は目的を果たした」なんて、富士さんは微妙な書き方をしていますけど（笑）。この夢を見た話はフィクションではなく、事実なんです。それで翌日の元旦、お客たちと焼酎や酒をなんとなく重苦しい気分であおっていると、そこに「クサカシスオイデ　コウ」という電報がとどくんです。そのときにいたお客のふたりを、富士さんは、「若い無名の小説家とその妻である和服姿の晴着の詩人」と書いていますが、そのふたりとは、数年後に芥川賞をとる若き日の開高健さんと牧羊子さんです。この小説は、「近代文学」に連載され、それが臼井吉見氏の目にとまって、富士さんの最初の単行本となったわけです。以後、久坂葉子の小説集や詩集などの出版に、富士さんは、さまざまな仕方で尽力しました。

そのほか、親交の深かった伊東静雄、大山定一、榊原紫峰、花柳芳兵衛といった人たちの仕事の評価・補修に尽くした著書も多いですね。富士さんの最後の著書となった『恋文』（彌生書房、一九八五・十二）は、妻を亡くした五十五歳の舞踊家・花柳芳兵衛と、愛人の二十四歳の女弟子との、実際のラブレターと愛の日記をそのまま収めて、ところどころに富士さんが、「ノンキナモノデアルナア」なんて（笑）、小さなコメントを入れただけのめずらしい作品で、傑作ですよ。

『恋文』貼函・帯（装幀・田村義也）

――面倒見のよい方なんですね。

松本　ほんとにそうです。失礼ですけど、初めて「丘の上のボロ家」を訪ねたときは驚きましたよ。それまでに手紙のやりとりとか電話の応答などはありましたけど、会った途端、長年つきあってきた著者・編集者といった感じで、まったくわけへだてのない、まさに自由な精神の持ち主とはこういう人かと思いましたね。初めから、出版の打ち合わせなんかはお前さんが好きなように勝手にやれ、というわけで、あっという間に終わり、あとは関東の学者や作家の悪口や噂話などをサカナに（笑）、ウイスキーを飲みながらダベり続けるんです。ご存じと思いますが、富士さんの妹の光子さんは、野間宏夫人です。いまもお元気で、ときどき電話で近況を話し合ったりしています。

記念館に八万点の資料を残す

松本　富士さんと野間さんとは、「三人」以来の親友といっていい仲ですが、人柄は対照的といいますか、三高時代、いっしょに下宿していたときなど、野間さんが机にかじりついてヴァレリーなどを一生懸命勉強している姿を見ると、富士さんは「うんざりしてゴロゴロ寝転びたくなるんや」（笑）なんて言ってました。それで富士さんは、仏文科の伊吹武彦先生の説得にもかかわらず、みごと落第、退学してしまうわけです。学校は上へばかり卒業するもんじゃなくて、横へ卒業する仕方もあるという富士さんの持論の、身をもっての実践です。でも、「横へ卒業」って、うまい言い方ですけど、つまりは退学ということじゃないですかね（笑）。

――いかにも旧制高校生らしい、人を食った話ですね。

松本　だんだん調子が上がってくると、「あんな辛気くさい西谷の未来社なんか、さっさとやめてこっちに来いや」（笑）なんて過激な話まで飛び出しますしね。少しずつ改装はされましたけど、初めてわたしが訪ねた六〇年代初頭ごろは、家のなかを歩くと畳や廊下がギシギシ沈むようでした し、入り口のガタガタの重い引き戸には鍵なんかなくて、寝るときは昔ながらの心張棒《しんばりぼう》を支《か》うんです。さて、夜も更けたし寝るかという段になると、来客に応対する富士さんの、書斎というより座り机や本や資料や日用品、その他ガラクタがつまって、二方が本棚と押し入れの古びた六畳ほどの片隅に、わたしは蒲団を敷いてもらって寝るわけです。便所となると、夜中は夫人や子どもさんたちが寝ているところを通らねばなりませんから、「ションベンはこれにしろ」と、富士さんがバケツを廊下に置いていってくれるんです（笑）。いくらなんでも、バケツにはねえ。

——まさに「竹林の隠者」にふさわしいお話ですね。

松本　むろんこれはもう四十数年も前の話で、富士さんが亡くなったいまは、その家ももはや跡形もなくなってしまっているでしょうけど。しかし大阪の茨木市立図書館の一角にある富士正晴記念館には、その居室がそっくりそのまま再現されています。一度だけ訪ねたことがあるんですが、書籍・原稿・手紙・日用品をはじめ、富士さん独特の書画・版画など八万点が所蔵されていて、ひとりの文学者が残したものとしては最大級と言われています。竹内勝太郎関係の資料などは当然ですが、志賀直哉や若き日の三島由紀夫の手紙もあります。戦争中の四三年、弘文堂をやめて七丈書院という出版社に富士さんはいたことがあるんですが、そのときに、まだ十八歳だった三島由紀夫の初めての作品集『花ざかりの森』の出版に奔走しているんです。そのことを三島由紀夫は感謝して

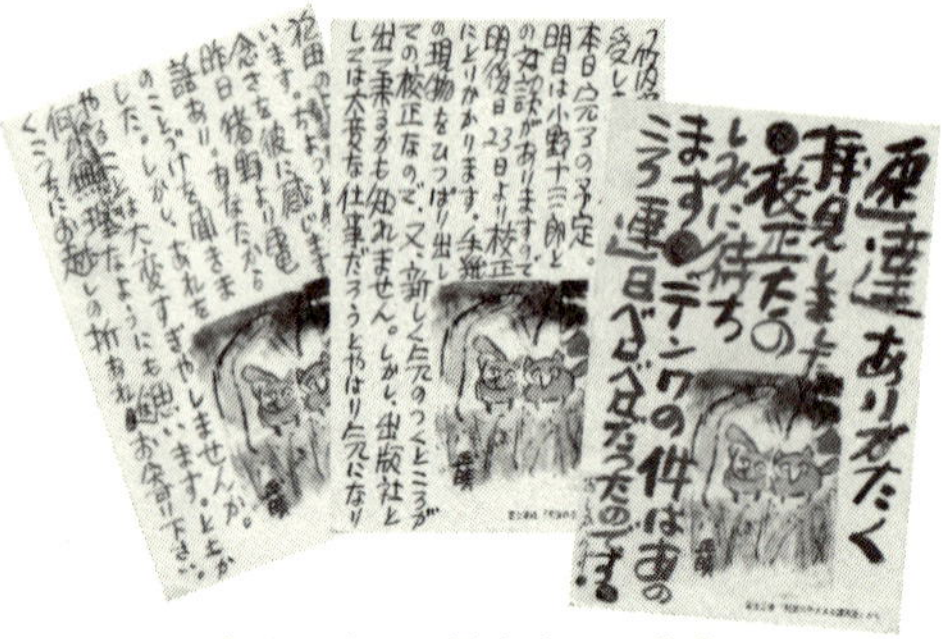

富士正晴から松本宛ての葉書

います。

富士さんは、いかにも小さなことにこだわらない、奔放な人のようですが、極めて繊細に気を遣う方でもあり、また受け取った手紙などはきちんと保存していましたので、記念館には五万通ほどの手紙がファイルされているそうです。わたしが送った若気の至りの手紙も何通かあったので、見せてもらい、恥ずかしかったですけどね。執筆した新聞なども切り抜いてスクラップにちゃんと貼っていましたし、電話などをかけると、壁に貼った大きな紙に誰にかけたかしるしをつけたりしてました。記念館の座り机の脇に「坐而不悟《ざしてさとらず》」の書がありましたが、同時に「坐而不動《ざしてうごかず》」、来客は拒まず温かく迎えました。外出といえば、竹やぶや雑草の生い茂った庭か、せいぜい近くの酒屋と郵便局に出かけるぐらいですから、電話は富士さんの唯一重要な外界との連絡通路でした。

もう十数年がたちますが、わたしが記念館を訪れたとき、館内には、富士さんが好きだったエリック・サティのピアノ曲が静かに流れていたことを思い出します。

――三島由紀夫とエリック・サティですか……。

島尾敏雄と「VIKING」

——富士さんには、ほかにも有名な同人誌の活動がありますね。

松本　富士さんが立派なのは、中国から復員した翌年の四七年十月、同人誌「VIKING」を八人の友人たちと創刊し、以来、さまざまな批判・分裂などの波浪を乗り越えて航海を続けさせたことです。いまも海賊船は航行中で、昨年（二〇〇六）末で六七二号に達しています。富士さんは、中央の文壇などにはまったく目もくれず、文学団体の役職なども軽蔑していて、親しい仲間たちと自由平等に、カネもうけにもならない同人誌をやることが好きだったんですね。

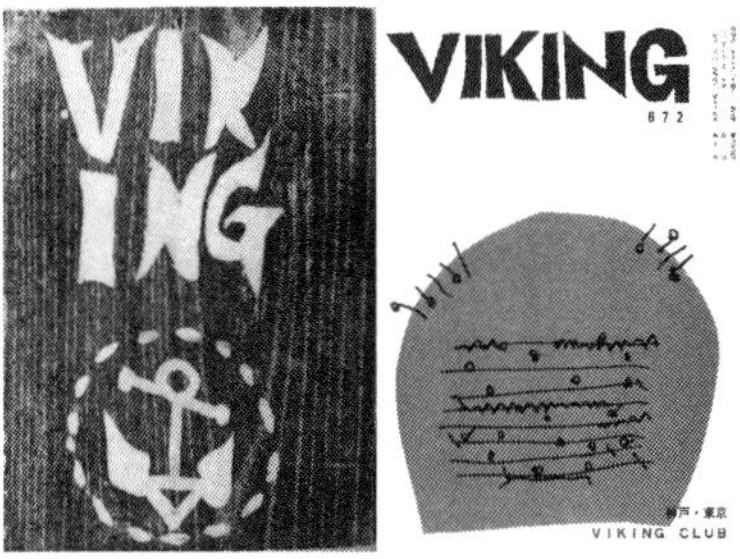

「VIKING」創刊号（左）と672号

その創刊同人のひとりに島尾敏雄さんがいます。実は、富士さんを知るよりも早く、わたしは島尾さんの著書にかかわったんです。『帰巣者の憂鬱』（みすず書房、一九五五・三）や『夢の中での日常』（現代社、一九五六・九）などの短篇集に惚れこんでいたのですが、夫人のミホさんが病を得て、五五年、島尾さん一家は奄美大島の名《な》瀬《せ》に移住、やがて「新日本文学」に「名瀬だより」を連載します。そのとき編集部にいたのが、この聞き書きにときどき登場する玉井五一で、彼が出版を勧めてくれたんです。それが島尾さんの本を手

島尾敏雄とミホ夫人

がけた最初で、『離島の幸福・離島の不幸——名瀬だより』(一九六〇・四)です。これはわたしがつけた書名で、みなさんにはひどい書名だと評判が悪く、お恥ずかしいことです(笑)。

　書名といえば、次に、島尾さんのそれまでのエッセイを全部集めた『非超現実主義的な超現実主義の覚え書』(一九六二・六)を出しました。これは収録したエッセイのタイトルから、これだと思って勢いこんで書名に選んだんですが(笑)、埴谷雄高さんの書名と同じく、書店で注文するときなど、読者は口ごもってしまいますよね。やっぱり売れませんでしたが、貼函入り上製本で、部数も少ないし、いまやその書名のめずらしさも手伝って、古書店では割合、高値を呼んでいるらしいですよ。

——そこまでくると、なんとも言いようがありませんね(笑)。

松本　そのころ、晶文社にいた小野二郎さんが、それまでの島尾さんの小説を全部収めた『島尾敏雄作品集』(全四巻、一九六一・七〜六二・八。五巻、一九六七・七、増巻)をみごとに出されましたし、芸術選奨を受賞した『死の棘』(講談社、一九六〇・十)をきっかけに、それに続く、いわゆる「病妻もの」と言われる作品が広く評判になり、島尾さんは一挙に有名になったといっていいでしょう。未来社としてはその後、エッセイ集『私の文学遍歴』(一九六六・三)一冊があるだけです。くり返しますが、小出版社には、どうしても小説は不向きなんですね。ある程度の部数を出さなければならないし、そのためには宣伝力が必要になりますから、大出版社にはかないません。

しばらく前、「戦後文学エッセイ選」の『島尾敏雄集』の刊行の件で、久しぶりに名瀬にお住まいの島尾ミホさんに電話しましたら、「毎日、マヤの写真の前で泣いているのよ」と言われ、胸がつまりました。お嬢さんのマヤさんを、逆順で亡くされていますからね（ミホさんも二〇〇七年三月に亡くなられた）。島尾さんの本を作っていた六〇年代に、たしかマヤさんだったか、講談社の裏の東大附属病院に入院されていたことがあったと思いますが、快癒されて退院し、名瀬に戻るために、荷造りのお手伝いにかよったことなどを、ふと思い出したりします。ご子息の伸三さんは、潮田登久子さんとごいっしょに、すぐれた写真の仕事をされていて、エッセイストとしても知られる方です。

――富士正晴と島尾敏雄のつながりなど、いまや知る人も少ないでしょう。

松本　ところが、島尾さんは五一年末ごろ、富士さんと意見を異にして、「VIKING」を脱退してしまうんです。島尾さんにぞっこん惚れこんでいた富士さんは、ずいぶん悲しんだらしいですけどね。わたしはといえば、小説でだめなら、富士さんのエッセイ集はどうかと、『贋・海賊の歌』（一九六七・十二）をしばらく間をおいて作ったんですが、これもまた売れません。この書名は、『贋・久坂葉子伝』と「VIKING」を組みあわせて、当時としては苦心の作（笑）のつもりだったんですが。こうも売れないと、さすがのわたしも企画が出しにくくなってしまいました。幸いなことに、いくつかの出版社に富士ファンの編集者がいて、六九年末から七〇年代にかけては、毎年のように富士さんの本がどこからか出版されるようになり、助かりました。

大著『竹内勝太郎の形成』

——松本さんが手がけた、すごい本もあるらしいですね。

松本　それが先ほど申し上げた『竹内勝太郎の形成』で、未来社での富士さんとの最後の仕事です。これは、岩波書店の「文学」に六九年一月から一年間連載されていたんですが、えんえん終わらないので、岩波もあきれたんじゃないですか、打ち切りになり、のち「ＶＩＫＩＮＧ」にまた一年連載されたものです。連載がはじまってすぐに、わたしは出版することを決意しましたので、ほぼ十年がかりの仕事です。というのは、決意を富士さんに伝えたものの、枚数がどんどん増えて、これまでの著書以上に売れるみこみがないので、社の経済状態を考えるとなかなか踏みきれなかったんですね。

そのうち、富士さんが『韜晦亭《とうかいてい》雑談』（「群像」、一九七五・四）という小説を発表したんですが、そこで、花田清輝らしき人物との対話があり、わたしらしい編集長が、未練をもって出す出すと言ってるが、一向に出ない、待って待っているが仕方がないのでガリ版ででも出すか、しかしもう歯がだめだからガリ切りはできん（笑）なんてくだりがあったんです。なんとも申しわけないと、そこで決意を実行に移すべく敢然と立ち上がり（笑）、西谷さんのご機嫌のいいときを見はから

『竹内勝太郎の形成』貼函

って印刷所にぶちこんじゃったんですよ。これを当時、いっしょの編集部にいて、のち影書房を共に創業した米田《よねだ》卓史《たかふみ》さんが、わたしを上回る熱意で猛然と仕上げてくれたんです。富士さんは深夜の電話魔として有名で、悪口雑言や愉快な話を三十分や四十分ぐらい続けるのはざらですが、この本ができたときは、まじめな口調で「よくやった」と褒めてくれました。何しろA5判上製・貼函入り、8ポ二段組六百ページ、当時としてはべらぼうな値段の七千八百円ですからね。未来社には負担をかけたんじゃないですか。「図書目録」には、三十年たってもいまだにちゃんと残っています（笑）。

影書房での富士正晴と原稿筆蹟（『作家の肖像』影書房刊、撮影・佐川二亮）

――壮絶というか、執念というか……編集者魂ですね。その後、富士さんとのおつきあいはどうなったんですか。

松本　影書房をはじめてからも米田さんといっしょに訪ねて、エッセイ集『乱世人間案内』（一九八四・六）を、米田さんの編集で作りました。富士さんは、亡くなる前年の八六年十月、家の改装というか静養のため、大嫌いな新幹線に乗せられ、大嫌いな東京の、長女の家に移り、翌八七年三月末まで滞在しました。酔っぱらってばかりいるので、家族から禁じられていたウイスキーを、わたしは命令どおり、こっそり持って（笑）会いに行ったりしました。

　これは記録がありますので、日付がはっきりしているんですが、三月十七日夕刻五時ごろ、未来社からも『原爆民衆史』（一九七七・七）を刊行してくれた長岡弘芳さん――のち、自死されました――に連れられて、富士さんが影書房の事務所に現れたんですね。富士さんを高く評価していた藤田省三さんを呼んで、大いにみんなで気焔を上げたんですが、酔っぱらってふらふらの富士さんを、たまたま社にいた女房と抱きかかえるようにして、終電車でようやく埼玉県S市の共同住宅《アパート》の自宅まで連れてきて、泊まってもらいました。翌日は、また朝からウイスキーを飲んで、滞在先まで車で送ったりしました。そして富士さんは三月末、大好きな茅屋《ぼうおく》に再び戻ったんですが、わずか四カ月後の七月十五日午前七時ごろ、急性心不全で、たったひとり、だれにみとられることもなく亡くなりました。七十三歳でした。「余り長寿にならぬうちにポコリと死にたいのがわが望み」と言っていたとおりの死でした。まるで、東京にいる友人たち一人ひとりに丁重に別れの挨拶をするために、我慢して新幹線に乗ってやってきたかのようでしたね。わたしにとって、本当に忘れ難い、温かい人でした。

14　野間宏の独特な精神の「迂廻路」

『暗い絵』からペンネームをもらう

――野間宏さんについては、これまでところどころで話が出ましたが、あまり詳しくはうかがっていません。どのようなおつきあいだったんですか。

松本　野間さんと出会ったことが、わたしの編集者としての道を決定したと言っていいのですが、それはともかくとして、敗戦翌年の一九四六年四月に創刊された「黄《き》蜂《ばち》」という雑誌があります。

「黄蜂」2号

「黄蜂」は、いわゆる三号雑誌だったんでしょうか、いま、わたしの手元には「二號」（一九四六・八）しか残っていませんが、この目立たない雑誌に、三回に分けて連載された野間さんの小説『暗い絵』は、わたしに「戦後文学」の衝撃的な幕開けを実感させた作品でした。これはだれもが言うことですが、小説冒頭の「草もなく木もなく実りもなく吹きすさぶ雪風が荒涼として吹き

『暗い絵』表紙（装幀・富士正晴）

過ぎる。」の一文ではじまるブリューゲルの絵の描写には、まさにびっくり仰天、すっかりイカレたものです。しかし、野間さんの友人だった内田義彦さんには、原稿の最初の一枚を見せたとたん、「こんなのは小説じゃない、書き直せ」と言われた（笑）という風説があります。内田さんはそのころ、野間さんや木下順二さん、森有正さんなどの『資本論』講読のチューターだったんですけど、そんな忠告に従わなくてよかったですね。

——野間さんは、戦後文学運動の先頭を担ったといってもいい方ですよね。

松本　おっしゃるとおりで、一時期、野間さんのねちねちした文体を真似た下手な小説なんかを、わたしも同人雑誌に書いていたことがあります。

——芝居だけじゃなく、小説も書いていたんですか！　いろいろやっていらっしゃいますね（笑）。

松本　おはずかしい話で、若気の至り、絶対だれにもお見せするわけにいきません（笑）。しかしもう時効のようなものですし、知っている方もいますから申しあげますと、五五、五六年ごろから七〇年代はじめまで、同人雑誌に小説を、「新日本文学」「キネマ旬報」などに雑文を書いていたんです。そのとき使っていたペンネームは、『暗い絵』に登場する羽山純一と永杉英作を合成したもので、「羽山英作」といいます（笑）。勢いあまって、六〇年に生まれた息子の名前まで、主人公の深見進介からいただいて進介にしちゃったことは前にもチラリと触れましたが、野間さんと『暗い絵』にぞっこん惚れこんでいた何よりの証拠物件というほかありません。文学青年が往々にして陥る「通過儀礼」というか、ハシカのようなものですよ（笑）。

――すごい惚れこみ方ですね。

松本　演劇運動の挫折とともに、そのペンネームは永久に地下に葬り去りましたけどね。

――小説は、どういうきっかけで書きはじめたんですか。

松本　未来社に入社して最初に手にした新刊は『木島始詩集』（一九五三・五）でした。その帯の推薦文に、野間さんが、たしか木島さんを「天才詩人」と書いていたので驚いた記憶があります。事実、優れた詩集でした。間もなく木島さんとわたしは親しくなり、野間さんを慕ったメンバーが集まっていた「トロイカ文学集団」へ、その中心的存在だった木島さんから、玉井五一とともに誘われたんです。木島さんは残念なことに、二〇〇四年八月に七十六歳で亡くなられましたが、未来社では、ラングストン・ヒューズやポール・エリュアールの先駆的訳業があり、またデュボイスの古典的名著『黒人のたましい』（鮫島重俊・黄寅秀との共訳、一九六五・十二）は、のちに岩波文庫にも入り、〇六年九月には未来社で復刊されました。関根弘さんなどとの詩誌「列島」を出発点とする木島さんの、生涯にわたっての詩人・作家としての仕事は、晩年、「四行連詩」という運動に結実しました。

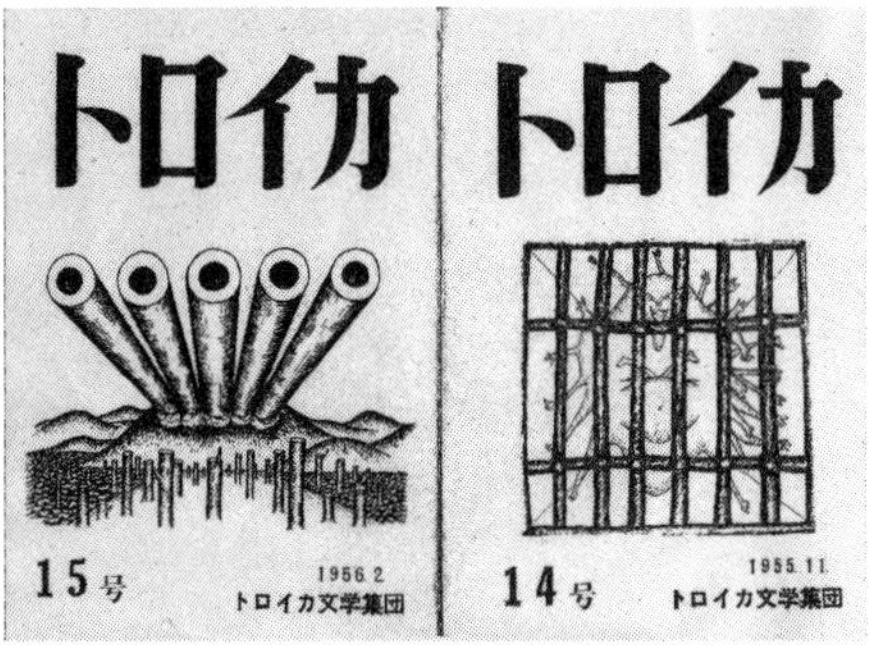

「トロイカ」14・15号（表紙絵・河原温）

――ほかにはどんな方との交流がありましたか。

『私の天皇観』カバー・帯

松本　同人たちではいろいろな方を思い出します。なかでも渡辺清さんは、のちに『戦艦武蔵の最期』（朝日新聞社、一九七一）などを書きましたが、その前身とも言うべき、壮絶な武蔵爆沈の体験を短篇にして、すでに同人誌「トロイカ」に書いていました。渡辺さんの『私の天皇観』（辺境社発行・勁草書房発売、一九八一・八）や『砕かれた神――ある復員兵の手記』（岩波現代文庫、二〇〇四・三。一九七七年の評論社版、一九八三年の朝日選書版の復刊）などは、かつての天皇制支配下の戦争責任を根底から批判したすぐれた著書として、わたしは高く評価しています。渡辺さんは、「天皇を頂点とするこの国の腐れた横っつらに一打ちくらい喰らわしてから死にたい」と言いながら、八一年七月二十八日、無念にも五十六歳でがんで亡くなりました。「わだつみのこえ」を発行している日本戦没学生記念会事務局長を務めていましたが、その遺志を夫人の総子《ふさこ》さんが継ぎ、いまもその職務をまっとうされています。野間宏・光子さん夫妻の媒酌で、渡辺さん夫妻が結婚された際、わたしも友人として出席していた写真を、すっかり忘れていたんですが、数十年ぶりに総子夫人にいただいて何か万感の思いがありましたね。

伝説の編集者・坂本一亀のこと

――野間さんは不思議な方だったと聞きますが、実際にはどういう方でしたか。

松本　岡本太郎さんの「ノロマヒドシ」という名言を前に紹介しましたが、野間さん独特の悠然とした、人との応対の仕方には特別の雰囲気がありました。埴谷雄高さんは、同時代の友人たちに対する見事な評言を数多く書かれていますが、野間さんは、まるで細い目をした象のように、感覚が皮膚と肉を十数枚重ねた遥か彼方の奥の「迂廻路」を通ってくるので、すべてがすぐにはぴんと来ない人だと書いています（笑）。だから、だれかから悪口を言われても、その場ではなんとなくにこにこ聞いていて、やがて玄関に帰りついたあたりで、霹靂《へきれき》のごとくそれが悪口だったことに気づいて怒りがこみあげる（笑）というんですが、いや、まったくうまいことを言いますね。

七七年でしたか、土本典昭さんたちが水俣病の記録映画を持って、九州一円を巡回上映する旅へ出発する壮行会を、神田一ツ橋の学士会館で開いたことがあります。水俣から石牟礼道子さんも駆けつけて盛大でしたが、そのとき、乾杯の音頭を野間さんがとることになったんです。ビールがつがれ、みんながコップを手にしたんですが、音頭どころか、野間さんは、特有の重たいゆっくりした口調で、言葉をたしかめながら、えんえんと演説をはじめたんです（笑）。やがてビールの泡は消え、みんなだんだん手が疲れてコップはテーブルに逆戻り。それでも野間さんは微動だにせず、二十分ほど経ってから、「音頭」をとったんじゃなかったですか（笑）。

——野間さんの巨体と声が髣髴《ほうふつ》としてきます。

松本　そのくらいの堂々とした度胸がなければ、中断していた『青年の環《わ》』全六部を、二十三年もかかって八千枚書き直

『青年の環』初版カバー
（1949年4月）

坂本一亀（2002年10月、「坂本一亀を偲ぶ会」パンフレットより）

し、書き足して、完結させるなんてことはできませんよ。野間さんは、これは「やむにやまれぬ八千枚」で、長すぎるという人もいるが、決して縮めることのできない「八千枚」だと断言しているんですから、すごいですよ（笑）。果たしてどれだけの人が完読できたんでしょうかね。実はわたしも中断のままで、野間さんがご存命中にはとても申しあげられなかったことで、ここでお詫びします（笑）。

——八千枚！　出版社、編集者もよく粘って耐えたものですね。

松本　そのことでは、なんといっても河出書房の編集者・坂本一亀《かずき》さんのことが忘れられません。わたしたちは、ふつう、「イッキ」さんと呼んでいて、ときには親しみをこめて「ワンカメ」さんなんて言っていました。二〇〇二年九月に亡くなりましたが、戦後文学の代表的作品を数多く世に問うた編集者として、もはや伝説的人物と言えるでしょう。わたしも親しくおつきあいさせていただきましたが、野間さんの『青年の環』にかけた情熱というか執念は、並大抵のものではなかったと思います。当時、直接担当した田邊園子さんのご苦労も仄聞《そくぶん》していますけどね。何しろ校正が出てからでも何百ページも書き足したり、ゲラを真っ赤にするほど手を入れたりするんですからたまりません。まだ活版印刷の時代ですよ。

それはともかくとして、坂本さんは、それらの日ごろの鬱憤が蓄積していたんでしょうか、呑み屋などでアルコールがまわりはじめると、「野間！」「埴谷！」「井上！」などと著者を面と向かって呼び捨てるんですからびっくりです（笑）。井上光晴さんとは、「書き直せ！」「書き直さない！」とやり合って、取っ組み合いまで演じたという伝説があります。

——信頼関係があってこそ、そういうことができたんでしょうね。

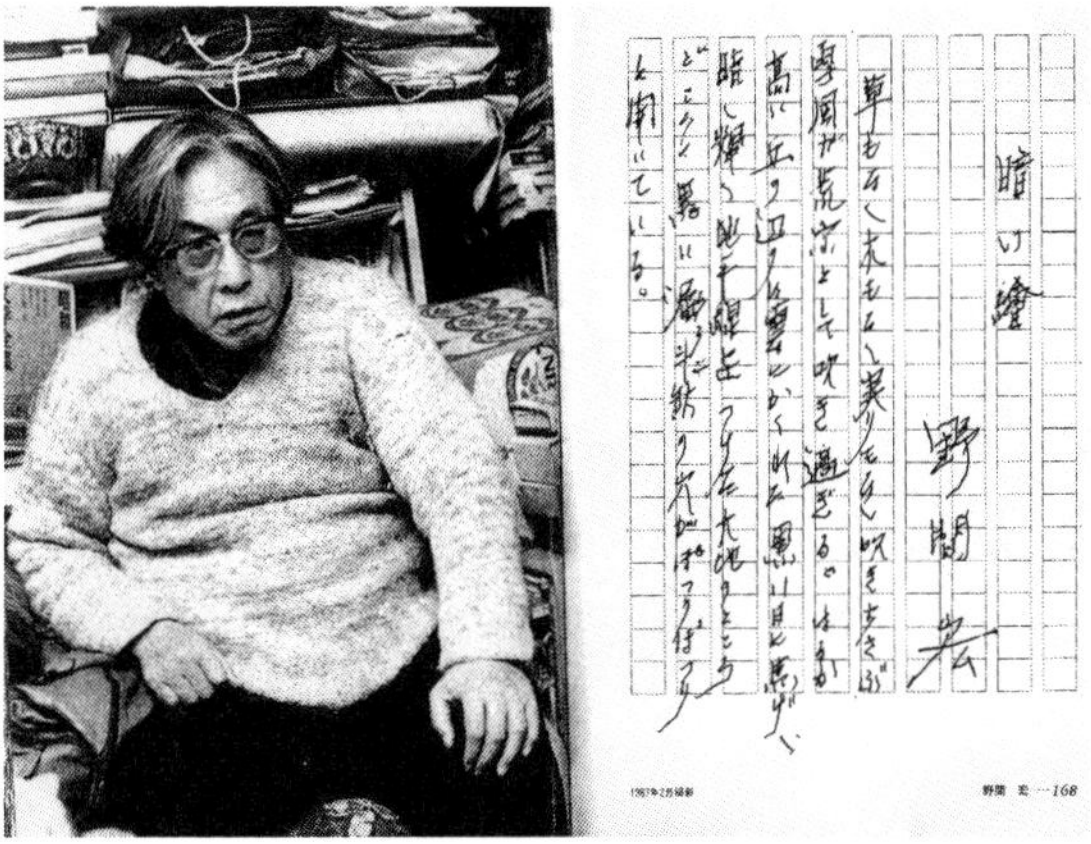

野間宏と『暗い絵』の冒頭を新たに書いた原稿筆蹟（『作家の肖像』影書房刊、撮影・佐川二亮）

松本　血の気が多いというか、わたしなどには及びもつかないほど、作品に対して真剣そのものの方でしたね。影書房をはじめて間もなく、坂本さんの書かれたエッセイをまとめたいと思い、井上さんによくご馳走になった新宿の天ぷら屋「つな八」で、米田卓史さんと一緒に坂本さんと呑んだことがあります。気難しいところのある人でしたが、わたしにとってはたいへん話しやすいというか、おつきあいが楽しい先輩編集者でした。このとき坂本さんは出版を頑《かたく》なに固辞されて、結局、本はできませんでした。その店を出るとき、店の女性たちに、「この方は、坂本龍一さんのお父さんですよ」と言ったら、「今度、龍一さんを連れてきて！」と女性たちに取り巻かれ、坂本さんは、「そんなこと知るか！」と本気で怒っていました。鬼気せまる編集者のひとつの典型的人物として、忘れられない方ですね。

六〇年代半ば過ぎごろでしたか、野間さんが、坂本さんや田村義也さんなど、十人ほどの編集者を招いてご馳走してくれたことがあります。わたしも呼ばれていて、その前にたまたま建築の打ち合わせで庄幸司郎とフランス文学者の篠田浩一郎さんと会っていたので、誘って一緒に行ったんです。すでに庄さんは野間さん宅の増改築をやっていて、野間夫妻とは親しくなっていましたから、野間さんはむろん喜んで迎えてくれたんですが、だんだん宴たけなわとなるや、すっかり酔っ払った庄さんが、野間さんの前にデンと座りこみ、「野間さん、あなたは日本共産党を評価し、『赤旗』をしっかり読みなさいとわたしに勧めておきながら、さっさと党を離れてしまいましたね。その責任をとってください」と、庄さん得意のからみがはじまったんですねえ（笑）。内心弱ったなあと思っていたんですが、野間さんは、実に真剣な表情で、「責任はとります」とまともに答えたんです。あとで、どう責任をとったのかは知りませんけど（笑）、そのときの野間さんらしい堂々とした応答は、強く印象に残っています。ちなみに、庄さんと一緒だった篠田さんは、たしか加藤周一氏の勧めだったと思いますが、最初の著書である『フランス・ロマン主義と人間像』（一九六五・八）を未来社から出していて、家を建てるというので、例によって庄さんを紹介したんです。そのころはまったく知らなかったんですが、それから何年かたって、偶然、篠田さんとわたしの妻がいとこ同士だということがわかったんです。お互いの母親が姉妹だったんですね。妻が二歳のときに母は離婚して家を出たまま、行方知れずになっていたんです。四十年ぶりぐらいに、健在だった母と妻は、篠田さんの家で親子再会するなんて、まるで「瞼《まぶた》の母」のような（笑）一幕もありました。

いらい篠田さんご一家とは親戚づきあいというわけです。余計な話ですみません。もう姉妹おふたりとも亡くなりましたけどね。

――相変わらず、松本さんのまわりは限りなく奇縁でつながる（笑）。ところで、野間さんは小説だけでなく、文学者の社会的責任を徹底的に考え、実践されましたね。

松本　そうですね。たとえば、狭山事件ひとつとっても、野間さんは、亡くなるまで、十数年も「世界」に連載し続け、石川一雄さんの無罪実証のために闘い続けましたよね。松川裁判における広津和郎氏などのすばらしい先例もありますけど、文学者は小説だけ書いていればいいってもんじゃないことを、野間さんも、広津氏などとともに身をもって示してくれた稀な文学者だと思います。いまの若い作家の方々も、もっと政治的・社会的問題に積極的・批判的な発言をしてほしいですね。

――日常生活ではどういう方でしたか。

松本　そのようにあらゆることに関心を払う方でしたから、作家は毎日配達される新聞に挟まれた広告にさえも注意しなければならないと言って、家人に一枚も捨てさせなかったんです。それで、ありとあらゆる紙屑が床に堆積して、家のなかは人がやっと通れるぐらいの隙間しかないほどになりました（笑）。むろん、本が玄関から室内、階段、壁面に山積みで、応接間でも本や書類を片寄せて、ご本人のほかはやっとふたりぐらいがかろうじて腰掛けられるほどでした。

あるとき、外国からのお客が来るので、片づけを手伝ってくれないかと、緊急に光子夫人に言われ、「それっ！」と社員数人で駆けつけたことがあります。いまもそうですが、野間さん宅は未来社から、歩いて二、三分のところにあるんです。そこで、野間さんが留守なのを幸いに、かたっぱしから紙屑を捨て、邪魔な本を未来社の倉庫の片隅にどんどん放りこんでしまったんですね。光子夫人はハラハラして心配されたでしょうが、「怒られるなら私が怒られますから」と言って、思い切って処分しちゃったんです。ゴミの下からネズミの死骸なんかが出てきたりしましたよ（笑）。野間さんに、大事なものを捨てたと、あとで叱られるかと思ったんですが、「十年ぶりに書庫に入って本を探すことができた」（笑）なんて逆に喜ばれて、とくにおとがめはありませんでした。

杉浦明平のルネッサンス的哄笑

――野間さんの交友関係では、ほかにどんな方がおられますか。

松本　東京以外、地方では杉浦明平さんでしょうね。本や雑誌類のほか、狭山事件、環境問題に関する資料が所狭しと溢れた応接室に、ときおり渥美《あつみ》半島の一角から上京してきた杉浦さんが現れると、昼の日中からもう酒盛りがはじまるんです。野間さんから「すぐいらっしゃい」と電話で呼び出されれば、いかなる場合も仕事を放棄して駆けつけることになります。そして最後は、酔っ払った明平さんをホテルまで送り届けねばなりません（笑）。杉浦さんについて言えば、編集者でも平気で「ミンペイさん」と呼んでいて、「杉浦先生」なんて呼んだら、それこそ跳びあがって驚いたんじゃないですか。そういう人柄で、野間さんとは対照的に、いかにも「軽薄」そうに次から次に、にこにこと楽しく話す方でしたね。噂話が大好きで、えらそうな先生方をこきおろしては酒の肴にして、決して作家ぶらない、農民的なしたたかさをそなえた明るい自由な方でした。東大の学生時代に、夜学にかよってイタリア語を学んでマスターし、未来社から『ルネッサンス文学の研究』（一九五五・一。増補版、一九六六・十）を出し、岩波書店などからレオナルド・ダ・ヴィンチやミケランジェロの手記や手紙の翻訳を出した人にふさわしく、まさにルネッサンス的哄笑の精神を身につけた人でした。

――『ノリソダ騒動記』（一九五三・六）は戦後の記録文学の先駆的作品で、私たちもよく知っています。

松本　これは杉浦さんが、地元の渥美町（現・田原市）の町議をしていたときの見聞を材料にして、海苔《のり》の養殖業者たちの利権争いをユーモアを交えて描いたルポルタージュです。丸山眞男さんをして不明を詫びさせ脱帽させた作品で、わたしが未来社に入社したときは、もう校正段階に入っていたんじゃないかと思います。杉浦さんは何しろ、岩波文庫をナンバー1から全部揃えて、カントの『純粋理性批判』ほかわずかを除いて、解ろうが解るまいが、全部読んだというんですからね（笑）。ある時期、ひと月一万ページの読書を実行したのも有名です。月末になって目標に達しないとなると、何度も読んだ吉川英治の『宮本武蔵』なんかを大急ぎで読んで、一挙にページ数を稼ぐんです（笑）。

まあ、明平さんは、こんなことを平気で言ったり書いたりして、いわば読書ということをヘンに神格化したり、大げさに誇ったりすることを、暗に揶揄してるんじゃないですか。読んだ本はかたっぱしから忘れちゃうなんてことも平気で言

『ノリソダ騒動記』初版表紙

杉浦明平

っていますが、イタリア・ルネッサンスの研究や『小説渡辺崋山』上・下（朝日新聞社、一九七一・十。七二年に毎日出版文化賞受賞）など、戦後文学者として際立って充実した仕事を残されました。文学研究・記録文学・小説・エッセイ・翻訳など、著書はゆうに百冊を超えるんではないですか。わたしも何冊か本を作らせていただきましたが、なかでも『現代日本の作家』（一九五六・九。増補版、一九六四・五）や、短篇集『わたしの崋山』（一九六七・十二）などは傑作だと思います。

――ほんとうにユニークな方ですね。

松本　しかも明平さんは、造本や誤植などにぜんぜんこだわらない人で、編集者まかせでした。雑誌の目次や広告などで、「明平」がよく「民平」となっているのを見かけましたが、そんなこともどこ吹く風。「杉浦明平生前追想集」という変わった副題のついた『明平さんのいる風景』（玉井五一・はらてつし編、風媒社、一九九九・六）に、津野海太郎さんが書いているエピソードは有名です。編集者としても豪の者だった小野二郎さんが、弘文堂の編集者時代、杉浦さんのエッセイ集『革命文学と文学革命』（一九五八・十二）を作ったときに、「あとがき」と「奥付」の著者名を「民平」とミスしたんですね。しかし慌てず騒がず、印刷所に頼んで「明」の字を刷ってもらって、日曜出勤して貼りこみ、事なきを得たというんです。そして小野さんは、「平気平気。あの『ミン』の字

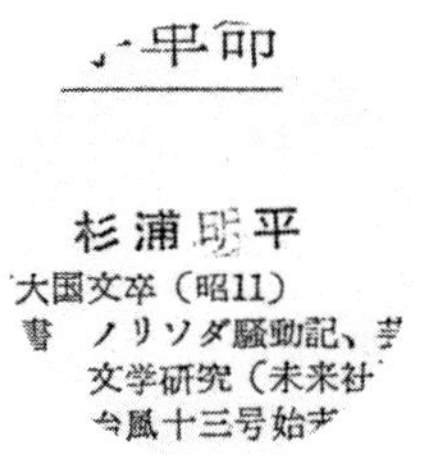

「明」の字を貼りこんだ
奥付の著者略歴の部分

は、みんな、よくまちがうんだ」と笑い飛ばしたというんですね（笑）。津野さんは「表紙の著者名」と書いていますが、「あとがき」と奥付・著者略歴の三カ所です。明平さんはそんなことは歯牙にもかけないおおらかな人物で、またそんな時代でもありました。「生前追想集」を出された約二年後の二〇〇一年三月、八十七歳で明平さんは亡くなられました。

——野間宏と杉浦明平というと、作品からは共通項がないようですが、共産党や「新日本文学」のつながりで親しかったんでしょうね。

松本　文学的方法や性格などは両極端といってもいいですし、杉浦さんは遠慮会釈なく野間さんの小説を批判したりしましたが、なぜかウマが合って、お二人の酒盛りのおつき合いは楽しく、忘れられません。明平さんの速射砲のようなおしゃべりに対して、野間さんはゆっくりもごもご答えるんです。それでもおふたりはどこかで気が合っていたんでしょう。そんなとき、急に野間さんが、唇をゆがめ、やさしい表情でにこにこしはじめるんです。何も笑うような話はしてないのでどうしようかと困っていると、しばらくたってようやくその理由がわかるんですね。野間さんの頭のなかでは、何分かあとの話がすでに浮かんでいて、しゃべる前に相手にはわからなくても自分ではおかしいんですよ（笑）。

多角的で膨大な仕事

――『真空地帯』のように映画化、舞台化されて有名なものもありますが、文学全集などを除くと、野間さんの作品はいまではほとんど単行本で読めない状態です。

松本 残念なことです。『暗い絵』など初期の作品をいち早く評価し、その可能性を認めたのは、平野謙さんのほかは、いまから見るとおやっと思うかもしれませんが、宮本百合子氏で、彼女は『暗い絵』のくねくねした手法は寝汗のようで、なんだかうす気味悪いところがあるけれども、この作品が提出する問題の新しさに注目したいと書いたんです。野間さんも、戦後間もなく日本共産党に入党して活動しましたけど、その作品が次第に「近代主義的」だと批判され、共産党と訣別することになります。しかし『暗い絵』をはじめ『顔の中の赤い月』や『崩解感覚』など初期の作品は、戦争や軍隊の過酷な状況のなかでゆがんでしまった人間を、いかに取り返すことができるかの苦闘を、ぎりぎりした思いで追求し描いた傑出した小説です。戦争中、フィリピンの戦場に駆り出されたうえ、治安維持法違反

野間宏の軍隊時代の日記やメモの一部

で陸軍刑務所に収監されるなんて、想像を絶する体験だったと思いますよ。

――野間さんの仕事の全体像をどうお考えですか。

松本　文学上は、全体小説の構想や、サルトルを通しての想像力の問題を考え抜き、『野間宏全集』全二十二巻・別巻一（筑摩書房、一九六九・十〜七六・三）や『野間宏作品集』全十四巻（岩波書店、一九八七・十一〜八八・十二）など、膨大な小説や評論を書かれました。そして作品を執筆すると同時に、反戦・平和運動、反差別・人権を守る闘いに、終始積極的にかかわり、またアジア・アフリカ作家会議や新日本文学会などの文学運動の中心的役割を果たしたのです。地球環境の悪化を文学者として先駆的に問いかけたことも含めて考えてみると、野間さんは、現実的・思想的・文学的なあらゆる面で、実に多角的な仕事をされたきわめて稀な方ですね。先ほども言ったように、なんとも言い難い、不思議な精神の「迂廻路」をもった方でしたが、あるいはそれゆえにこそ、他の追従を許さないこれだけの仕事をされたとも言えます。九一年一月、七十五歳で世を去りましたが、野間さんが問いかけた問題をさらに考え抜く責任は、言うまでもなく後世のわたしたちにゆだねられているのではないでしょうか。

15 人類生活者・溝上泰子の闘い

「底辺ブーム」を巻き起こす

——未来社の目録を見ると、一九五八年十月に溝上泰子《みぞうえやすこ》『日本の底辺』という本が出ていて、その後もこの方の本が何冊も出ています。実は名前を聞いたことがないのですが。

松本 溝上さんとの関係は、わたしにとって最も深く長いものですが、おっしゃるように、一般的にも、また女性問題や教育などの分野でもあまり知られていない方です。しかしわたしは亡くなるまでの三十年余おつきあいし、その人と仕事を高く評価しています。『日本の底辺』をきっかけに、未来社時代に六冊の著書にかかわり、影書房では、『人類生活者・溝上泰子著作集』全十五巻（一九八六・六〜八九・十）を刊行しました。

——えっ、著作集もあるのですか。ぜんぜん知りませんでした。でも、その「人類生活者」というのは？

松本 それについては話せば長いことなので（笑）、おいおいお話ししますけど、わたしが未来社に入社して五年目、ご承知のように、それまで戦後文学者の評論集や丸山眞男さんの著書をはじめ、前年から刊行が開始されて軌道に乗りはじめていた「日本の民話」シリーズなどにかかわっていたのですが、突然、島根大学教授の溝上泰子という未知の方の原稿が持ちこまれたんです。溝上さんが京都大学大学院にいた時代に知りあった日本近世史の研究者、源了圓《みなもとりょうえん》さんからの紹介でした。たしか源さんも、かつて弘文堂に勤めていたことがあって、そのご縁で西谷さんをよく知っていて熱心に出版を勧められたんです。それで溝上さんに上京していただき、東大前の安宿に一週間ほど泊まっていただいて、原稿との格闘がはじまったんですが、そういう経験はわたしにとって初めてのことでした。

——どのような内容だったんですか。

溝上泰子（1986年3月、撮影・矢田金一郎）

松本　サブタイトルに「山陰農村婦人の生活」とありますように、島根の農村で働き暮らす、労働と貧苦と因習に縛られたさまざまな年代の女性たちの声をありのままに記録し、溝上さんが意見を述べたものです。しかし初稿では、溝上さんの意見があまりにも前面に出すぎていたので、できるだけ事実をもって語らせるように書き直してもらったんです。五十歳代半ばの溝上さんと、初めて出会った

『日本の底辺』出版記念会（1958年11月、松江・白鳥会館にて、正面左から小汀良久、西谷能雄、溝上泰子）

息子くらいの駆け出しの編集者が、朝から晩まで、膝つきあわせて原稿をああだこうだと検討しあったわけです。あとで知ったんですが、溝上さんは、のちに親しくなったわたしのおふくろとまさに同年の一九〇三年生まれ、わたしはふた回り下、三人とも卯年というわけです。まあ、そんなことはどうでもいいことですが（笑）、その出会い以来、九〇年十月に溝上さんが八十六歳で亡くなるまで、公私ともども延々とおつきあいがつづくことになりました。

――その後何冊も著書が出たということは、『日本の底辺』はよく売れたんですか。

松本　この本が出たあと、「底辺ブーム」というのが起こりました。まあ、ブームといっても、なにもベストセラーになったわけではなく（笑）、臼井吉見氏や伊藤整氏などの文学者が問題にしてとりあげたり、反対に「大衆崇拝主義」などという批判も出たりしたわけです。溝上さんは、そういう批判などに対して、『著作集』第五巻（『日本の底辺』）の月報にこんなふうに書いています。「『これは、本を書き、ラジオ、テレビ出演のための資料集めだ』と、これまた大新聞に書いた文人がいた。プラス・マイナスの絶対矛盾を生き抜く八十三年余の生であるが、いまあらためての怒りである。がこの怒りがわたしを人類生活者へ駆り立てる無底からのエネルギーでもある。当時『底辺はよもや〈底辺＝貧〉ではなかろう。これは民族のわき立つ根源的エネルギーの意味であろう』と解した方は、文学者・故伊藤整氏であった」。『日本の底辺』という書名は、営業の責任者だった小汀良久さんの命名だったと思いますが、読者を惹きつけるところがあったんでしょう。しかも小汀さんは島根大学中退でしたし、出版後の反響もよかったので、西谷さんともども、溝上さんとはみんな急速に親しくなりましたね。この本の「序」は、丸山眞男さんの恩師であり東大総長だった南原繁氏が書いていて、本書は、「掘れどもつきぬ人間鉱脈の発見」「人間探求の貴重な報告書」であり、「今日の日本の克服すべき重要な問題が抉出されてあり、教育・社会・政治の上に生きた資料を提供するであろう」と、お世辞でなく激賞しています。

島根全県を研究室に

――溝上さんは、もともとフィールドワークをされていたんですか。

松本　いや、そうじゃないんです。もともとは、奈良女子高等師範学校（奈良女子大学の前身）の家事科を出ていて、「家事」に関する本も二冊ほど出版し、『著作集』にも収めてあります。封建的な「女のための家事教育」には反発しますが、自由主義教育の先覚者・木下竹次氏から「生活即学習、学習即生活」という姿勢を教えられ、東京文理科大学（筑波大学の前身・東京教育大学の母体）に入学し、篠原助市《すけいち》氏と務台理作《むたいりさく》氏に教育学・ドイツの生命哲学を学びます。いくつかの学校の教

久松真一

師生活ののち、敗戦直後、さきほどの源さんと出会った京大大学院で、禅の久松真一氏に仏教哲学を学ぶといったように、ひたすら学究の徒といいますか、自己探求の道を歩いたんですね。久松氏との出会いは、溝上さんにとくに強い影響を与えたようです。そして五一年、京都女子大学の助教授だったときに、島根大学に教授として招聘されるんです。

しかし溝上さんは、もう五十歳に近く、山陰という辺鄙《へんぴ》なところに都落ちするような感じで、なんとなく気が進まなかったんですね。そのとき、久松氏と篠原氏が「これまでの勉強じゃだめだ。ぜひ行きなさい」と強く勧めたんです。それで溝上さんは、それならば「島根全県を研究室にしてやろう」と決意します。その決意どおり、村々を歩き、人びとと出会い、女性たちの声に耳を傾けた記録が、『日本の底辺』です。大学の先生たちが業績を上げるために、学生たちなどを引き連れてよくやるフィールドワークのたぐいとは、質的に違います。

――仏教哲学から社会の底辺のフィールドワーク！　かなり急激な転換ですが。

松本　一大転換だったと思います。それまで机上で学んでいたことが、農村女性の厳しい現実に直面することで具体的に験《ため》されたんです。溝上さんの生涯をつらぬく原動力は、なんといっても男女差別との闘いと言っていいと思います。これはずっとあとの話ですが、溝上さんは六七年に島根大学を定年退職し、川崎市に転居します。ここでまたもや庄幸司郎が登場するんですが（笑）、教え子が提供してくれた土地に小さな家を建てることになり、例によってわたしは庄さんにひと肌脱いでもらったわけです。あるとき、三人で食事をしていたら、たまたま話が差別問題に及んだんですね。そしたら、溝上さんは、もっとも根源的な差別は「男女差別」にあるといって、ガンとして譲りませんでした。わたしたちは、階級差別だとか民族差別だとか、いつもの頭でっかちなゴタクを並べて（笑）反論したんですけれども。いまになって考えると、どうやら、溝上さんのほうに軍配が上がっているような気もしますね。

――農村女性の厳しい生活に接して、女性差別の根強さを実感されたんでしょうね。

松本　それも大きかったと思います。溝上さんは、広島県の中農の出ですが、実に八人目の女の子として生まれたんですね。長じて母親から告白されるんですが、また女の子だと困ると思って、お母さんはなんとか堕ろそうと高いところから飛び降りたり、お腹を冷たい水につけたりしたそうです。「私は胎の中で母と戦って勝った」というようなことを溝上さんは書いていますが、女は生まれる前から差別されていることを、身をもって知ったんです。また、文理大を卒業するとき、「無給副手」でいいから研究室に残してほしいと申し出たところ、「女は研究室に入れない」と拒否されるんです。もともと「家事科」なるものが良妻賢母を育てる課業で、溝上さんは嫌というほど「男女差別」の現実に直面しつづけたわけです。これは戦前・戦中の話で、いまの若い人からみればピンとこないかもしれませんが、「男女差別」は、日本のみならず世界でも、いまなお根本的に払拭されていないんじゃないですか。

私費を投じた『著作集』

――『日本の底辺』につづいて五冊出版されていますが、それらはどんなものなのですか。

松本　『日本の底辺』を刊行した翌五九年三月、溝上さんは琉球大学から招聘され、沖縄に三カ月滞在するんですが、その年の十二月には『受難島の人びと――日本の縮図・沖縄』を、一気に書きあげ刊行しています。上野英信さんの記録精神を受け継ぐ人として、「琉球新報」の三木健さんについて、前にちょっとお話ししたことがありましたね。その三木さんは当時、石垣島から東京の大学に来て学んでいたのですが、アパートの一室でこの本をむさぼるように読み、沖縄の現実を見すえることなしにいかなる学問もあり得ないと知って衝撃を受け、故郷の「琉球新報」に就職します。そして以後、溝上さんとの間で二十五年にわたる文通がはじまるんですが、いつか三木さんから、二冊の大型ファイルにきちんと整理された溝上さんのたくさんの葉書を見せてもらい、仰天したことがあります。溝上さんは手紙魔といっていいほど筆マメな方でした。『日本の底辺』同様、五〇年代の米軍支配下の民衆生活を記録した『受難島の人々』は、いまもなお沖縄の現実をわたしたちにつきつけてくる貴重な一冊だと思います。

――おつきあいが続いたのもわかる気がします。生活者への目とは、松本さんがずっと語っていることでもありますね。

松本　「人類生活者」という言葉も、そうした人々との出会いのなかから、深く実感されてきたん

『溝上泰子著作集』第11巻カバーと同書に収められた著者の絵「夜の雷雨」(中)と「ご真影を迎える」(右)

ですね。七九年四月の統一地方選挙で、地元の候補者の推薦人をたのまれたとき、肩書が「文化人」ではなく「人類生活者・溝上泰子」ならいいですと、はじめて他に向かって宣言した瞬間、溝上さんは、胸のつかえがとれたようにすーっとしたと言っています。たとえば丸山眞男さんが、内村鑑三の言葉で感心したと、こんなことを紹介しています。日本人は人類というと、なにか遠くに住んでいるもののように思っている、世界はまるで日本の外にあるみたいに思っている、しかし、日本の中に世界がある、隣の八つぁん熊さんが人類なんで、日本人には、アメリカ人もその辺の八つぁん熊さんも人類なんだという「複眼」がない、と。溝上さんの『著作集』の最終十四、十五巻は、奇《く》しくも、『複眼生活者の記』上・下となっています。

――そうとうスケールの大きな方だということはわかりますが、しかし「人類生活者」とは！　なかなか名乗れませんね。

松本　初めて『著作集』の打ち合わせをしたとき、書名に「人類生活者」とつけたいと言われ、率直に言って、一瞬、さてどうするか、迷いましたよ。そんな「肩書」のついた著作集や全集なんて前例がないですし、出版常識からいってどうなのか不安でしたからね(笑)。しかし、溝上さんとの最晩年の『著作集』刊行にかかわった三年半は、溝上さんが、なぜ「人類生活者」と公言せざるを得なかったかを、確認する日々だったといってもいいです。

――それにしても溝上さんの『著作集』は、書店などでも見かけたことがありません。

松本　それはそうなんです。溝上さんの希望で、これは書店などでの販売はしないで、全国の主要図書館に寄贈したいというんです。そこで千部刊行して、七百ほどの図書館に「寄贈希望」の案内を送ったんですが、はじめ二百五十館ぐらいの返事しかなく、あとはウンともスンとも返事がないんですね。公共図書館なるものの実状を、嫌というほど思い知らされました。一巻あたり百五十万円、溝上さんが私費を投じてくれて作ったんですが、いちおう、阿部正雄・一番ヶ瀬康子・永井道雄さんほか、源さんや三木さんも加わった十五氏による刊行会を作りました。そして溝上さんの近くにお住まいで、身の回り全般を支えてくれた宮前つる代さんを代表とし、影書房が事務局となって刊行しました。むろん、頒価各二千五百円で直接販売もしましたけど、こういうやり方でしたので、あまり知られることがなかったんでしょう。

――そういう出版の仕方を選ばれたのは、何か理由があるんでしょうか。

松本　溝上さんが、いわゆる商業主義的な出版のやり方がいやだといわれたんですね。ジャーナリスティックにあっちこっちに顔を出すことも好きではなく、いわゆる女性問題や運動にもほとんど参加しない方で、民衆からかけ離れた自己満足的な動向には批判的でした。庄さんの建てた家は、2DKぐらいの小さな家で、毎日の食物も、衣類、家具、調度品なども、何ひとつ贅沢をせず極め

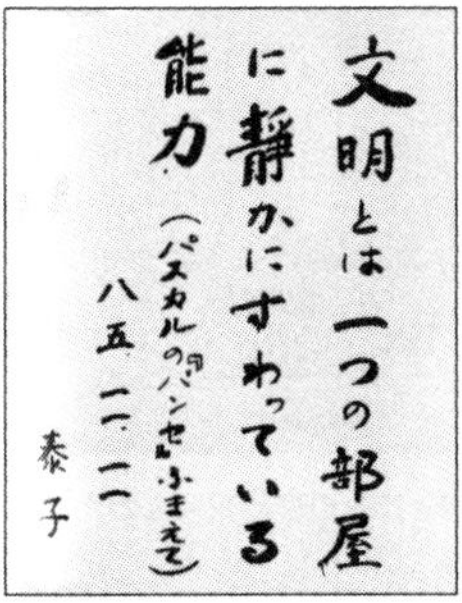

部屋に貼られていたパスカルの言葉

てつましいものでした。日常のこまごましたことは、宮前さんが毎日のように世話をし、影書房にも必ず同行してくれました。性差別や年齢差別などには敏感な方でしたから、赤いベレー帽やセーターが唯一のおしゃれで、それがまた実によく似合っていましたよ。大学教授なんかになると、だいたいいかにも学問しているような雰囲気を身にまとう人が多いですが、微塵だにそんな素振りはありませんでしたね。松江時代は、また家族ぐるみなんて笑われそうですが、上京されると西谷さんやわたしの家に泊まるんです（笑）。まあ旅館代の節約です。さきほど言った同い年のわたしのおふくろなんかと、すぐに旧知のように親しく談笑して飽きませんでした。知識人と言われる人たちと民衆との限りない乖離・断絶が、日本近代の抜き難い不幸だとわたしは思っていますが、そういう不幸を感じさせない方でした。そして同時に、部屋には「文明とは一つの部屋に静かにすわっている能力」というパスカルの『パンセ』からの言葉が、色紙に自筆で書かれ、みずからを戒めるようにポツンと貼ってありました。

アジアの心を知る穂積五一

——そういう人が、いまほとんど知られていないというのは、残念な気がしますね。

松本　生前、鹿野政直さんが、名著『「鳥島」は入っているか——歴史意識の現在と歴史学』（岩波書店、一九八八・十一）のなかで、「人類生活者」宣言への到達の道を高く評価してくれたことを、溝上さんはたいへん喜んでいました。やはり、見る人はちゃんと見ているんですね。八九年十月に『著作集』が完結し、八十六歳の誕生日の十一月十一日に、川崎の自宅近くの料理屋で、友人や教え子、知人たちが集まってささやかな出版のお祝いをやったんですが、ほっとしたのか、九〇年に入って少しずつ体調を崩しはじめました。それで宮前さんたち何人かで、家の処分とケア付きホームへの移転をすすめ、九月十三日に転居したのですが、十月十一日、急性心不全で倒れたのです。わたしは、ホームからの連絡で病院に駆けつけたんですが、宮前さんはじめほかの人には電話がつながらず、結局たったひとりで溝上さんの臨終に立ち会うことになりました。編集者として、その著作の全部にかかわり、その死をひとりだけで見送ったというのは、あとにも先にも溝上さんだけで、因縁の深さを感じないではいられません。

――劇的というか、たいへん珍しいことだと思いますが、溝上さんはずっとおひとりだったんですか。

松本　たったひとりの弟さんが原爆で亡くなられて、その子どもさんとか、親族の方がおられたし、ある時期、結婚して森姓を名のったこともありますが、そういう血縁関係はすべて断ち切っていたと言っていいでしょう。たとえば大学関係などでも、恩師とか心を許した友人などは大事にされましたが、形式的なつながりは一切拒否していましたね。逆に、女性を差別してはばからない旧態依然たる大学機構なんかを憎悪・批判していたと言っていいでしょう。

宮前さんとわたしのほか三人の方が、「遺言書」で執行人に指定されていて、そこに、残ったお金はすべて、東南アジアから日本に留学する女子学生の学資援助に寄付してほしいとありました。言うまでもなく、溝上さんは、かつてのアジア諸国に対する侵略戦争の罪を深く意識していましたからね。いま申しあげたように、質素な暮らしをされたうえ、高校・専門学校からはじまって、島根大ほかいくつもの大学の教師を六十年近くもつづけましたから、物は何ひとつ残りませんでしたけど、わたしなどからみればびっくりするほどの額のお金が残されたんです。それで皆さんと協議したんですが、わたしは、東京の文京区本駒込にある「財団法人アジア学生文化協会」への寄金を提案しました。これが全員の賛同を得て決まり、協会に「溝上泰子記念東南アジア文化奨学金」が設立されたんです。

――どうしてそこを選んだんですか。

松本　それについては少々脇道にそれますが、ぜひお話ししておきたいことがあります。もう三十数年も前になりますが、雑誌「未来」で、当時その協会の理事長だった穂《ほ》積《づみ》五《ご》一《いち》さんにインタビューしたことがあるんです。「未来」では創刊号（一九六八・五）の丸山眞男さんを皮切りに、四十八氏のインタビュー「著者に聞く」を連載したことはお話ししましたが（『社会科学への道』『人文科学への道』『文学芸術への道』全三冊として七二年四月刊行）、そのあと、必ずしも未来社の著者でない方もふくめて、わたしが当時関心を寄せていた方々のイ

穂積五一（『内観録』1983年7月刊より、撮影・矢田金一郎）

ンタビュー「この人に聞く」をつづいて不定期に連載したんです。沖縄の外間守善《ほかましゅぜん》さん、作家の山代巴さん、「婦人民主新聞」の本多房子さん、前進座の女形・河原崎国太郎さん、こけし工人の高橋忠蔵さん、哲学者の古在由重《こざいよししげ》さん、作家の佐多稲子さんなどですが、そのおわりに穂積五一さんにお話をうかがったんです。

――多彩な顔ぶれですが、穂積五一さんもお名前はあまり知られていないですよね。

松本　わたしもそれまでぜんぜん存じあげなかったのですが、編集部の同僚の田口英治さんが、協会の前身である「新星学寮」で穂積さんの薫陶を受けていて、彼からその優れた人となりを聞いていました。また富士正晴さんには、「本当にアジアの人びとの心を知っているのは穂積五一だ」と言われていたので、ぜひお会いしたいと思っていたんです。それで田口さんに頼んで同行してもらい、強引にインタビューさせていただいたんですが、またかと思われるでしょうけど、いっぺんで参ってしまったんですね（笑）。先日、田口さんに会ったら、インタビューが終わったあと、わたしが「君が穂積さんを敬遠している理由がわかったよ」と言ったというんですね。もしわたしが二十歳代で穂積さんに出会っていたら、編集者なんかにならず、まちがいなく穂積さんのもとでアジアの人びととの運動に進んだにちがいない、と心底思いましたね。まさに「魅せられたる魂」というところです。

――松本さんはそればっかり（笑）。しかし人に惚れるというのは、編集者のもっとも重要な適性ではありますが。

松本　穂積さんはそのインタビューで、アジアの人びとに学んでいると、自然に日本人から離れて行くといわれたんです。そして日本人から離れると、逆にアジアの人びとに近づくことができる。日本人とは、つきあうにつれて嫌になる、とアジアの人びとはいうけど、わたしも日本人からだんだん遠のいて行く、といわれたんですね。穂積さんは、八一年七月、いまのわたしと同じ年の七十九歳で亡くなられましたが、その直前、食を断ったと言われています。どうしてもアジア諸国の民衆の心を理解しない、侵略の事実をはっきり認め謝罪しようとしない、そして相変わらず〝経済侵略〟をして恥じない日本人への、絶望・抗議の自死、憤死だったとわたしは思います。このごろの「従軍慰安婦」問題などに対する政府筋の言い逃れ、無責任・無反省で恥知らずな態度の一事をみても、穂積さんの痛憤が胸によみがえる思いがします。わたしはたった一回お会いしただけでしたが、穂積さんの精神が生き、いまもアジア諸国の学生たちが学んでいるその協会が、溝上さんの遺志にもっともふさわしいと判断したんです。

溝上泰子（松江市の自宅にて、1962年2月、撮影・朝日ジャーナル 川口信行）

――その奨学基金はいまも続いているんですか。

松本　今年も中国・マレーシアの女性ふたりずつが選ばれたと、さきごろ報告がきました。「溝上泰子記念東南アジア文化奨学金募集要項」に、こうあります。「本奨学金は、人間の性・社会的身分・人種による差別に抗しつつ、『人類生活者』へと自己を拓いてゆかれた故溝上泰子先生（元島根大学教授）の御遺志により、アジアの留学生の勉学を助成する目的をもって当協会に寄贈された基金を運用して実施するものです」と。また、こういう関係から、穂積さんに教えを受けたアジアの人々や日本人たちの証言と、「アジア文化会館」の歴史をまとめた『アジア文化会館と穂積五一』という、六百ページを超える本を、いま田口さんなどにも協力を仰いで影書房で作っていて、間もなく刊行します（二〇〇七・七刊）。わずか数時間の出会いで、わたしの人生に深く重い影響を与えてくれた穂積さんへの、せめてものご恩返しの思いです。

――こういうお話を聞くと、出版の仕事は、素晴らしいつながり、広がりをもたらすことを感じます。

松本　溝上さんのお墓は、京大時代の友人で、遺言執行人のおひとりでもある湖海昌哉《こかいまさや》さんがご住職をされている、京都衣笠《きぬがさ》の「普門軒」にあります。溝上さんが大事にしていたわずかの遺品や、毎日のように書きつけていた数十冊のノート、愛読書などもすべて、お寺にお預けしてあります。そのほかは、死後を託されたわたしたちの手で、すべてきれいさっぱり処分しました。お墓は、遺言によって、テトラポッド型になっていますが、その下の三脚は、師、朋友、両親を意味すると、生前、溝上さんに聞いたことがあります。

溝上泰子の墓

どうも、日本の知的世界では、「テクスト」なんて言葉がやたらに好まれるようですが、「生活」とか「人類」などという言葉は、別世界のように思われているようです。だから、溝上さんの生涯と仕事についても、一部の、教えを受けた地元松江の方々などの強い敬愛の念をのぞいては、あまり関心がないのでしょう。しかしそれは、溝上さんにとってはむしろ光栄というべきことです。戒名は、「人類院問生求道大姉」です。

16　女性の人権と自立のために
——もろさわようこ・山代巴・丸岡秀子

「歴史を拓く家」

——溝上泰子さんに次いで、もろさわようこさんの著書が、一九六〇年代後半から七〇年代はじめにかけて刊行されています。もろさわさんとはどういう経緯で知り合われたんですか。

松本　もろさわようこ（両沢葉子）さんの著書『信濃のおんな』上下（一九六九・五、八）が未来社から刊行されたのは、鹿島光代さんの紹介によるものです。鹿島さんは当時、まだ医歯薬出版にいて、現在のドメス出版創業の直前だったと思います。「信濃毎日新聞」に二百五十二回にわたって連載されたもので、四百字詰め約千三百枚、古代から現代に至る歴史を支えた信濃の女性群像や社会運動を発掘し評価した、地方女性史とでもいうべきものです。西谷能雄社長も連載を読んでいましたので、いっぺんで話が決まりました。そしてその年の毎日出版文化賞を受賞、もろさわさんの闊達でひらけた人柄もあって、お互いに急速に親しい関係が生まれましたね。『おんなの歴史』上下（一九七〇・十、十二。合同出版、一九六五、六六の再刊）、『おんなの戦後史』（一九七一・十二）と、

もろさわようこ

『信濃の女』（上）（下）カバー（切絵・吉原澄悦）

たてつづけに本が出て、それ以後も数冊の著書があります。ともかくなんといっても、もろさわさんとの出会いが、未来社に女性問題関係の出版という新しい風を吹きこんだといっていいと思いますね。

――いまもさまざまな運動をつづけられているそうですね。

松本　もろさわさんは現在、長野・沖縄・高知の「歴史を拓《ひら》く家」を拠点に活動されています。その趣意文によれば、「歴史を拓くはじめの家」は八二年八月に、「自然と出会い、歴史と出会い、自分自身と出会い、そして人びとと出会う場」として、生まれ故郷の長野県佐久市望月に「家びらき」されました。九四年十一月には、「平和と沖縄の生活文化を学ぶ場」として、沖縄県南城市玉城《たまぐすく》に「歴史を拓くはじめの家うちなぁ」が、さらに九八年九月には高知市長浜に「歴史を拓くよみがえりの家」が、「差別をうなづかず、人権の輝きを求め、人間であることをお互いに喜びあう」場として、それぞれ「家びらき」しています。もろさわさんは八十歳を超え、昨年（二〇〇六）ガンの手術をされましたが、先日電話すると、相変わらず意気軒昂、休む間もなく飛びまわって

「あけもどろ」第24号（2005・06年合併号、田村智子さん追悼特集）

いて、わたしは二歳年下ですが、とてもその気力にはかないません（笑）。

——松本さんがかなわないくらいの活動力！　すごいですね。

松本　せんだっても、それぞれの「家」の活動報告を編集した雑誌「あけもどろ」（田村智子さん追悼特集号・第二十四号）がとどきましたが、それに、「歴史を拓くはじめの家25周年へのお誘い」の記事があり、感無量の思いがありました。もう三十年近くも前、もろさわさんから、この「家」の構想をくりかえし熱をこめて語られましたが、はたして本当に実現するものやら、率直にいって半信半疑でした。しかし、たぐいまれなる「熱いおもい」には抗するあたわず（笑）、「未来」七九年十月号に八ページにわたる「『歴史をひらく家』にお力ぞえを！」という、もろさわさんの文章を載せたんです。編集者というのは、何も本をつくるだけがノウではなく、著者の運動意識と共感し協力することも大事なんです。おそらく、これが建設を訴えた最初の文章で、なにかチラシみたいなものも作った記憶があります。なにしろ当初は、見積総額「二千三百二万五千円也」でしたからね。

——よく実現しましたね。

松本　それから三年足らずで長野の「家」ができ、あと沖縄、高知と実現したんですから、さすがです。わたしは、長野の「家びらき」に一度おうかがいしたことはありますけど、それぞれの活動などは、時折の電話や「あけもどろ」で知るだけで申しわけないことです。しかし、生まれながらに女性差別の体験にさらされたことを踏まえつつ、大学やアカデミズムなどとは関係なく、独力で女性史を学んですぐれた著書をあらわし、地域の女性たちと現実変革と自立の道をいまなお自己検証しつつ歩んでいるもろさわさんには、脱帽のほかありません。もっとも、トシもそれほど違いませんし、屋台や赤提灯で飲みながら話しあったりしてきましたから、失礼ですが電話などでも著者・編集者の域を超えて気楽に言いあえる方です。

米倉斉加年の公表された最初の絵「JIJI & BABA」
(「未来」1969年8月号より)

また、もろさわさんは俳優の米倉斉加年《よねくらまさかね》さんご夫妻とも親しく、米倉さんの絵を「未来」に連載するきっかけを作ってもくれました。マジメなPR誌としてある程度評価されていた「未来」に、思いきって米倉さん独特のエロチックといっていい絵を載せましたので、お堅い方は内心眉をひそめていたかもしれませんが(笑)、評判になりましたね。米倉さんは、むろん俳優として有名ですが、それからは画家としても高く評価され、ボローニャ国際児童図書展で「グラフィック大賞」を、七六、七七年と二回連続で受賞されました。これを機会に、米倉さんとのおつきあいがはじまり、後年、影書房で米倉さんの自伝的エッセイと絵を収めた『道化口上』(一九八五・八)を刊行しました。まあ、溝上さんは溝上さんなりにわが道を歩きましたが、もろさわさんも、日本の女性解放運動に新たな道すじをつけ、いまも歩みつづけているといえますね。

――そういう運動はあまり一般には知られていませんね。

松本　まだまだ道は遠いですよ。とくにいまのこの国で、体制側からの褒章や勲章を拒否して妥協しない道を歩く人にとっては。そういえば、化粧品会社エイボンが毎年すぐれた仕事をした女性におくる「エイボン賞」というのがあるんですが、以前、もろさわさんも選ばれたことがあります。しかし、日ごろ「化粧」に反対する立場から、賞を辞退されましたね。民間の「エイボン賞」ぐらいもらってもいいと思いますけど、そこがもろさわさんらしいところでしょう。

ところが、さきほどの「あけもどろ」を読んでいましたら、これまで「スローライフ」の立場から、携帯電話を持つことを拒否してきたが、病後の日常生活や身辺を心配して友人が買ってきてくれて、それが「こころに沁みてありがたく、情にほだされ、世の人並みの携帯所有者に転向した」とあったんです。もろさわさんともあろう方がなんたること、だいたい「転向」は「情にほだされ」たところからはじまると、電話で批判しようかと思っています（笑）。昔の老人は、だれひとり携帯など持たずに平気で生き死にしてきたんですよ、と。

――ずいぶんな教条主義ですね（笑）。女性問題の出版に関連して、ほかに印象が深かった著者はおられますか。

「囚われの女たち」のために

松本　ちょうど、もろさわさんの本を作っていた七〇年代はじめごろに出会った山代巴《やましろともえ》さんのことが忘れられません。二〇〇四年十一月、九十二歳で亡くなられましたが、その全文業を、『山代巴文庫』第一期（全十巻）、第二期（全十巻、九・十巻未刊）にわけて、八〇年代から九〇年代にかけて径《こみち》書房でまとめられました。第一期の全十巻は『囚われの女たち』と題された自伝的「大河小説」です。戦時下の四二年夏、山代さんは、「治安維持法違反幇助《ほうじょ》」という、それまで聞いたこともない罪名で、「懲役四年通算三百日」の判決を受け、敗戦直前に仮釈放で出所するまで、広島県の三次《みよし》刑務所や和歌山刑務所に拘禁されます。治安維持法違反は最高刑が死刑の時代です。そこで出会った放火犯や窃盗犯などの女囚たちの「罪の実質」をみんなにわかってほしいと、山代さんは書きつづけたんですね。

——戦後文学史などで、山代さんの作品はほとんど取りあげられていないのではないですか。

松本　文壇に寄り添っている方たちには、山代さんの仕事は目に入らないのでしょう。しかし、鶴見和子さんが「前事不忘」というエッセイ（「こみち通信」八七年一月）

山代巴（撮影・矢田金一郎）

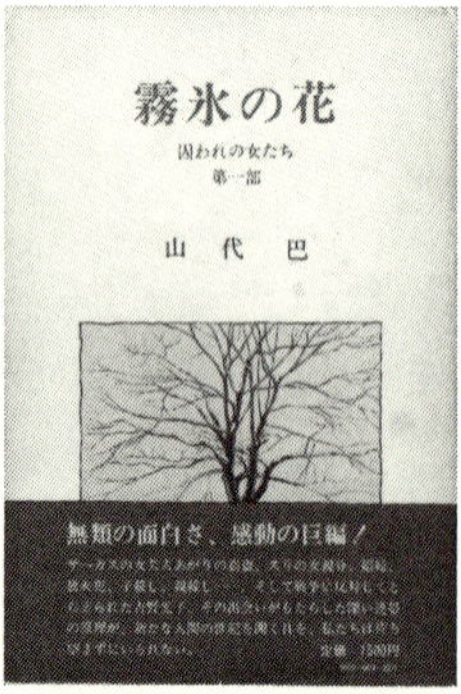

『霧氷の花――囚われの女たち　第一部』カバー・帯

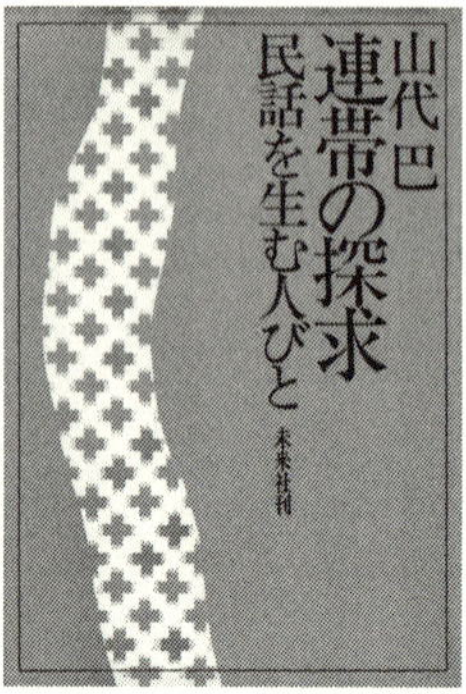

『連帯の探求――民話を生む人びと』カバー

で言われるように、『囚われの女たち』は「人間として扱われなかった人々が、もっともよく人間らしく生きぬいたことを深く美しく描い」た作品です。そして山代さんの仕事は、「日本の小さき民が、歴史を忘れず、誇ることのできる文化を持っていることのあかし」を示したといえると思いますね。

　山代さんと同時に逮捕された夫の山代吉宗氏は、すぐれた思想家で社会運動家でしたが、敗戦による解放を迎えることなく獄死します。戦後、山代さんはひとりで、広島の農村文化運動を皮切りに、村や町の片隅に住む無名の人びとと交流し歴史を掘りおこし、人権意識の確立に骨身をけずったんです。望月優子さん主演で映画化されたり、鈴木光枝さん主演で文化座で劇化もされた『荷車の歌』（筑摩書房、一九五六・八）は、みなさんもご存じだと思います。しかし、貧困や差別や抑圧のなかで屈辱に耐えながら人権を求めて生きた農村女性の物語などは、どうやら日本の恵まれた知的世界に生きる大方の人たちからは無視される運命にあるようです。

――山代さんとはどういうきっかけで知りあわれたんですか。

松本　たぶん、『荷車の歌』などのほか、山代さんの『民話を生む人々――広島の村に働く女たち』（岩波新書、一九五八・九）や、山代さんが編集し執筆もしている『この世界の片隅で』（岩波新書、一九六五・七）を読んで、感銘を受けたことなどが動機だったと思います。『民話を生む人々』は、「まえがき」冒頭にあるように、「毎日忙しく働いていて、書く暇も読む暇もないけれど、創造的な知恵を働かして、環境を変えて来た人々のことを書いた」記録です。これは、岩波新書が絶版になっていたので、書きおろしの論考「自立的連帯の探求」と、武谷三男の『文化論』（『武谷三男著作集』勁草書房・第六巻）の解説「苦難の時期をささえたもの」を加えて再編集し、未来社で『連帯の探求』として七三年十二月、再刊しました。『この世界の片隅で』は、広島・相生《あいおい》通りのスラム街や胎内被爆、沖縄の被爆者など、まさに原爆の被害を受けながら、ひっそりと「片隅」で生きる人びとの苦闘の記録八篇を収めた、すぐれた一冊です。

――しかし未来社から出た山代さんの本は少ないですね。

松本　そうなんです。結局、山代さんの著書としてわたしがかかわったのは『連帯の探求』一冊です。ほかに牧瀬菊枝編『田中ウタ――ある無名戦士の墓標』（一九七五・八）に収めた、田中ウタさんの生涯を描いた「黎明を歩んだ人」を書いていただきました。これは「未来」に連載されたもので、四百字詰め百五十枚余ありますが、実に感動的な文章です。

『田中ウタ――ある無名戦士の墓標』カバー

田中ウタさんは、戦前・戦中、労働運動・婦人運動にまさに身を粉にして献身した方です。獄死同然のようにして死んだ共産党員の夫・豊原五郎とともに何度も獄につながれながら闘い、山代吉宗や袴田里見《はかまださとみ》と同居して、官憲の目をくらま

丹野セツ研究会で（1969年10月、左から牧瀬菊枝、山代巴、丹野、田中ウタ）

すため、夫婦を装う「ハウスキーパー」をつとめたこともあります。彼女は七四年二月、全身をガンに侵され六十六歳の生涯を閉じますが、この本には牧瀬さんによる田中ウタさんの「聞き書」も収められています。まさに、こういう「地の塩」ともいうべき女性によって、かろうじてこの日本の貴重な精神は支えられてきたと思いますね。そしてこれは山代さんが、先生ともいうべき中井正一氏のような有名人であれ、田中ウタさんのような無名の人であれ、この日本のなかでどういう人たちを、生涯を賭けて記録しようとしたかが読みとれる、傑出した「作品」だと思います。

——山代さんはどんな方でしたか。

松本　両手で抱えてあげたいような小柄な方で、静かですが、わたしなどにもひたむきにモノを語りかけ、問いかける方でした。「未来」（一九七二・八）で、「戦中の職場体験から」というインタビューもしたことがあります。困難な時代につらい労働条件で豊かな心をかよわせ、ひたむきに生きた女性たちを記録した山代さんの作品を、いまのひどい格差社会を生きる若い人たちに、ぜひ読んでほしいとすすめたいですね。そういうことからいえば、わたしなどは、山代さんの本を一冊しかつくることができませんでしたが、「山代巴文庫」で文業のほとんどを世に送った径書房の創業者・原田奈翁雄さんは、編集者として立派です。原田さんは、前にもお話ししましたが、『上野英信集』全五巻なども刊行しています。どんなに著者に惚れこんだといっても、そんなに売れゆきが望めない大きな企画は、小さな出版社ではそう簡単にすすめられるものではありませんよ。

——出版業の困難でつらいところですね。

松本　わたしは山代さんに、編集者としてつらい悔いを残しましたね。仕事には大なり小なり悔いはつきものですが、山代さんには、とりわけ申しわけない思いがつきまとい離れません。中央線日野駅近くだったと思いますが、粗末といっていい団地の小さな部屋を訪ねて話しこんだり、高田馬場駅の土堤《どて》沿いの、焼いたニシンがおいしいという薄汚れた飲み屋で、なにやかや打ちあわせしたり、昔のことをお聞きしたりしました。細々と暮らしつつ初心をひたむきに貫く山代さんを、なんとか支えるひとりになりたいと願ったのですが、しかしとうとう何ひとつできませんでした。『連帯の探求』の奥付裏広告を久しぶりにふと見ましたら、「山代巴著　今日に生きる（仮題）近刊」とあるんですね。すっかり忘れていましたが、山代さんと計画した「幻の一冊」があったんです。しかしあとは原田さんの「山代巴文庫」にまかせたかたちです。そして第二期全巻に見事な解説を寄せられた牧原憲夫さんに、本をいただいたお礼などで山代さんの様子をうかがいながらも、老人ホームにお訪ねすることもなく、新聞でお亡くなりになったことを知る始末でした。山代さんこそ、田中ウタさんに捧げた言葉どおり、「黎明を歩んだ人」というにふさわしい方だったと思います。

今も感動的な自伝小説

——踵《きびす》を接するように、七〇年代後半から、丸岡秀子さんの仕事がはじまりますね。

松本　もろさわようこさんから山代巴さん、そして丸岡秀子さんというふうに、女性の人権と自立を問ううえで大事な出版がつづくんですが、と同時に、もろさわさんのすすめで刊行した国立《くにたち》市公民館市民大学セミナーの記録『主婦とおんな』（一九七三・三）が、たいへん大きな存在となりました。このいかにもさりげないタイトルの一冊は、前にチラリとふれたことがある、岩崎稔・上野千鶴子・成田龍一編『戦後思想の名著50』（平凡社、二〇〇六・二）でも、その一冊に選ばれているんです。この本は「主婦」を、「老後」「職業」「夫」「子ども」の四つのテーマで話しあった記録ですが、解説の西川祐子氏は、主婦たちがみずからの足場を切り崩す「思想闘争の記録」であり、「女たちの運動の初心と原初の力を刻んだ本書はくり返し読み返されるべき」だと、こちらがびっくりするほど（笑）、高く評価しています。

——正直、題名も知らない本なのですが……。

松本　そうだと思います。当時セミナーを企画・実行し、本にまとめたのは、公民館の職員だった伊藤雅子さんで、編集者として直接かかわったのは、六八年一月に編集部に入社した石田百合《ゆり》さんです。わたしもはじめは石田さんと

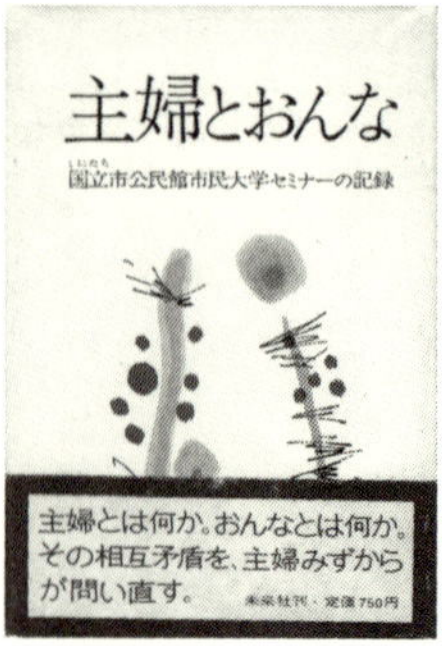

『主婦とおんな——国立市公民館市民大学セミナーの記録』カバー・帯

一緒に、伊藤さんと話しあって仕事にかかわりましたけどね。石田さんは以後、伊藤さんの『子どもからの自立』（一九七五・四）、『女の現在』（一九七八・二）などの名著にかかわり、未来社での女性問題の分野をさらにすすめました。『丸岡秀子評論集』全十巻も、七八年五月にスタートし、いつも石田さんといっしょに丸岡さん宅を訪ね、お話を聞き、編集の打ち合わせをしましたけど、具体的に膨大な原稿を整理・進行させたのは石田さんです。しかも、わたしは八三年五月に未来社を辞していますから、わたしがかかわったのは、第五巻の『魂をもって魂に話しかけよ』（一九八二・十二）までで、全十巻を完結（一九九一・五）させたのは石田さんの努力によるものです。最後の第十巻『心の血縁を求めて』は、丸岡さんが九〇年五月に亡くなっていますから、没後の刊行になります。石田さんとは、田口英治さんとともに、「未来」の編集・校正で力をあわせた仲ですが、彼女ももう定年退職、時代の移り変わりを感じます。

『いのちへの責任――丸岡秀子評論集1』貼函

丸岡秀子（撮影・佐川二亮）

　ちなみに、伊藤雅子さんのおつれあいは、当時、岩波書店編集部に在籍した伊藤修さんで、丸山眞男さんの『「文明論之概略」を読む』全三巻（岩波新書、一九八六・一～十二）のもととなった読書会を計画し、刊

『ひとすじの道』文芸版、第一・二・三部カバー・帯

行にこぎつけた「世話人」（丸山さんの言葉）です。もう昔のことですから、バラしても怒られないでしょう（笑）。お会いしたことがあり、いい方だったという記憶があります。

――丸岡さんの作品で、とくにこれというものがありましたら挙げてください。

松本　鹿島さんのドメス出版のように、未来社は「女性問題」に関する研究書や資料集などを中心にした出版社ではありませんから、この分野の評論とか文学とか記録などの範囲にとどまります。丸岡さんの著作では『ある戦後精神』（一ツ橋書房、一九六九）や『田村俊子とわたし』（中央公論社、一九七三。ドメス出版、一九七七、再刊）などが好きですし、晩年、逆順で最愛のお嬢さんに先立たれたあとまとめられた『声は無けれど』（岩波書店、一九八七・十二）と『いのち、韻《ひびき》あり』（一九八九・十二）は、痛切な記録・エッセイとして心に刻まれます。

わたしがもっとも愛読したのは、自伝的小説『ひとすじの道』全三巻（偕成社、初版一九七一～七七。文芸版、一九八三・五）です。この作品は、近代日本の自伝文学のジャンルでも傑出していて、なぜ文学史家や文芸評論家なる専門家が、ほとんど無視しているのかわかりません。文芸版が刊行された八三年、そのころ、取次店の東販（現トーハン）の営業企画部長だった稲葉通雄《みちお》さんが、鹿島さんのすすめで読んで「涙がとまらないほどに」感動し、「十代の心　いのちへの責任　丸岡秀子コレクション」というブックフェアを企画し、成功させたのは素晴らしいことでした。

――いまではほとんど考えられません！

松本　『ひとすじの道』は、恵子という丸岡さんご自身といっていい主人公が、少女期から青春時代を経て結婚するまでの、西欧でいうところの教養小説《ビルドゥングス・ロマン》といっていいと思います。生後九カ月で生母と死別、貧しい祖父母に温かく育てられた恵子が、学問を志して、長野・佐久盆地の中込《なかごみ》から、広い世の中に出立《しゅったつ》していく物語です。家や父との確執、ひどい労働条件下の紡績女工となる親友・常《つね》との別れと再会、旧奈良女子高等師範学校時代の有島武郎や富本憲吉・一枝夫妻との劇的な出会いと近代への目覚めなどを通して、丸岡さんは、第三部のタイトルにあるように、一個の人間がどのようにして、「愛と自立への旅」を歩いたかを描いたんですね。この作品は、読書感想文の課題図書になったり、厚生省（当時）から児童書として推薦されたりしていますが、稲葉さんは、これを「児童書」の枠内にとどめてはいけないし、ましてや「女性に贈る本」でもなく、「すべてのひとに贈る」本だと心をこめて強調しています。わたしもまったくそのとおりだと思いますね。

既成の戦後文学史の外に

——いわゆる戦後文学史の視野には入ってこないですね。

松本　山代巴さんの大河小説『囚われの女たち』は、刑務所内のいわば罪を犯した底辺の女性たちの群像に温かい目を注ぐことで、いみじくも日本近代が背負った問題のすべてが浮かびあがるように書かれていますが、『ひとすじの道』は、ひとりの女性が人びとと出会うことによってどのように精神的に成長したかということをとおして、同じく日本の近代の矛盾が根底から問われた作品といえるんじゃないでしょうか。方法は違いますけど、戦後が誇る二大傑作長篇小説といっていいと思います。歴史家とか思想家あるいは文芸評論家といわれる方々は、こういう作品からも、日本近代の問題点をひき出していただきたいと思いますね。そう考えると、失礼ですが、文芸批評家でもなかった取次店勤務の稲葉さんが、『ひとすじの道』を絶賛し、イベントまで立ちあげたんですから、驚くというより、感服のほかありません。地位や職業などにとらわれない純粋な目が大切なんですね。

稲葉通雄

——そういう方がいることも、そういう発想自体も、いまや想像もつかないことです。

松本　未来社時代、わたしは編集のみでなく、友人に借金を頼んでみたり（笑）、書店・取次店への営業活動まで、なんでもやっていましたけど、稲葉さんが書籍部長のときなど、訪ねると「お茶飲みに行こう」と外に出ては、佐多稲子さんや島尾敏雄さんなど、稲葉さんの好きな作家の話ばかりしていましたね。たしか、西谷さんの『出版界の虚像と実像』（一九八一・一）を未来社で出版したときだったと思います。ひとしきり文学談義に花を咲かせたあと、「ところで、西谷さんの本を何部とってくれますか」と聞いたら、「二千部どうぞ」といわれ、仰天して西谷さんに報告したら、西谷さんもすっかり感激したことがあります。なぜなら、六八年十月以来、未来社は新刊の委託制度をやめ、返品不可の注文買切制を実施していましたので、新刊の前もっての書店からの注文部数は、ほとんどがせいぜい二百か三百部ほどしかなかったんです。あとの千部以上は倉庫に積んでおいて、書店からの注文を待っていたわけですから。

――稀有なことですね。でもそういう個別の対応がいまはほとんどないのも現実です。

松本　稲葉さんはもう仕事からは退いていますが、小説集を青娥書房から二冊出していますし、影書房からはエッセイ集『本、それはいのちあるもの』（一九八五・十一）、『本の想い　人の想い』（一九九五・十）の二冊を出してもらって、いまも親しくおつきあいさせていただいています。丸岡さんの晩年、稲葉さんや鹿島さん、そしてこのインタビューにときどき写真を提供してくれてい

丸岡秀子を囲む集い（左は稲葉通雄）

るトーハン広報課の佐川二亮《つぐすけ》さんや、丸岡さんにぞっこん惚れこんでいた形成社の入野正男さんなどとはかって、毎年年末に、丸岡さんを囲んで食事をしながら話を聞く、ささやかな集まりもつづけたことがあります。

丸岡さんが亡くなったとき、わたしは、歌謡曲でもっとも好きな美空ひばりの『川の流れのように』になぞらえて（笑）、丸岡さんを追悼したことがあります。丸岡さんは、スメタナの『モルダウ』がお好きでしたが、同時に、みずからの心を故郷の千曲川に寄せていました。川の流れに託された貧しい民衆の生活や喜びや悲しみ、そして嘆きや怒りに耳を傾け、彼らにこそ生涯を捧げた丸岡さんや山代さんの仕事を、いまいちど、しっかりと心にとどめたいと切に思います。

17　北朝鮮とのかかわりと金泰生

飛び込んできた大仕事

――未来社では一九六〇年代後半から七〇年代にかけての一時期、『金日成著作集』や『朝鮮革命博物館』、また当時の朝鮮総聯副議長でのちに失脚した金炳植《キムビョンシク》氏の単行本など、北朝鮮関係の出版物が出ています。大半はいわば北朝鮮のオフィシャルな本ですが、どういう経緯でこれらが出ることになったのでしょう。

松本　朝鮮民主主義人民共和国（俗称ですが便宜上、北朝鮮と略します）に関する出版活動のきっかけは、朝鮮科学院歴史研究所編『朝鮮通史』上巻（一九六二・一）で、翻訳は朴慶植《パクキョンシク》さんでした。出版の経緯はわかりませんし、下巻は本国との関係からか、とうとう刊行されずじまいでした。つづいて、朴さんと同じ歴史学者の李進熙《リジンヒ》さんとの共編で『朝鮮歴史年表』（一九六二・五。増補版、一九六四・十）が出ていますので、朴さんとの関係が、いわば北朝鮮関係の本の入り口だったと思います。朴さんは当時、在日本朝鮮人総聯合会（略称・朝鮮総聯）に所属し、東京都北区十条の東

『朝鮮人強制連行の記録』カバー

朴慶植（1990年3月）

京朝鮮中高級学校の教員を経て、朝鮮大学校の教員をしていましたが、六五年五月に未来社から『朝鮮人強制連行の記録』を刊行されました。これが、それ以後の朴さんの生涯をかけた全仕事の出発点になるとともに、朝鮮に対する日本の植民地支配の真実を白日のもとにさらす決定的な一書となりました。朴さんのお仕事についてはまたあとで触れますが、『朝鮮人強制連行の記録』は、未来社のロングセラーとなり、いまやこの分野の古典的名著といっていいでしょう。

――しかし北朝鮮関係の本は、内容がオフィシャルなこともあって、なぜ未来社から出版されたのか、かなり唐突な感じがします。

松本　もともと未来社は、創業以来、若き日にロシア文学や築地小劇場の演劇運動に心酔した西谷能雄さんの志向もあって、ソビエト・ロシア（当時）の演劇理論書のほか、一九四九年十月に建国した中華人民共和国の芸術関係にも、関心が深かったんです。わたしが入社する以前にも、『郭沫若《かくまつじゃく》詩集』（須田禎一訳、一九五二・十）のほか、曹禺《そうぐう》、老舎《ろうしゃ》、郭沫若などの戯曲も出版されていて、つまりそれなりに社会主義国やアジアに目を向けていたのです。しかし北朝鮮に関しては、六〇年代末から七〇年代はじめにかけて、朝鮮総聯からの申し入れで、一挙に、一国の指導者だった金日成《キムイルソン》首相（当時）の本からかかわることになりました。それには、六五年六月に大韓民国（略称・韓国）との間に日韓基本条約が締結されて、一方的に無視された北朝鮮の危機感なども背景にあったかもしれませんし、とてもひとことで説明することはできません。いずれにしても、未来社に白羽の矢が立って、いきなり想像を超えたどでかい仕事が（笑）飛びこんできたわけです。

――本の製作は実際にどのように行われたんでしょう。編集作業はだれと交渉を？　どれくらいの部数が売れて、また買い取りなどはあったんでしょうか。

英語版伝記『KIM IL SUNG』、『金日成著作集』など

松本　金日成首相の英語版の伝記『KIM IL SUNG』全三巻（Baik Bong〈白峯〉著、一九六九・十～七〇・四）は、そのころ朝鮮総聯の第一副議長だった金炳植氏がとりしきっていたと思います。氏の著書も『現代朝鮮の基本問題』（一九六九・四）ほか二冊ほどが出ていますが、のちに総聯内部のゴタゴタで失脚し、北朝鮮に帰国されました。変な話ですが、上野駅で汽車に乗る金夫妻を、西谷夫妻とわたしのたった三人で見送ってお別れした覚えがあります。若干の事情は仄聞《そくぶん》していましたけど、なんとも侘《わび》しい思いでした。北朝鮮でもう亡くなられたようですけど。

それはともかく、その英語版は総ページ約千九百ページもあって、日本で売れるはずもなく、いわば諸外国向けの本ですから製作だけすればいいわけです。各巻三千部ほど買い上げてくれたんではないでしょうか。それでずいぶん経済的には助かりましたね。「ニューヨーク・タイムズ」に全面広告が出たりもしましたよ。優秀な朝鮮総聯の若い翻訳スタッフが何人か、宿屋にこもりっきりで英訳に励んでいる現場を訪ねたこともあります。そのなかに、のちにいい小説を書く作家になった方もいました。日本語版は、長坂一雄氏が社長をしていた雄山閣から出版されています。いまから思うと万感こもごも、というところです。

――西谷さんや松本さんの北朝鮮への招待旅行は、それに対する返礼ですか。またそういう仕事に対する、普段からつきあいのある著者たちの反応はどうだったんでしょう。

松本　北朝鮮への旅は、その英語版刊行の思わぬ余波といいますか、またそれはわたしの生涯にとっても特記すべき事態を引き起こすことになったんですね。まず西谷能雄・和歌子夫妻が、先の長坂氏とともに、七〇年六月、一カ月にわたって北朝鮮に招かれたんです。そのころ、国交のない(今もない！)北朝鮮には、まだわずかの政治家・知識人などが訪ねただけで、出版界の人たちが招かれるのも稀有なことでした。西谷さんたちは金首相とも会い、強烈な印象を得て帰国し、まもなく『金日成著作集』全五巻(一九七〇・十～七一・四。のち六巻、一九七五・九、七巻、一九八一・十、増巻)が刊行されます。かくして北朝鮮にとっては国家的といっていい出版事業に、未来社はかかわることになるのです。といっても特別気負い立つようなこともなく、これまでどおりの仕事はつづいていて、親しい著者たちからも、個人的にはさまざまあったかもしれませんが、特別の意見は聞かれませんでした。

二度の北朝鮮への旅

——松本さんへの招待はどんなふうにして来たんですか。

松本　わたしのはじめての訪朝は、七二年四月、約一カ月の滞在でした。すでに、みな故人となられた方たちですが、石野径一郎、江間章子、岡本愛彦《よしひこ》（秘書長）、藤島宇内《うだい》、真壁仁、山根銀二（団長）の六氏で構成された「日本文化人代表団」に、ツケタリとしてひとり加わることになったんです。西谷さんが朝鮮総聯の関係者に、すでにメンバーは決定していたのにあとからわたしを強くすすめ、文化人でもない一編集者が出発間近にドタキャンとは逆のドタン場参加したわけです（笑）。事実、いっしょに行った別の、安井郁《かおる》氏を団長とする「日本社会科学者代表団」は六人でした。

　二回目は翌年の九月、わたしひとりで来なさいという招待状が届いてびっくり仰天（笑）。もう亡くなりましたけど、この連載でも紹介し、写真を勝手に使わせてもらっている幼なじみの矢田金一郎さんといっしょに、写真を自由に撮らせてくれるならと連絡したら、どうぞということでした。同じく一カ月滞在し、矢田さんは二、三千枚の写真を撮りましたね。

——なぜ松本さんに二度目の、単独での招待が来たんでしょう。また松本さんは『朝鮮の旅』を著されましたが、反響はどうでしたか。

松本　わたしが単独で招かれたのは、一回目の訪朝記を「未来」に、ルポふうに十回ほど連載して

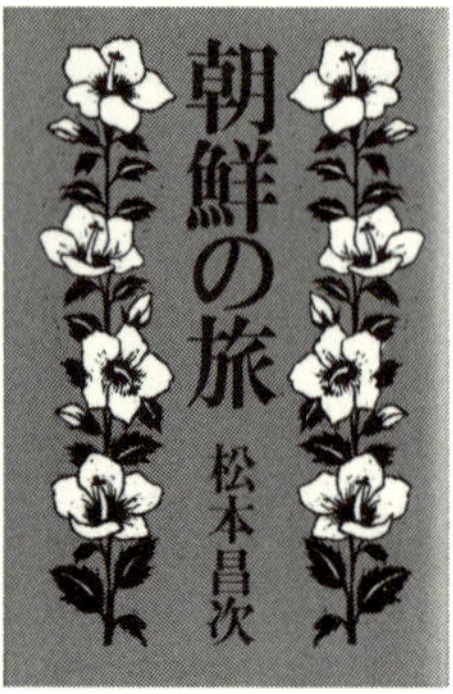

『朝鮮の旅』カバー

いたのが、本国の関係者の目にとまったからでしょう。それで、二回目の記録とともに、本多勝一さんにすすめられて、七五年十一月、『朝鮮の旅』（すずさわ書店）として一冊にまとめました。もうすでに三十数年も前になりますが、その内容についでは、わたしが日ごろ敬意を寄せているふたりの方の「批判」で代えさせてもらいます。

そのひとりは和田春樹さんです。和田さんは、わたしが「タブラ・ラサの状態」で北朝鮮を「美化」せずに見たといいながら、しかしそうではないといわれています。「日本の植民地支配がこの国の人々に損害と苦痛をもたらしたことを反省し、謝罪する気持、朝鮮戦争で被った大変な被害からめざましい復興をとげたことへの敬意といったものを前提」にしたため、「北朝鮮でみるもの、きく話に圧倒され、結果的に北朝鮮をすべて支持してしまう話」になっている、とわたしを批判しつつ、「日本帝国主義とアメリカ帝国主義に対する批判」の書でもあるともいわれています（『北朝鮮――遊撃隊国家の現在』岩波書店、一九九八・三、および和田春樹・高崎宗司『検証　日朝関係六〇年史』明石書店、二〇〇五・十二）。そしてなかでも問題にされたのは、ちょうど同じころ、北朝鮮に滞在していたマーク・ゲインの、「週刊朝日」に連載したルポを、わたしが批判していることです。マーク・ゲインといえば、かつて『ニッポン日記』（筑摩書房、一九五一）が大ベストセラーとなったアメリカの有名なジャーナリストですが、金日成首相に対する個人崇拝的な行事や、朝鮮戦争と「ゲリラ南派」についての意見は、ゲインのほうが正しく、わたしの「マーク・ゲイン批判」は

「指導者は謙虚であってほしいという……願望の投影」だろうと、和田さんは指摘されています。

この「マーク・ゲイン批判」については、もうひとりの太田昌国さんもわたしを批判されています。わたしが「日本が行なった植民地支配の過去を思い、いまだ国交回復もできていない国との間に、どのような新しい関係を築くことができるのかという問題意識にあふれていること」には共感するが、マーク・ゲインに対する感情的な反発は、「逆に、松本にも見えたはずの、北朝鮮社会が抱える問題点を見えなくさせている」と、太田さんは批判し、次のようにいわれています。「対象への過大な期待や思い込みに寄りかかることなく、また植民地支配や戦争に関わる国家レベルの清算が済んでいないからといって、個人として言うべきことも言わない遠慮した関係に陥ることなく、対等の関係を確立することが大切なのだ」と（『「拉致」異論――あふれ出る「日本人の物語」から離れて』太田出版、二〇〇三・七）。

――ストレートな批判ですが、それらについてはどう思われますか。

松本　おふたりのわたしに対する「批判」は、おっしゃるとおりだと思います。しかし、わたしの悪いクセで（笑）、かつて日本が植民地支配や侵略戦争で想像を絶する被害を与えた中国や朝鮮や東南アジアの国ぐにや人びととは、どうしても「対等の関係」になれないのですね。それは、戦後六十年余、わたしの生まれ住む日本国が、それら加害の責任をきちんととってこないことへの「痛み」から、逃れられないということでもあります。一回目に行ったときですが、平壌《ピョンヤン》大劇場で革命歌劇『血の海』を見たときのことは忘れられません。日本の軍隊や官憲に、武器もない朝鮮人の老人や女・子どもが虐殺される場面があるんですが、満員の観客の嗚咽《おえつ》が劇場に、波のうねりのよ

革命歌劇『血の海』の舞台(1972年、公演パンフレットより)

うに満ちるんですね。観客のなかにはかつての植民地支配時代を生き延びた人や、親兄弟・知人を殺された人たちもいるはずです。その劇場に日本人のひとりとして座っていることの痛みを、せめて政治家の連中にも味わわせてやりたいですよ。

――日本と北朝鮮の関係で言えば、六二年の、吉永小百合と浜田光夫が主演した、浦山桐郎監督の大ヒット映画『キューポラのある街』のラストシーンは、北朝鮮への帰国船が出発するところでした。社会主義と資本主義の両陣営が対立していた時代には、いまでは想像もつかないことですが、北朝鮮を「希望の地」とする見方が広くあったんですね。現在では北朝鮮との関係はこじれるばかりです。そのことをどうお考えですか。

松本　岩波書店の社長をされた安江良介さんは、残念なことに、九八年一月、六十二歳の若さで亡くなられましたが、戦後北朝鮮と国交を結ぶ機会が何度もあったにもかかわらず、日本は韓国とだけ国交を開き、米国と一体となって北朝鮮に対し敵視政策をつづけ、その機会をのがしたことを、本当に悔やんでいました。三十六年間にわたる植民地支配とそれによる朝鮮分断の責任をとって謝罪し、日本から国交を開いていれば、現在のような「拉致問題」をはじめとする、こじれた事態を招かなかったことは明らかです。安江さんは、かつてポーランドを訪ねたブラント元西ドイツ首相が、

「ゲットーの前で、言葉もなく崩れ落ちるようにして泣い」て謝罪したことにふれ、「私たち日本の国民を代表する人々にそうした姿勢をみることができない」ことを悲しむ、と書いたことがあります（『同時代を見る眼』所収、岩波書店、一九九八・四）。

ちなみに、安江さん生前唯一の著書『孤立する日本――多層危機のなかで』（一九八八・四）を、三年がかりで米田卓史さんと口説きおとして影書房で刊行しました。主として朝鮮・韓国に対する日本の責任を問う講演九篇を収めたものです。日本の首相など、たとえば、「三・一万歳事件」ともいわれる一九一九年三月の朝鮮独立運動を記念する韓国のパゴダ公園を、大手をふって一歩でも歩けると思っているんでしょうか。日本の軍隊や憲兵警察に、七千人余が虐殺され数十万人が投獄されているんです。朴慶植さんに、『朝鮮三・一独立運動』（平凡社選書、一九七六・十二）という名著もありますので、政府筋の人たちはせめて読んでほしいですね。

安江良介（『追悼集　安江良介　その人と思想』1999 年より）

――北朝鮮関係の本を出されていたころは、日本との国交回復や南北統一の可能性が現実のこととして考えられたんですね。そのために何かできるのではないかと。

松本　まあ、大それたことはできませんが、せめてその「井戸掘り」の一助にでもなればという、密かな願いはありましたね。事実、わたしが北朝鮮にはじめて行った直後の七二年七月、板門店《パンムンジョム》を朝鮮総聯の人たちも加えた代表団が北側から越えて、ソウルで南北会談がはじめて開かれ、共同声明が出されたりしたんです。しかし一方で、韓国では朴正熙《パクチョンヒ》大統領の軍事体制が強化され、七一年四月には、有名な徐勝《ソスン》・俊植《ジュンシク》兄弟が「学園浸透スパイ団事件」で逮捕投獄され、死刑を宣告されたり、七二年十月には「維新クーデター」が起こったりしていました。七三年八月には、日本中をさわがせた金大中《キムデジュン》拉致事件がおこります。それ以前の七〇年三月、北朝鮮は、いまなお面倒な問題となっている、よど号ハイジャック事件の赤軍派学生という「招かれざる客」を抱えこむという難問に直面していました。いまから考えると南北朝鮮ともに、激動の時代でもあったんです。

——そんななか、七〇年代半ばには『朝鮮革命博物館』が刊行されますね。

松本　朝鮮革命博物館写真帳編集委員会編・訳『朝鮮革命博物館』上下（日本語版、一九七四・八、十二。英語版、一九七五・九、十二）は、わたしが二回目に訪朝したさいに、あちらの関係者と話し合ったもので、のちに写真など一切の材料が送られてきました。未来社刊となっていますが、社としての刊行の言葉などはなく、「朝鮮革命博物館」に展示されている写真と資料、金日成主席（当時）の主要な言葉から構成された、一種の「金日成伝」といえます。これもむろん製作しただけで、一般には売れませんから千部ほど買い上げてもらう条件で、経済的には助かった仕事です。しかしこれを製作した一年余は、わたしや編集部の同僚が形成社印刷に交代でつめっきりになり、同時に、未来社本来の仕事もすすめなければならないという毎日でした。

朴慶植が遺したもの

――そのころ未来社は、新刊が年に五十点から七十点近くあり、重版は三百点ほど。編集・営業など合わせて十人余の出版社としては、すさまじい仕事量です。

松本　まあ、ふりかえってみて編集部の仲間たちはよくやったと思いますね。『博物館』の印刷には神経を使ってたいへんでしたよ。まだ活版の時代ですから、実際の印刷の現場には必ず立ち会わねばなりません。カラーページも多く、ミス一つ出せませんからね。率直にいって、わたしたちには理解のとどかない「金日成物語」ですが、中国における毛沢東、北ベトナムにおけるホー・チ・ミンのように、朝鮮総聯系の方がたにとっては、まさに日本の植民地支配からの解放を達成した慈父《アボジ》ですからね。しかも日本は、北朝鮮に対する敵視政策は変わらず、具体的には在日朝鮮人、とくに朝鮮総聯系への締めつけ、差別は強まるばかりでしたから、なんとか応援したい思いでした。しかしこの仕事をピークにして、北朝鮮のオフィシャルな出版活動からはだんだん遠ざかります。

――離れていったのには、はっきりした理由があるんですか。

松本　うまくいえませんが、朝鮮総聯系の仕事にかかわりながら、次第にそこから離れていった在日朝鮮人たちの文学作品や歴史研究の仕事に惹かれはじめたことも、その一因でしょうか。たとえば、朴慶植さんは、はじめに申し上げた金炳植氏の問題などで朝鮮総聯を離れ、その後、自力で在日朝鮮人の運動についてすぐれた著書を何冊も出されます。しかし未来社としては、はじめの一冊

'98.2.13

在日の歴史家 朴慶植さん事故死

朴慶植の事故死を伝える「朝日新聞」(1998年2月13日付)

だけで、「未来」に時折、原稿を書いていただくにとどまりました。ある悔いが残りますが、生活のため古本屋を開かれたときなど、個人的に本を提供することしかできませんでした。

朴さんが編集した『在日朝鮮人関係資料集成』全五巻(三一書房、一九七五・九〜七六・十二)は、すごいですよ。一九一〇年の「日韓併合」から四五年「八・一五」に至る、「在日朝鮮人に関して作成された日本政府官庁資料」を主として編集したもので、わたしなどではとても使いこなせず宝の持ちぐされ(笑)ですが、朴さんの記念に本棚に飾っています。総ページ約五千四百ページ、別刷り表組み付き、五冊の本の背幅《つか》は計四十三センチ、三十年前で定価合計十一万三千円です。朴さんがどんな思いでこの膨大な資料と取り組んだか。阿佐ケ谷あたりの飲み屋で、口角泡を飛ばして激論する朴さんの姿は忘れられません。九八年二月十二日の夜遅く、近くの仕事場から自宅に自転車で帰る途中、車にはねられ亡くなりました。七十五歳。「朝日新聞」の「惜別」欄によると、都営住宅の自宅は風呂場にまで資料があふれ、それら五万点の資料を保存する「在日同胞歴史資料館」建設に、執念を燃やしていた矢先といいます。その相談を庄幸司郎などと受けたこともあります。さぞ無念な思いだったでしょう。

金泰生の思い出

――在日朝鮮人の作家・研究者には、日本人には思いはかることのできない苦難がありますね。

松本　在日朝鮮人作家では、日本の文壇でも確固たる地歩を築かれた金石範《キムソクポム》さんとか李恢成《イフェソン》さんなどを存じ上げていますし、お話ししたい方は何人もいらっしゃいますが、七〇年代半ばごろ、ある在日朝鮮人の友人から紹介されて出会った金泰生《キムテセン》さんは、わたしにとってもっとも忘れがたい人のひとりです。八六年十二月、泰生さんは六十一歳で亡くなってしまいますから、考えてみますと、わずか十年ほどのおつきあいでしたけど、その間の出会いの日々は、濃密に思い起こされますね。極めてマイナーな方で文壇とは無縁でしたから、生前、小さな出版社からたった四冊の目立たない作品集を出したにすぎません。『骨片』（創樹社、一九七七・九）、『私の日本地図』（未来社、一九七八・六）、『私の人間地図』（青弓社、一九八五・一二）、そして『旅人《ナグネ》伝説』（記録社／影書房、一九八五・八）の四冊です。

『骨片』カバー・帯
（装幀・田村義也）

『旅人伝説』カバー・帯

泰生さんは、五歳で生活のため済州島《チェジュド》から大阪の親戚のも

金泰生（撮影・裵昭）

とに身を寄せ、みずからを「歴史によって強制連行された世代の一人」で「一・五世」と称していました。泰生さんの作品は、この日本で生きながらえることのできなかった在日朝鮮人の死者たちを、憤りと優しさをもって手厚く鎮魂しているということができます。

――しかし作品も人物もほとんど知られていませんね。

松本　泰生さんの作品は、いわゆる日本でいうところの私小説的といってもいい作風かもしれませんが、日本のそれとはちがい、その背後には、おのずから朝鮮民族の悲憤に満ちた姿が浮かび上がってくるのです。若いころ、結核の手術で肋骨八本をへし折られ、片肺を切除された泰生さんの胸は薄くへこみ、坂道にかかると喘《あえ》ぎ喘ぎしていましたけど、議論では極めて盛んでゆずりませんでしたね。あるとき、友人の在日朝鮮人とわが家に泊まったことがあるんですが、ふたりの議論は果てしなくつづき、わたしは疲れ果てて先に寝てしまいました。翌朝、近所の人がおふくろに、「きのうの晩、お宅で喧嘩がありましたか」と聞いたそうです（笑）。そういう一面も含めて、泰生さんの人柄は、二十年たったいまも鮮明です。四冊の本に、なんらかの仕方でわたしはかかわっています。

亡くなったあと、なんとか一巻全集を作りたいと思いながら、経済的力がなくて果たせないのが唯一の悩みです。埼玉県川口市の、小さな病院の薄暗い相部屋で、泰生さんはひっそりと息をひきとりました。「烏賊《いか》の瞳《め》の潤みて海に向き干さる」は、生前、泰生さんの自慢の一句ですが、とうとう玄界灘を隔てた故郷の土を踏むことのできなかった泰生さんの想いが、胸を打ちます。

——現在の北朝鮮について、また、いまの日本との関係についてどうお考えですか。

松本　日本は本当に不思議な国ですよ。つい六十年前まで、自分が勝手に入り込んで、土地と財産を奪うどころか言葉や名前まで奪った北朝鮮を仮想敵にし、原爆や無差別爆撃で多くの非戦闘員を殺したかつての「鬼畜」米国とは、沖縄はじめ言われるままに基地を提供して、仲良く手に手をとって戦闘準備をしているんですからね。朝鮮や中国や東南アジアなどには、至るところに日本の植民地支配や侵略戦争の痕跡が残っていますけど、いったい、彼らが日本の領土に侵入した痕跡がどこにあるんでしょうか。また戦後これだけたって、いまなおアジア諸国から戦争責任を問われている国を、恥ずかしいと思わないのでしょうか。以前、藤田省三さんの言葉を引用したことがありますけど、日本国民ほど、してはならないという「倫理的ブレイキ」の基礎となる「反省能力、自己批判能力」が欠如している国民はないというんですね。そしてあるのは「自己愛、つまりナルシシズム」で、それはどこに発揮されるかというと「国家主義」「会社人間」にです。

なによりもまず日本がなすべきは、北朝鮮のみならず、アジア諸国に対する侵略責任・戦争責任を真に反省し、自己批判することです。この出発点に戻らない限り、何ごとも進みません。「核」が人類破滅につながるのは言うまでもなく、北朝鮮のみならず本家本元の米国も廃絶すべきです。「テポドン」どころか、日本と韓国の米軍基地で何百発といわれるミサイルが北朝鮮を狙っている限り、北朝鮮の軍事体制を変えることもできないでしょう。「拉致」は許しがたいことですが、その見本を示したのは、まぎれもないかつての日本です。そのことを認め謝罪することから、解決の道をさぐらねばなりません。日米の経済封鎖が北朝鮮にとってどんなに深刻なものであるか、飢饉になるのも無理はないでしょう。体制は異なりますけど、日本から進んで国交を開く努力をすべきじゃないですか。政府関係者に朴慶植さんの本を読めというのは無理でしょうが、せめて国会で、井筒和幸監督の映画『パッチギ！』の上映会でもやったらどうか（笑）とすすめたいですね。

18　西郷信綱、廣末保、安東次男と民衆文化

半世紀ぶりに復刊されたアンソロジー

——今回は、これまでとはいささか趣の違う、芸術・芸能関係の本について伺います。その前に、一昨年（二〇〇五）六月、半世紀ぶりに未来社で復刊された『日本詞《し》華《か》集』（初版、一九五八・四）のいきさつなどからお聞きします。

松本　『日本詞華集』の企画は、編者のひとりである西郷信綱さんと、西谷能雄さんとの話から出たのではなかったでしょうか。こんどの「復刊本のあとがき」で、西郷さんは「肉体的・精神的なエネルギーを要する困難な仕事であった」と回想されていますが、なにしろ、古代の歌謡・風土記などをはじめ、中世・近世・近代を経て一九三〇年ごろまでの膨大な量の和歌・俳諧・詩のなかから選択し、全一冊にまとめたんですからたいへんだったと思います。その編集現場に直接立ち会うことで、わたしもずいぶん勉強になりました。

しかしなによりも三人の編者、西郷さんをはじめ、いまは亡き廣末保・安東次男《あんどうつぐお》さんと親しく接

することができ、それぞれの方のすぐれた著書の出版にたずさわれたことは、編集者として何よりの収穫でした。

――復刊本はすぐに重版になったようですが、当時も売れたんですか。

松本　西谷さんはじめ張り切って上等な本造りをしたんですが、例によってさっぱり売れませんでしたね（笑）。西郷さんも「なぜだか大して日の目も見ずに埋もれてしまっていた」と書いています。企画が早すぎたんでしょうか。西欧などではアンソロジーが大事にされ、読まれますけどね。なにしろ、コピー機やファクスなどない時代ですから、資料を持ち寄ったり、文庫本で集めたりして、ときには安宿に泊まりこんで意見を交わしながら選択するわけです。神田一ツ橋の学士会館などもずいぶん利用しましたけど、仕事に疲れると、遊び人を自称する安東さんの指導のもと、会館にある「球突き」にみんなで熱中したり（笑）。訳詩集『珊瑚集』（一九一三）から永井荷風も六篇ほど選んだんですが、収録許可の返事がないので市川のお宅に伺ったことがあります。実に愛想よく「どうぞ、いいですよ」と言ってくれたんですが、通された畳の部屋には家具や本棚らしいものがほとんどないのに驚いた記憶があります。本が出た翌年（一九五九）、荷風さんは亡くなられました。

『日本詞華集』初版貼函

二十年がかりの『古事記注釈』

——編者の三氏は相当個性の強い方々ですね。松本さんの編集者としてのそれ以後のかかわりは？

松本　わたしが未来社に入社した直後の五三年七月、西郷さんは、阪下圭八・境野みち子さんと共同編集で『日本民謡集』を出版されたんですが、その原稿取りの使い走りなどした記憶がありますから、わたしが編集者としてヒヨコの時代からのおつきあいになります。入社早々のあるとき、うす暗い事務所のソファで本を読んでいたら、いつも飄々《ひょうひょう》としていて慌てん坊の杉浦明平さんが部屋に飛びこんでくるなり、「やあ、西郷さん、お久しぶりです」と人違いの挨拶をされ、光栄でしたがびっくりしたことが忘れられませんね（笑）。それはともかく、『日本詞華集』以後、『詩の発生』（一九六〇・六。増補版、一九六四・三）をはじめ、『国学の批判』（一九六五・十二）、『古事記研究』（一九七三・七）、『古典の影』（一九七九・六。平凡社ライブラリー、一九九五・六、増補復刊）などの出版にたずさわりました。西郷さんの多くの他社本を読ませていただいたり、お話を聞いたりすることで、日本の古代の文学のみならず、学問とは何か、批評とは何かという大事なことを、素人なりに学ばせていただいたのは、何物にも代え難いことです。

——西郷さんの主著といえば、先ごろちくま学芸文庫に入った『古事記注釈』全四巻（平凡社、一九七五・一～八九・九）がありますが、ことのはじまりは「未来」での連載ですね。

松本　そうなんです。第一巻の「あとがき」で、西郷さんは、わたしの「おだてにまんまと乗っ

西郷信綱

廣末保

て」三年近くも連載したと、好意的に書いてくれています。しかし実は、はじめ連載は一年ぐらいで終わるものと思っていたんですね（笑）。なんとも無知で、いまふりかえっても顔赤らむ思いですが、連載は七一年一月号から七三年十月号まで、三十四回つづきました。そしてほぼ二十年をかけて完成した平凡社版は、A5判で合計千八百ページ近くの「大著」になりました。しかし西郷さんは、第四巻の「後記」で、これは決して「大著」ではなく、「各駅停車の鈍行に乗っての長い旅路のメモ」と謙虚に述懐しています。いまや新幹線的な本が毎年何万冊も、超特急で書店を走り抜けていることと思いあわせると、「長い旅路」の車輌にほんの少しでも乗りあわすことができたのは幸運でした。

――いまは、そういうじっくりした仕事を見守り、世に出すことがたいへん難しいです。

松本　そのことでいえば、当時平凡社の編集者だった龍沢武《りゅうさわたけし》さんには敬服のほかありません。なにしろ、西郷さんの本を作るために、本居宣長の『古事記伝』を読破したというんですからね。わたしなんかは、書かれたものとその人柄に惚れるとヤミクモに本を作りたくなるんですが（笑）、龍沢さんは、ちゃんと専門的な勉強をするんですね。西郷さんの新刊である『日本の古代語を探る――詩学への道』（集英社新書、二〇〇五・三）の「解説」なども、龍沢さんは書かれていますが、とてもわたしなど足元にも及ばないものです。西郷さんは伊藤仁斎《じんさい》の『童子問』の「一にして万にゆく、これを博学といふ。万にして又万、これを多学といふ」という言葉がお好きなようですが、根から幹、枝、葉、そして花実と繁茂する樹木のような「博学」と、布でつくった死物にすぎない造花のような「多学」との違いを見極める龍沢さんのような編集者が、いまこそ望まれるのではないでしょうか。それにしても、西郷さんはさまざまな病気を克服し、九十歳を過ぎてなお「博学」の道を歩んでおられ、ただただ驚嘆のほかありません。

株とフランス文学

——三人の編者のおひとり、安東次男さんと、未来社、松本さんとの取り合わせはやや異色な感じがしますが。

松本　そのころ、わたしは東京の世田谷・豪徳寺のあたりに住んでいて、安東さんのお宅と比較的近かったので、妻なんかとよくブラリと遊びに行ったりしていました。あるときなど、先日まで棚に飾ってあった金目《かねめ》のものとおぼしき骨董品や、本棚にギッシリ並んでいた洋書がゴッソリ消えちゃっているので、訳を聞くと、「いや、株で失敗してさ、みんな売り飛ばしちゃったよ」と、ケロリとしているんですね（笑）。実に思い切りのいい人でした。また、たとえば年上の作家である野間宏さんの前であろうと、わたしのような年若き一介の編集者であろうと、まったく平等な口

安東次男

のきき方をするんですよ。たしか剣道は何段かの腕前でした。「これから居合抜きを見せるからじっとしてろ。こわがってうっかり手をあげたりすると指が飛ぶぞ」なんて驚かされ（笑）、本当に真剣が頭のてっぺんすれすれで、一瞬風を切りましたね。頭の回転がたいへん早く鋭い方でした。東大では経済学部で、マルクス主義的立場に立っていて、『資本論』はフランス語で読むとよくわかるから教えてやるといわれたんですが、残念ながら実現せずじまいでした。

――評判の高かった『風狂始末――芭蕉連句新釈』（筑摩書房、一九八六・六）からは想像できない一面ですね。

松本　四〇年代後半から五〇年代にかけて、安東さんの詩人・評論家としての、さらにフランス文学の紹介者としての活躍には、目をみはるものがありましたね。『六月のみどりの夜わ』や『死者の書』などの詩集、アラゴンやエリュアールの翻訳、そして現代詩論集など、いまは手元からは失われてしまった著書も含めて愛読し、ずいぶん勇気づけられました。まあ、安東さんの作品と人柄に相当イカレたうえ（笑）、『日本詞華集』の仕事ですっかり親しくなったもんですから、意気投合して『澱河《でんが》歌《か》の周辺』（一九六二・八。新版、二〇〇三・五）と、『芸術の表情』（一九六五・七）の二冊を作ったわけです。澱河とは大阪の淀川のことです。それを上から俯瞰すると、「仰向けに寝た一つのなまめく女体」のイメージで、与謝蕪村の有名な「澱河歌」は、晩年淀川を舟で上り下りした蕪村の、「回春の想い」をこめた「女体幻想」だなん

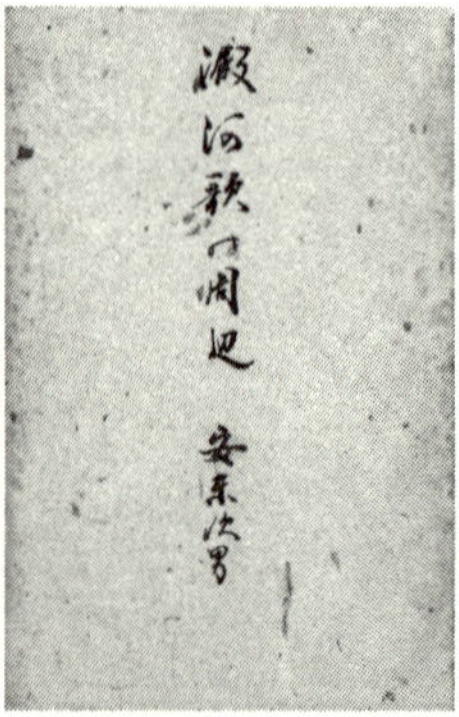

『澱河歌の周辺』初版本貼函

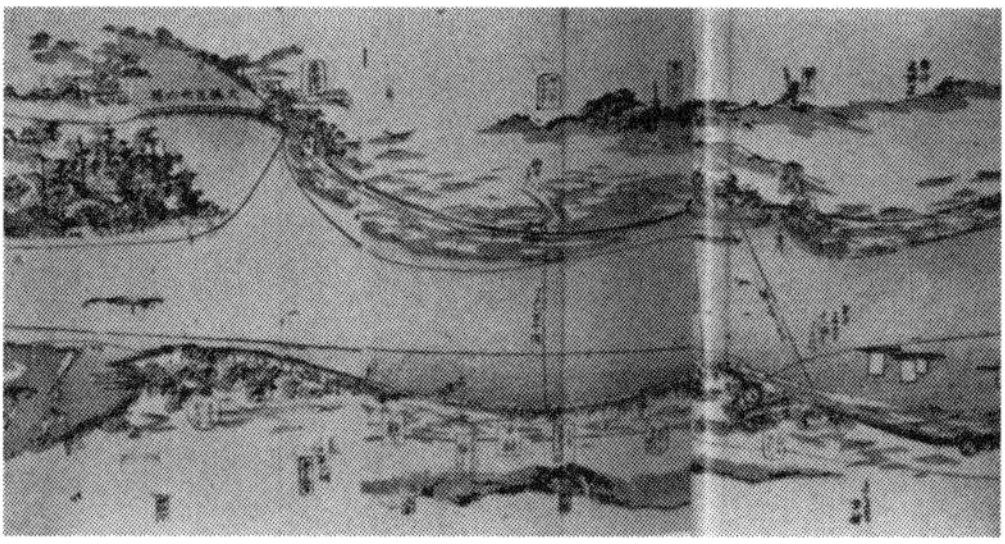

『澱河歌の周辺』収録の淀川の口絵

て（笑）、ウソでもホントでも、安東さん一流の豊かな発想には感心しましたね。しかも蕪村、芭蕉と、ランボー、ボードレール、ルドンなどが同居し行き来する評論集で、こちらは知らないことばかり、アレヨアレヨの感がありました。

――花田清輝とか埴谷雄高とか第一次戦後派の作家とは、かなり異質な出会いといっていいですね。

松本　ですから本造りもなかなか凝るんですよ。『澱河歌の周辺』の題字は安東さんの師・加藤楸邨《しゅうそん》にもらい、上製本で貼函、表紙は和紙張り、内外の関連図版もモノクロですが十六ページ二十一点、当時の未来社では安東さんの言いなりに贅《ぜい》を尽くしましたので、実は西谷さんに対して内心ヒヤヒヤものだったんです。幸い「読売文学賞」を受賞し、本当にホッとしました（笑）。

　その勢いにのって、今度は『芸術の表情』を作ったんですが、これまたA５判上製・布張り貼函入り、口絵はゴッホ、ダリから須田国太郎、さらになんだかわからない焼き物（笑）などの、カラー写真十四ページ十五点、そしてシャガール、ルドンから村上華岳《かがく》、織部《おりべ》焼といった骨董品などの、モノクロ写真四十ページ七十点を収め、そのころでは高定価の千八百円でした。「日本の民話」シリーズが三百八十円、A５判上製・貼函入りの『花田清輝著作集』でも九百五十円でしたからね。『芸術の表情』で忘れられないのは、口絵に収録した福田平八郎の

『芸術の表情』貼函と「雨」が天地逆版の口絵

有名な『雨』の写真の版を天地逆に刷っちゃったことです。だから雨が下から降ってるんですね（笑）。本ができてから気がついたんですが、「まあいいさ」と安東さんはとくに咎《とが》めもせず、小さな訂正カードをはさんで済ませました。図版収録の許可なんかも何ひとつ取っていないし、それで平気といういい時代でした（笑）。その後、安東さんは、芭蕉連句の評釈などで次第に大家となり、なんとなく足が遠のき、五年前でしたか、お亡くなりになったことも新聞で知り、遠く思いを馳せた次第です。

「絵金」の衝撃

——著者と編集者のつきあいは、どうしても時間の流れのなかで濃淡がありますね。廣末さんについては前にも話がありましたが、いちばん長く仕事をされたんですね。

松本　西郷信綱さんを『古事記』や『源氏物語』などの古代文学研究者、古典学者の域内に閉じこめていてはいけないように、廣末さんを近松や西鶴などの近世・江戸文学研究者とのみ考えてはいけないと思います。おふたりの仕事は、現在の日本の文化・思想を考えるうえでどれほど貴重かをもっと考えてほしいですね。失礼ですけど、西欧の思想家には一も二もなく追従する「多学」の知識人・学者があまりにも日本には多すぎるんではないでしょうか。花田さんが、廣末さんに対して、「うしろをふりかえっているようにみえるにもかかわらず、あくまで前を向いて、前人未到の領域を開拓しようという意欲にもえたっている」と評しましたけど、まったくそのとおりだと思います。インターナショナルな立場から、ナショナルな困難な問題を考え抜いた人が、目の前にいるんですよ。そういう方々の仕事をなんとか残したいというのが、まあ、おこがましいですけど、編集者としてのささやかな望みのひとつでもあるんです。

――廣末さんが編集された『絵金《えきん》――幕末土佐の芝居絵』（藤村欣市朗共編、一九六八・七。復刊、一九九五・八）は、衝撃的な本です。

松本　絵金というのは、幕末から明治初めにかけて四国・土佐にいた絵師金蔵（弘瀬洞意）の通称です。彼は、いわゆる歌舞伎の芝居絵というのをたくさん描いたのですが、それがひっそりと地方の一角に百年ほども眠っていたんですね。それら屏風仕立ての泥絵《どろえ》の歌舞伎絵は、夏祭りに境内や参道に作られたヤグラに組んだ台や、町並みの軒下に飾られ、提灯《ちょうちん》や裸ローソクで照らし出されるのを、通る人びとが見るという仕掛けなんです。その歌舞伎絵の躍動するデッサン力と強烈な色彩には、ほんとうにびっくりさせられます。つまり、日本の近代というのは、こうした特異な、格式からはずれた絢爛《けんらん》・野卑《やひ》な大衆文化などを、忘却するか抹殺することで成り立ってきたともいえるんですね。それらを廣末さんたちが、土地の人たちと発掘したんですが、それは単に物珍しさからではなく、こうして大衆的な芸術作品などに陽を当てることによって、日本の近代とはなんだったのかということを、もう一度問い直すこころみでもあったんです。

絵金の屏風絵『累ヶ淵』（撮影・矢田金一郎）

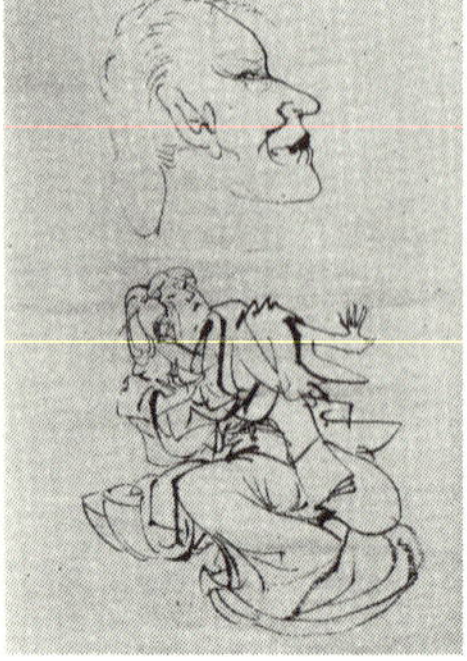

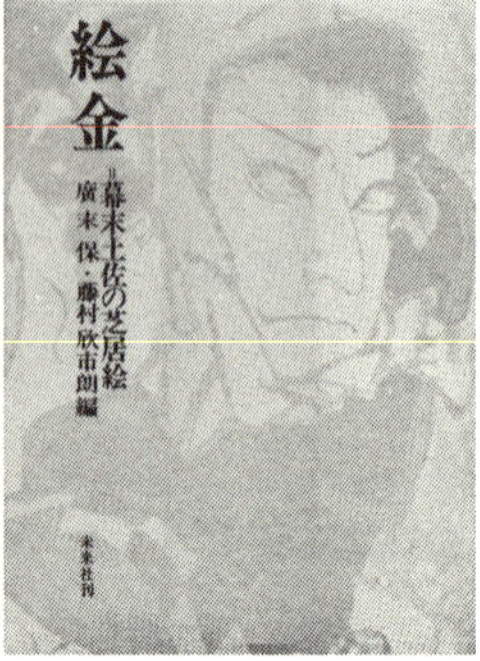

『絵金』初版本貼函（右）
と白描（デッサン）

——平凡社の雑誌「太陽」が特集したり、映画化されたりして、一時評判になりましたね（映画は中平康監督・新藤兼人脚本『闇の中の魑魅魍魎《ちみもうりよう》』、カンヌ映画祭正式出品作品）。

松本　廣末さんは、会うときはいつも世をはかなんでいるようで、決まってどこか身体の調子が悪い話からはじまるんですが（笑）、あるとき喫茶店で待ち合わせて会うやいなや、絵金のカラースライドを取り出して、これを本にしない奴は編集者じゃないと言わんばかりに、うって変わって猛然たる勢いで（笑）話されました。しかしカラー写真がふんだんに入る大型本ですし、おいそれと貧乏会社で高知に出張撮影ができるかどうか一瞬迷いましたが、もう即決でしたよ。そのころ、飛行機で出張するなんて予算の関係上、金輪際あり得ませんでしたからね（笑）。幸い、撮影の矢田金一郎さんも「太陽」を見て絵金に注目していたので、矢田さんとふたり、重い撮影機材をかついで岡山県の宇野から宇高《うこう》線という連絡船で高松に渡り、土讃《どさん》線でえっちらおっちら高知へ向かい、廣末さんたちと落ち合ってから撮影に数日かかりました。真夏に風呂もない安宿に泊まったり、帰りはフトコロにお金がなくなったので立ち食いソバで食いつないだりして、二人でようやく帰京しましたよ（笑）。

展示された絵を支える廣末保（左）と松本

撮影は真っ暗な神社の境内で、五メートルほどの高い台に飾る前に、土地の若者たちによって次から次に持ち出される屏風絵を、廣末さんやわたしがライトマンになって明かりを照らすんです。

それを矢田さんは、汗をだらだら流しながら、三十五ミリのカメラでいかにも易々と二枚しか撮らないんですね。廣末さんが「君、大丈夫かね」と不安がってわたしにささやいたりしたんですが、わたしは矢田さんのウデを知っていましたから平気でした。出来あがったら完璧な色彩で、一枚のミスもないので、廣末さんは喜びましたよ。金がなくても条件が悪くても無名でも、いい仕事をする人は、どんな分野にもいるんだということを思い知りました。どうしても撮影できなかった重要な芝居絵を二枚、「太陽」から提供してもらって本に収めたんですけど、色がダメで、ご覧になればわかりますが、撮影の優劣は明らかです。平凡社には悪いですけどね。まあ、いろいろな苦労が重なった本には、愛着ひとしおのものがあります。のちにデッサンだけを集めた『絵金の白描』（一九七一・四。復刊、一九九五・八）も作りました。ついでながら、『菅江真澄全集』に収めてある厖大な図絵の多くも、矢田さんと二人で秋田市に何日間か泊まって、所蔵者宅などで撮影した貴重なものです。

こけし工人との交流

——廣末さんとの仕事は何かとエピソードが多いですね。

松本　前にも触れましたけど、「著作集」として没後ほとんどすべての仕事を責任をもってまとめた方といえば、これまでの編集者人生で廣末さんおひとりですから、まあ、格別な思いがあります。演劇座で演劇運動をやっていたとき、廣末さんの戯曲『新版《うらおもて》　四谷怪談』の上演にかかわったこ

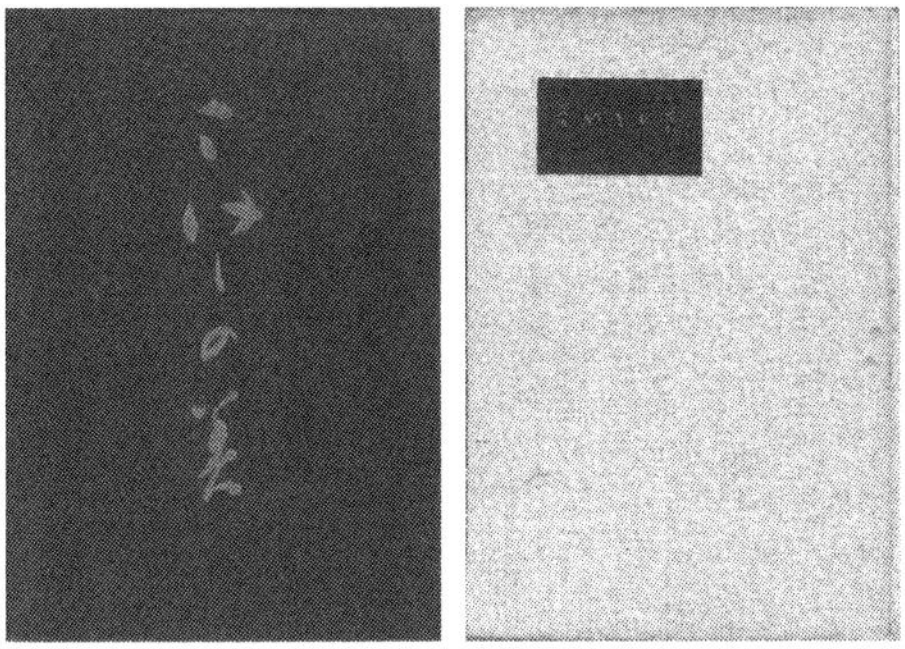

『こけしの美』初版本の函と表紙

奥山喜代治のこけし

ともお話ししましたね。一時期、西武新宿線の新所沢《しんところざわ》で、お互いわりあい近くに住んでいてよく行き来したこともあります。引っ越しされるときに、夫人の三面鏡やら洋服ダンスやら、ベッドまでくれるといったんですけど、入るところがなくてベッドだけは遠慮しました（笑）。ちなみに、西郷さんが現在住んでおられる川崎市の家や、廣末さんの新所沢の家は、ともに庄幸司郎が建てたものです。またかと笑われるかもしれませんが（笑）。

――『絵金』などはわかりますけど、そのしばらく前に刊行された土橋慶三《つちはしけいぞう》責任編集『こけしの美』（一九六一・十）や、こけし関係の本は、今までの話の世界とだいぶ違いますね。

松本　そうかもしれませんね。しかし、『こけしの美』の仕事をとおして、意外と思われるでしょうが、わたしも、いっぱしのこけし愛好家になり、ほんのわずかですがコレクターでもあるんですよ（笑）。ご存じかと思いますが、伝統こけしは東北地方にしかありません。わたしの東北への憧れとも重なりますが、もともとこけしは、貧しい東北の子どもたちのオモチャだったといわれています。いまはほとんどが好事《こうず》家《か》の鑑賞品になり下がって、値段もつり上がるし、わたしの関心も遠のきました。伝統芸能や地方文化がどんどん薄っぺらに観光化され、もともとの精神が失われるのと共通しています。

こけしの企画は、未来社にとって重要な著者のひとりである小林昇さんが、西谷さんに話されたところからはじまったんではないでしょうか。小林さんは九十歳を超えていまもお元気です。『小林昇経済学史著作集』全十一巻（一九七六・二〜八九・九）の刊行では、わたしもワキからお手伝いさせていただいたことがあります。小林さんは歌人でもあり、同時にこけしのすぐれたコレクターで、お宅に伺うたびによく見せていただいたものです。小林さんのお宅も庄さんで（笑）、小林さんは庄建設の監査役なども引き受けて、庄さんを応援してくれた、そういうお人柄です。

——それにしてもいろんな人の重なり合いが……。

松本　『こけしの美』の撮影も矢田さんですが、一緒に東北のそれぞれのこけし産地をまわったりしました。鳴子《なるこ》や遠刈田《とおがった》や肘折《ひじおり》などのこけし工人たちを訪ねて、イロリばたで酒を飲みながら話を聞いたりしましたが、都会に住む人たちとは違って、人柄も素朴でいい人ばかりでした。いまも山形県天童市に住む佐藤文吉さんなどは、矢田さんと親友の交わりになって、わたしの家にも泊まってこけし絵を描いてくれたりしました。未来社の社員旅行でも行ったことのある肘折温泉は、「山形県のチベット」といわれ、そこに住む名工の奥山喜代治さんを矢田さんと訪ねたころは、たしか新庄からのバスに乗るとき、「事故で死んでも文句はいわない」みたいな書類にサインさせられましたよ（笑）。いまは整備されましたけど、肘折の地名にふさわしく、七曲り八曲りの、片方が深い谷になっている山あいの細い道を走るバスしかないんです。冬季は雪で交通が杜絶《とぜつ》したりするところです。こけし工人たちは、出版とはほとんど無縁の方たちばかりでしたが、忘れられない存在感がありました。東京の丸善と提携して、こけしの販売で売り子をやったこともあるんですよ（笑）。

こころ奪われた「風の盆」

――そうはいっても、こけしは相当に趣味的なものでしょう。

松本　まあそういう側面もあるでしょうが、出版などでアクセクしていると、往々にして地方でさまざまな生業に従事している人たちを忘れがちですよね。こけしの本などで親しくなった土橋さんは、こけし研究家としてばかりでなく、かつては築地小劇場の小山内薫の秘書だったこともあり、当時は「新人文学会」という文学グループの主宰者でもありました。そして工人たちの生活のために飛びまわって、いつも清貧に甘んじていました。もう亡くなられましたが、パートナーの山本リエさんは、金嬉老《キムヒロ》事件についてたいへんすぐれた記録文学などを書かれた方で、「新人文学会」の集会には、わたしも矢田さんなどといつも出席したりしていました。皆さんには、こけしなどちょっとご理解いただけないでしょうし、たとえばこれからお話ししようとする『林秋路板画集《はやしあきじはんが》　越中おわら風の盆』（一九七九・九。普及版、一九八一・三。新装版、一九九八・九）などにいたっては、ますます疑問に思われるかもしれませんね。

――これは、西谷さんの佐渡おけさや民謡好きから生まれたんですか（笑）。

松本　そうでしょうね。わたしは都会の盆踊りなどひとつも好きではないし、はじめ西谷さんから

『越中おわら風の盆』カバーと林秋路の「板画」

企画の話があったときには、いうまでもなく大いにためらいを覚えました。しかし、わたしを説得しようとしたんでしょうか、西谷さんに連れて行かれた「風の盆」には、いっぺんでまたもやこころ奪われましたね（笑）。もう三十年ほど前になります。このごろは、小説で書かれたり、テレビ・ドラマ化されたりで、これまたすっかり観光スポット化し、九月一日から三日には、小さな八尾《やつお》町に何十万の観光客が押し寄せ、もうかつての面影はなくなりました。もともとは、農民たちが二百十日の台風を鎮めるためのものだったのでしょうか。胡弓《こきゅう》と三味線と笛の哀切な曲に合わせて、ひとりが唄い、菅笠《すげがさ》で顔を隠した女性の踊り手たちを中心に、ハッピ姿の男たちも加わるそれぞれの小さな町の集団が、静かに踊りながら、あっちこっちの暗く細い路地を流して歩くのですが、深い情緒があります。唄は、野口雨情や白鳥省吾など多くの有名人が作詩したものもあって、節まわしは極めて微妙で音程が高く、十年かけてもさすがの西谷さんも歌えないと嘆いていました。

この本は、それらを独力で板画に刻んだ、紙漉《かみす》きを生業《なりわい》とした林秋路という方の作品を収めたものです。秋路さんは、歌人の吉井勇や画家の小杉放庵《ほうあん》などに深く愛された人です。板画の感触を生かすために和紙に活版で、ある絵などは十六度刷りしたりしましたよ。印刷した形成社の入野正男さんが、「風の盆」と秋路さんの作品に、わたしたち以上にすっかりイカレて（笑）、色紙や短冊を作ったりして、秋路さんのお嬢さんとずいぶん親交を深めましたね。

――入野さんという方も、注文だけこなすいまどきの印刷所経営者とは違った、とことん職人肌のひとですね。

松本　今回は『日本詞華集』にはじまって、絵金からこけし、そしてとうとう盆踊りにまで（笑）、あっちこっち話が飛んでしまいましたが、まあこれらは、西谷さんとコンビを組んだことでできた仕事です。そして、編集者としてのわたしを別の角度から教えてもくれ、また知識人といわれる方々とは異なった人との交わりなどで、温かい楽しい記憶を残してくれました。出版には、こうした埋もれている民衆文化に、新しく息を吹き込むという役割もあるんですね。

19 宮本常一、そして出版の仲間たち

雑誌「民話」の刊行と『忘れられた日本人』

――さきごろ「別冊太陽」（平凡社、二〇〇七・八）で、生誕百年を記念した『宮本常一「忘れられた日本人」を訪ねて』が刊行されたりして、宮本常一《つねいち》への評価はますます高まっています。その著書の多くが未来社で刊行されていたんですね。

松本 そもそものきっかけは、雑誌「民話」（一九五八・十～六〇・九）の編集委員に、宮本さんをお招きしたことです。ご承知のように、未来社は木下順二さんの『夕鶴』などの民話劇で出発した出版社ですが、その木下さんを中心として結成された「民話の会」の機関誌として「民話」が創刊されたわけです。創刊号に「民話の会」の「新しい日本文化のために」という創刊の辞があります。編集委員は、木下さん、宮本さんのほか、吉沢和夫さんをはじめ西郷竹彦・竹内実・益田勝実の皆さんでした。『忘れられた日本人』（一九六〇・七）は、網野善彦氏の再評価などによってあらためて広く知られるようになりましたが、元は「年よりたち」と総称されて、「民話」第三号（一九五

八・十二）から隔月で連載されたものです。その単行本刊行が、宮本さんと未来社との密接な関係のまさにはじまりで、それまでの人文・社会科学と、文学・演劇・芸術のふたつの部門に、民話・記録などの延長線上として新たに民俗学の部門が加わったことになります。

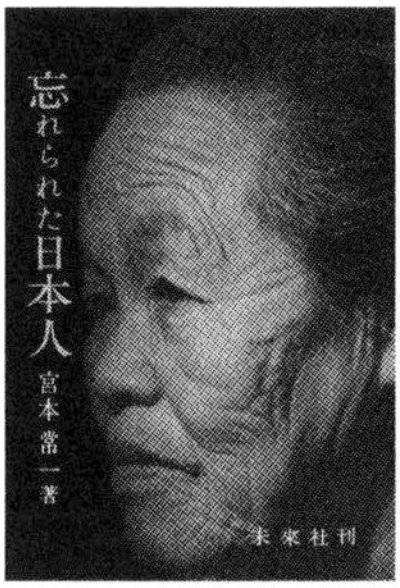

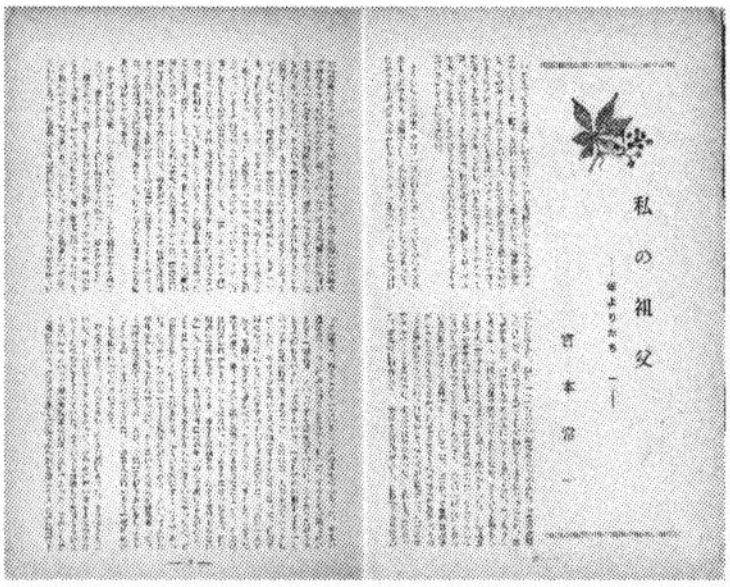

『忘れられた日本人』初版本カバー（写真・矢田金一郎）と連載第一回を掲載した「民話」第３号の誌面

――それにしても、六七年三月にスタートした『宮本常一著作集』は、四十年を経て現在五十巻になんなんとしていて、ふつうの出版常識では考えられない、ちょっとめずらしい……。

松本　いや、全部やれば百巻になるともいわれていますよ（笑）。はじめは、第一期全十五巻でスタートしたんですが、いつのころからか増巻されて第一期全二十五巻になり、七七年八月にいちおう完結したんです。それからちょっと間があくんですが、宮本さんが八一年一月、胃がんのために七十三歳で亡くなられてしまいます。それで、近畿日本ツーリストにあった日本観光文化研究所（観文研）の所長だった宮本さんの薫陶を受けた田村善次郎・須藤功・神崎宣武さんといった方たちが、宮本さんのご子息の千晴さんと相談しつつ、第二期全二十五巻を企画し、八一年十二月から刊行が開始されて、現在に至っているわけです。それには、五九年四月に未来社に入社した小箕《おみ》俊介さんと、七〇年十一月に入社した本間トシさんというふたり

宮本常一（撮影・矢田金一郎）

の編集者の、民俗学分野での粘り強い努力があります。

――小箕さんは未来社社長も務められましたが、交通事故で亡くなられたんですね。

松本　ええ。未来社創業のひとりだった細川隆司さんが五六年二月に退社されたあと、西谷能雄社長を別にすれば編集者はわたしひとりでしたが、小箕さんが旧東京教育大学を卒業後、入社したんです。西谷さんと弘文堂以来親しかった哲学者の下村寅太郎さんの推薦によるものでした。彼は、わたしが八三年五月に未来社を辞めたあと、しばらくして社長になりましたが、八九年七月二十九日、好きだった自転車に乗っていて車にはねられ急死してしまいました。五十二歳の若さでした。専門は哲学でしたか、ドイツ語・イギリス語ができて、訳書も何冊かあります。わたしなどではとても及びもつかないハーバーマスやガーダマーなど、未来社の翻訳書関係でも積極的に新しい道を開き、一方、宮本さんの著書をとおして民俗学関係の出版にも力を尽くしました。小箕さんの没後、本間さんが『宮本常一著作集』の編集や民俗学の仕事を一手に引きついで、さきごろ定年退職したあとも、社外編集者としてまだ仕事をつづけているといいますから、頭が下がります。

――宮本さんは生涯に十六万キロ、地球四周分ほども日本中を歩きまわったといわれますが、どんな方だったんでしょう。

松本　写真をごらんになればおわかりと思いますが、相手を自然にときほぐしていく独特の魅力の

宮本常一（右）と小箕俊介（撮影・須藤功）（須藤功編『写真でつづる宮本常一』未来社刊より）

ある方でした。全国の農山漁村にひっそりと生きている多くの人びと、つまりその名のとおり「忘れられた日本人」たちと出会い、イロリ端や野っ原で語らってきた人にふさわしく、調べものをしている真剣な表情のほかは、実に豊かで温かい笑顔の人でした。アカデミックで気難しそうな学者然とした方とは、およそスケールというかフトコロの深さが違います。「民話」の編集会議や、小箕さんなどとJR秋葉原駅近くの観文研で打ち合わせをしたりしましたが、話題は尽きず、「ナニナニじゃろうが」と親しみ深いお話しぶりで、お弟子さんたちが慕うのも当然でしょう。

　ちなみに、宮本さんはB6判二百字詰めの小さな原稿用紙に、すらすらと訂正もなく文章を書かれていたと思います。汽車のなかや店先など、いつどこでも記憶したこと、考えたことを書くためで、それでなければこんな膨大な仕事はとてもできませんね。生涯、四百字詰めの大きな原稿用紙を机にひろげ、万年筆で一点一画きっちりした字でマス目を埋め、動かざること山の如しだった花田清輝さん（笑）とは、対蹠的な方だったといえるかもしれません。

六〇年安保のころ

――「民話」の編集はどんなふうにされたんでしょうか。

松本　編集会議は、未来社の旧木造社屋の中三階（?）、西谷さんの社長室の隣、六畳の狭い部屋で、月一回開かれていました。この奇妙な中三階のある社屋も、まだ個人の大工だった庄幸司郎が五七年二月に、建築基準法なんか無視して（笑）建てたもので、いま現在は、八二年四月の庄建設株式会社の施工による新社屋になりましたけど、それまでは冷房もなく夏は汗ダラダラでしたよ。やがて雨風にさらされた社屋の外観は古びて、初めて未来社を訪ねてくる人は、何かの倉庫かと思ってよく通り過ぎたものです（笑）。それはともかく、その畳の部屋に西谷さんはよく泊まって仕事をしていました。「民話」の編集雑務には、寺門正行《てらかどまさつら》さんという、おっとりした話し方で笑顔をたやさない、いわゆる編集者くさくない方が、臨時にかかわっていました。なつかしい方で、宮本さんにも好かれていましたが、いまどうされていますか。

吉沢和夫さんの証言によれば、宮本さんはよくリュックを背負って会議に現れ、またどこかに出かけられたということです。わたしはといえば、もっぱら「民話」という雑誌の性格にはちょっと不似合いな、埴谷雄高・丸山眞男対談とか、木下順二・花田清輝・廣末保鼎談とか、藤田省三・日高六郎・野間宏・谷川雁・吉本隆明さんなどに原稿をお願いしていました。

――「民話」の創刊と宮本さんとの出会い、そして編集部の増強などが次のステップになったんですね。

松本　五〇年代末から六〇年代初めにかけては、いうまでもなく安保闘争の嵐が吹き荒れた時代で、わたし自身運動にささやかながらかかわったりしましたが、「民話」があえなく二年間で「討ち死に」したことでも明らかなように、社は経済的にも逼迫の度を加えました。前にもお話ししたことがありますが、西谷さんが冗談でなく真剣な顔つきで、「岸内閣に抗議して倒産するか」なんて（笑）、いまから思えばなんの「抗議」にもならないことをいって、わたしの目の前でお手上げのしぐさをしたこともありました。まあ、そんなこんなで、この現状をなんとか突破しなければならないという思いとともに、わたしの編集者としての文学的関心は、これまでお話しした花田さんをはじめ埴谷雄高さんなどの近代文学派の方たちから、いわゆる「戦中派」といわれる吉本隆明、井上光晴、谷川雁、上野英信、橋川文三、島尾敏雄といった方がたにひろがっていったんですね。そんな折、小箕さんが入社した翌月の五九年五月に松田政男さんが入社したんです。

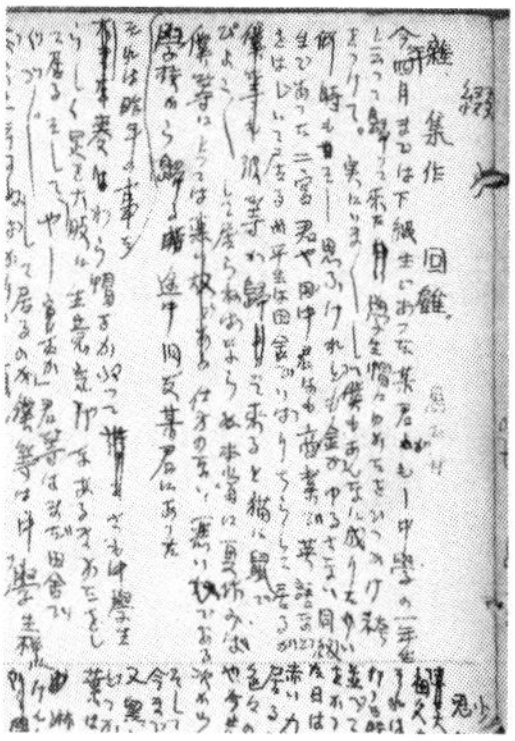

宮本常一の日記帳（同『写真でつづる宮本常一』より）

安保闘争で国会議事堂前を埋めつくすデモ隊（1960年）

——松田さんといえば映画評論などで知られる方ですが、どういういきさつで入社されたんでしょう。

『日本の離島』初版カバー

松本　ある日、一通の分厚い手紙が松田さんから届いたんです。開けてびっくり、五九年二月に刊行した吉本さんの『藝術的抵抗と挫折』の誤植が、刊行して間もなくでしたが、何十となく訂正されているんですね。わたしは校正はだめだと公言して憚《はばか》らないのですが（笑）、吉本さんも校正などには恬淡《てんたん》としている方でした。その手紙が手元にないので訂正の数は正確ではありませんが、それとともに松田さんの、吉本さんの文章にたいする読みに感心した覚えがあります。それでまったく知らない人だったんですが、企画していた本を進めるためにも、校正の正確さを期すためにも、早速この人を入社させたいと西谷さんに頼み、一発でオーケーになったんです。ですから、続いて六月に刊行された吉本さんの『抒情の論理』には、誤植はほとんどなかったと思います（笑）。

——松田さんは未来社ではどんな仕事をされましたか。

松本　宮本さんの『日本の離島』（一九六〇・十、日本エッセイストクラブ賞受賞）ほかの単行本の編集などにもかかわり、とくに埴谷さんとは親交を深め、いまなお埴谷さんが亡くなった二月十九日を「アンドロメダ忌」として、毎年集会を主催・継続していて敬服します。白鳥邦夫さんの『無名の日本人』（一九六一・八）や、安田武さんの最初の著書である『戦争体験』（一九六三・七）などは、松田さんの企画です。白鳥さんも安田さんも、もう亡くなられましたが。松田さんは六四年一月に退社し、現代思潮社に移りましたが、のち映画批評などの文筆家になりましたね。いま、季刊「現代の理論」（明石書店）に、「松田政男が語る戦後思想の十人——私闘する革命」というインタビューを連載していますが、わたしのようにヤワな出版与太話とは異なり（笑）、タイトルどおりの戦後思想運動の真剣な検証・回顧といえます。

編集の仲間たち

——六〇年代は戦後日本の政治の大きな転換期だったと思いますが、未来社にもいろんな変化があったんですね。

松本　そうですね。編集のメンバーでいえば、六二年四月に、穂積五一さんのところでふれた田口英治さんが入社しました。彼は、未来社でも著訳書を何冊か出させていただいた政治学者の田口富《ふ》久《く》治《じ》さんの弟です。さきごろ定年退職しましたが、東京外国語大学出身でフランス語・イギリス語に堪能でしたね。訳書もあって、お兄さんや藤田省三さんたちにフランス語を教えたりしていました。『現代政治の思想と行動』の英語版（Oxford University Press, 1963）に丸山さんがロナルド・ドーア氏の手をかりて書いた序文が、『後衛の位置から』（一九八二・九）に収録されていますが、これは田口さんが日本語訳したものです。たしか小さな訂正があっただけで、ほぼ完璧でした。主として政治・経済など社会科学関係を中心に担当していましたが、お互いに分野は自由に横断して協力し合っていました。外大で友人だった朝日新聞記者の、今は亡き松井やよりさんの最初の著書『女性解放とは何か』（一九七五・十二）や、画家の富山妙子さんの『解放の美学』（一九七九・十二）

などは田口さんの企画で、以来、わたしも松井さんや、土井たか子さんの秘書だった五島昌子さんたちと親しくなり、「アジアの女たちの会」などの運動にかかわったりしました。彼といちばん酒を飲んだんじゃないですかね。酔っぱらって著者の原稿をドブにぶん投げちゃった（笑）ことまで含めて、酒にまつわる彼の武勇伝はつきません。

――実にユニークな方ですね（笑）。

松本　入社したいといって訪ねてきた方もいろいろいらっしゃいますが、わたしはもっぱら編集者なんかにならないよう説得したものです。いつだったか、谷川雁さんの弟の吉田（谷川）公彦さんがやっている日本エディタースクールに頼まれて、何回か話しに行ったことがあります。しかし開口一番、本は巷に溢れているし、編集者もうんざりするほどいるから、これ以上紙クズを増やさないためにも、編集の仕事なんかせずに、それぞれの出身地に戻って村や町の文化運動に献身してくださいなんていうもんですから（笑）、吉田さんも困ったんじゃないですか。明らかな営業妨害ですからね。それ以後、講義に来てくれという話はなくなりました（笑）。

　もうひとり、松田さんと同じように手紙をくれて入社した人がいるんです。その分厚い手紙をくれた人が、米田卓史さんです。その手紙は、松田さんと同じく、未来社に入社を希望することが主眼ではなく、一篇のすぐれた「花田清輝論」だったんですね。それまでに、わたしは花田さんの単行本を十冊ほど手がけていて、『花田清輝著作集』全七巻（一九六三・十二～六六・三）もスタートさせていたんですが、その読みの深さに脱帽し、また西谷さんに入社させてくれるよう希望したんです。六五年三月のことです。彼は学歴不明、小樽畜産大学出身なんて（笑）、ふざけていますけどね。わたしよりひとまわり以上も若い彼とともに、八三年六月、影書房を創業したわけですから、多言は要しないでしょうが、彼の編集者としての見識、人格にほれこんだというわけです。のちに体を壊して影書房から離れていますけど、何かにつけ、いつも相談する相手です。このインタビューについても、毎回、必ず批評や激励を寄せてくれてありがたいです。そして六八年一月には、前にお話しした石田百合さんも入社します。

――ひとつ不思議なのは、西谷さんがお手上げしそうなほど経済的に困難を極めながら、逆に編集者も増えて出版活動は盛んになっていきますね。

松本　なんていうんでしょう、「火事場の馬鹿力」とでもいうんでしょうか（笑）。さらにまずいことに六二年二月、わたしより年下でしたが社の先輩で、十年あまりいっしょに仕事をしてきた営業責任者の小汀良久さんが退社したんです。むろん営業部への二、三人の入社もありましたが、取次店や書店まわり、広告宣伝その他の仕事にも、わたしはかかわらねばならなくなりました。もともと小・零細出版社は、編集者だからといって自分の分担をこなしていればいいというわけにはいかず、出版に関するすべてを手がけねばなりません。たとえば、講談社や小学館のような大出版社では想像もつかないと思いますが（笑）、月末に新刊委託を取次店に押しこんで運転資金として三〇パーセントほどの手形をもらうため、本の搬入を間に合わせようと、みんなでよく製本所に手伝いに行ったりしたものです。「あんたのカバーがけの手つきはなかなかいいね。未来社をやめてウチにこないか」なんて（笑）、オヤジさんにさそわれたりしましたよ。いまは機械化されて仕事はいくらか楽になりましたが、中学を出たぐらいの、主として東北地方から住みこみで働きに来ている人たちが、一日じゅう立ちどおしできつい仕事をしている現場を見て、書店の棚で見るのとは違い、本がどういう人たちの労働で支えられているかを知ったことは、いい経験でしたね。

政治の季節に迎えられた埴谷雄高の著作

――出版社の大小にかかわらず、実際にそこまで知っている人は、もうほとんどいないでしょう。

松本　そういうわけで、会社が困難なことに変わりはありませんでしたが、編集者も増強されたなか、返品で暗い倉庫の片隅にうずたかく積まれていた埴谷さんの『濠渠と風車』と『鞭と独楽』が、一冊二冊と、倉庫から出はじめたんです。埴谷さんの章でも話しましたが、「中央公論」などに書いていた政治的エッセイが、『幻視のなかの政治』（中央公論社、一九六〇・一）として刊行され、それなんかがきっかけだったんでしょうか、文学青年というより安保闘争に参加していた多くの政治青年たちによって熱く迎えられ、一挙に声名が広まったんですね。

『幻視のなかの政治』特製本（未来社版）の貼函

それまではあまりにも売れなくて、遠慮して次のエッセイ集の刊行に踏みきれなかったんですけど、松田さんといっしょにここぞとばかり、『墓銘と影絵』（一九六一・六）、『罠と拍車』（一九六二・一）、『垂鉛《おもり》と弾機《ばね》』（一九六二・四）と、息を吹き返したように立てつづけに刊行し、絶版になっていた『幻視のなかの政治』まで、未来社で再刊しました（一九六三・四)。以来、エッセイがたまると自動的に刊行するようになったわけです。

――未来社も一息ついたでしょうけど、埴谷さんにとってもよかったですね。

松本　ほんとうによかったですよ。大・中出版社からの原稿の注文や著書の出版も相次ぎ、お蔭で、小刻みにしか印税を届けられなくて心苦しい思いをしていたんですが、いくらか心安らぎましたね(笑)。少し先になりますが、七一年三月から八七年二月にかけて、河出書房新社が『埴谷雄高作品集』全十五巻・別巻一を刊行し、未来社で出版した埴谷さんの評論集・対話集がほとんど全部収められました。その刊行の話があったとき、埴谷さんに「遠慮なく三パーセントの版権料をとりなさい」といわれたんですが、親しくしていた先輩の坂本一亀さんに「一・五パーセントにマケてよ」といわれて、あっさりマケたんです。「濡れ手で粟《あわ》」とまではいかなくても(笑)、ずいぶん版権料が入ってくるので助かりましたし、なんとなく社には面目をほどこしたような気分になりましたね。

――必死でやっていればたまにはいいこともある(笑)。そのころは出版点数も、毎年六十点から七十点と多いですね。

『埴谷雄高作品集』(河出書房新社)**第一巻の貼函・帯**

松本　歴史・政治・経済・社会思想・哲学など、多岐にわたる人文・社会科学部門の学術書も増え、いちいち挙げていたらきりがありませんね。それでも六〇年代から七〇年代はじめにかけての十年間にようやく企画が固まり刊行を開始した、いわゆる「巻数もの」、未来社にとっての大型企画といわれるものを、これまでと少しダブりますが書名、

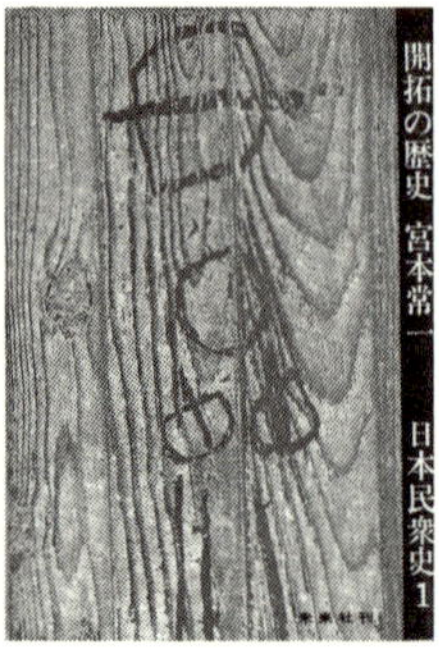

『日本民衆史１　開拓の歴史』カバー

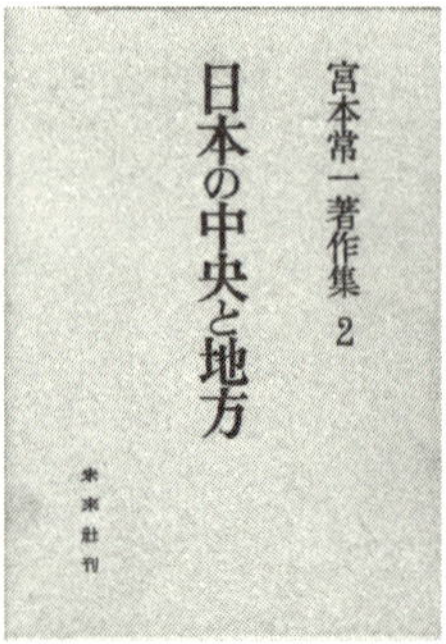

『宮本常一著作集』第二巻『日本の中央と地方』（第一回配本）の貼函

巻数だけでも年ごとに拾ってみますと――六二年に『木下順二作品集』全八巻、六三年に『花田清輝著作集』全七巻、六四年に『小山内薫演劇論全集』全五巻、六五年に『秋田雨雀《うじやく》日記』全五巻、『豊島与志雄著作集』全六巻、六六年に『有賀喜左衛門著作集』全十二巻・別巻一、六七年に『服部英太郎著作集』全七巻・補巻一、六八年に『鈴木栄太郎著作集』全八巻、六九年に『飯沢匡《ただす》喜劇集』全六巻、七〇年に『柏木義円集』全二巻、七二年に『木下順二評論集』全十一巻、そして宮本常一さんでいえば数冊の単行本のほか『瀬戸内海の研究』（六五年八月）の大著があり、『日本民衆史』全七巻が六二年十月に、『宮本常一著作集』が六七年三月に、それぞれ刊行を開始しています。さらに宮本さんのすすめで、七一年には画期的な出版となった『菅江真澄全集』全十二巻・別巻二、また『早川孝太郎全集』全十二巻・別巻一もスタートしています。

――未来社らしい重厚な「巻数もの」ですが、数人の編集者でこれだけ進めるのはたいへんですね。

松本　前にお話ししましたが、このころの十年間、わたしは日が暮れるとともに、夜鷹のように演劇運動にうつつを抜かしていましたし（笑）、西谷さんとカネ繰りに毎日のように追われていました。手形が落ちないのでどうしようと西谷さんに相談されると、とくに銀行と関係がないので、庄さんとか形成社の入野正男さんとか、個人的に親しい友人に短期でカネを借りたり、取引先に手形の期日を延ばしてもらうように頼みにまわったり（笑）。みんな嫌な顔もせずによく助けてくれました。もうほとんどの方が亡くなりましたけど、忘れることはできません。ですから、影書房になってからも、主要な印刷や資材の取引先は変えず、未来社以来何十年のおつきあいです。

それはともかく、編集長とは名ばかり、というか本来編集長とはそういうもので、これだけの出版を進められたのは、もっぱら編集の仲間たちの功績、お互いの協力関係によるものというほかないですね。それにしてもみんなでよく酒を飲み、飽きもせずに議論し、批判しあったりしたものです。米田さんが編集していたある学術書の大著が、売れ行きも望めないので、なかなか進められず、どうするか話しあっているうち、とうとうわが家まで来て泊まりこみになったこともありました。それぞれが時代に向きあい、本への情熱に燃えていたように思います。西谷さんはじめ、売れるか売れないかというより、いいものかどうかが出版企画の第一の基準だったといっていいでしょう。

松本清張、水上勉を訪ねる

――時代も出版状況もすっかり変わってしまいました。

松本　ただ、いくらいい本を作りたいといっても、先立つモノがなければどうにもなりません。委託配本した新刊が九〇パーセントも返品になるのに呆れ果て（笑）、なんとか苦境を突破しようと「委託制」を廃止し、六八年十月から、西谷さんは「特別契約店による注文制」という、前もって書店から注文を受け、取次店経由で送った本は返品を認めない「買切制」に踏みきります。しかし岩波書店ならいざ知らず、まだ創業して十七、八年、ちっぽけな未来社が〝買切〟とはなんたることかということで、当時、主要な全国の書店が結集していた日本出版物小売業組合全国連合会（略称・小売全連。日本書店組合連合会の前身）から猛反対を浴びたんですね。たしか、「小売全連」の大会かなにかがあって、未来社の不売運動をすすめるかどうか、討議されたことがあります。結論が出るまで、会場の小部屋で西谷さんと二人、ポツンと待たされたことを想い起こします。結局、不売運動は否決されましたけどね。その折、協力してくれる書店に挨拶と契約をかね、編集・営業の男たち全員、分担を決めて全国をまわったんです。社には西谷さんと女性だけ。わたしも会津若松から太平洋・日本海岸の東北・北陸地方をぐるりと一周し、京都・大阪そして名古屋の書店を十日近くかけてまわりました。

――けっきょくほとんどの出版社は、今も従来どおりの見計らい配本を続けていて、この流通のままでは立ち行かないことは、近年ますますはっきりしてきてるんですけどね。しかしともかく、多くの書店を回るというのは得がたい貴重な経験でしたね。

松本　ところで、このころ、なんとか売れるものがないかと、柄にもなく松本清張氏と水上勉《みずかみつとむ》氏のエッセイ集を企画し、おふたりを訪ねたことがあるんです。松本氏にはまず家の造作に驚き、両開きの玄関を開けたとたん、目に飛びこんできたドデーンと構えた鎧兜《よろいかぶと》に度肝を抜かれたことが忘れられません（笑）。松本氏は、実に親切に応対してくれました。新潮文庫版の「傑作短編集」全六冊（全巻平野謙解説）などはわたしの愛読書です。水上氏は、作家になる前に弘文堂で校正のアルバイトをやっていた縁もあり、西谷さんといっしょに成城の、これも立派な邸宅を訪ねました。広い控室のような部屋があって、長いテーブルに「ジョニーウォーカー」だったかウイスキーの瓶が点々と置いてあり、二、三人の編集者がチビチビやりながら待っているんですね。待っているあいだ、親切に夫人がお酒をすすめてくれ、水上氏がときどき二階から下りて来ては、終わったところから原稿をわたすんです。水上氏もたいへんいい方でしたが、流行作家の実情をまざまざと見た思いでした。松本氏からは切り抜き原稿をいただいたりしたんですが、ともに一回おうかがいしただけで終わりました。小出版社はそれなりにみずからの星を見つめて歩かねばならないと、身にしみて思い知って、ある覚悟ができた一幕とでもいいましょうか。

20 『秋田雨雀日記』と忘れえぬ演劇人たち

小柄な翁の膨大な日記

――今回はこれまでと趣向を変えて、演劇関係の出版物について伺います。まず『秋田雨雀日記』全五巻という変わったものが出ていますね。

松本　秋田雨雀は演劇を中心に社会主義的な文化運動に参加した劇作家・童話作家・エスペランチストで、『秋田雨雀日記』全五巻（一九六五・三～六七・十二）を編集したのは、演劇評論家の尾崎宏次《ひろつぐ》さんです。その兄にあたる尾崎義一氏は、筆名・上田進という有名なロシア文学者で、その夫人が雨雀さんの娘の千代子さんなのです。しかし彼女は戦前の三七年に亡くなり、上田氏も戦後の四七年に亡くなったため、雨雀さんは終生、尾崎さんを息子のように頼りにされたんです。上田夫妻の娘さん、雨雀さんにとってたった一人の孫娘・静江さんが、五九年十月、北海道でみずから命を絶つという不幸もありましたからね。

『日記』は、ほとんどが「当用日記」に書かれていて、一九一五（大正四）年二月から、雨雀さんが七十九歳で亡くなる直前の六二（昭和三十七）年一月（五月に死去）まで、警視庁に没収された三九（昭和十四）年の一冊をのぞき、四十七冊のほとんどを収めたものです。これら全冊を、雨雀さんは、亡くなる二週間前、「私の財産はこれだけです」といって、尾崎さんに託したんです。各巻A5判8ポ二段組み、平均四百六十ページ、四百字詰め原稿用紙にして、ゆうに七千枚を超える分量です。

秋田雨雀と「当用日記」

――比較するのもおかしいのですが、永井荷風の有名な『断腸亭日乗』（岩波書店）などに比べると、あまり知られてはいませんね。

松本　おっしゃる通りですね。中野重治さんが、この『日記』の第一巻のわずか四、五枚の書評で、いろいろな個所にふれながら「おもしろい」と十回ぐらい連発しつつ、「荷風のなぞとちがって薄あじ気味なのに不満な人間ものごろのことだからあるかとも思うけれど」なんて書いてます。「薄あじ気味」とは（笑）、いかにも中野さんらしい言い方で、雨雀さんは身辺に起こったことや社会的事件を、ある意味で淡々と記録しているんですね。しかしそこから、雨雀さんの個人的な日常のみならず、敗戦をはさんだ激動の半世紀の日本の現代史が、見事に浮かびあがるといえま

『秋田雨雀日記』第一巻の貼函のカバー

しょうか。

また盲目のエスペランチストの詩人・エロシェンコとの出会いあたりからはじまって、親しかった有島武郎の心中死に涙を流したり、関東大震災の折の自警団による朝鮮人虐殺への怒りなど、人道主義・社会主義の立場に立つ芸術家としての雨雀さんの面目が、至るところに読みとれます。『日記』の最後の、体が弱って書く力もなくなったあたり、ところどころに「芳香」があったかなかったかで一喜一憂する記述があるんですが、それは大便が出たかどうか（笑）ということなんですね。ユーモラスであるとともに、なにか胸つまる思いがします。

――秋田雨雀には会われたことがおありなんですか。

松本　雨雀さんは戦後の四八年九月、東京・池袋に創設された俳優養成機関の舞台芸術学院（略称・舞芸）の学院長に就任します。未来社は演劇関係の本が多かったですから、わたしは足繁く舞芸に出入りしていて、雨雀さんをお見かけしていました。直接お話ししたのは、たぶん五八年の春ごろ、「日本の民話」シリーズの『津軽の民話』（一九五八・五）のチラシに推薦文をもらいに、板橋のお宅に伺ったときだと思います。雨雀さんは、青森県南津軽郡黒石町（現・黒石市）のお生まれなんですね。夜八時過ぎごろでしたか、ちんまりと座った感じで、にこにこと笑顔で迎えてくれたのですが、「わたしはいいけど、こんな時刻に人を訪ねてはいけませんよ」と、やんわり諭《さと》され

(笑)、恐縮したことが忘れられません。白髪で気品のある、小柄な美しい翁という印象で、両手で抱えてあげたいような方でした。それから四年ほどで亡くなられました。戦前・戦中の社会主義運動の苦難の渦中を、芸術家として、また平和主義のエスペランチストとして志をつらぬいたその生涯は、中野さんの言うように「薄あじ気味」(笑)かもしれませんが、こういう方の仕事はもっと大事にしたいですね。

――よくこういう長大な企画が実現しましたね。

松本　尾崎さんもいくつかの出版社に相談したらしいんですが、どこも膨大な量に驚いて尻ごみしたんですね。ちょうどそのころは、尾崎さんの「日本近代劇の創始者たち」三部作の仕事を進めていて、『島村抱月』(一九六五・一)と『坪内逍遥』(一九六五・九)にかかわっていたときでした(『小山内薫』は未刊)。まさか資力に乏しい小さな未来社がやってくれるとは尾崎さんも思わなかったでしょうが、西谷能雄さんはすんなり決断したんです。こういうところが出版人としての西谷さんのみごとなところで、戦前の弾圧された築地小劇場の運動や学生運動の体験に猛然と火がつくんですね(笑)。雨雀さんの日記は太い万年筆で独特のくねくねした文字で書かれていて、判読しにくいところもあり、決して読み易いものではありませんでした。コピー機なんてない時代ですから、尾崎さんが目をとおしたものを一冊ずつ借りて、それを当時、未来社の営業部にいた秋山順子さんが下宿に持って帰って、二百字詰め原稿用紙に全部筆写したんです。一万数千枚に達したんじゃないですか。コーヒー一杯八十円の時代、一枚わずか十円の社外アルバイトで安月給を補っていたわけです(笑)。

話はそれますが、秋山さんは、米田卓史さんとともに影書房の創立メンバーです。いまは秋田の故郷に帰られていますが、朝鮮語をマスターして、「韓国の木下順二」ともいわれる劇作家・李康《イガン》白《ペク》さんの戯曲集『ユートピアを飲んで眠る』(二〇〇五・五)を、影書房から翻訳・刊行しています。また李さんとは来日されるたびに何回かお会いしましたが、日本のほとんどの作家や知識人が持ちあわせている、特有の構えた姿勢や雰囲気がなく、実に温かい心遣いやユーモアがあって、本当に心打たれ惚れぼれとしますね。

演劇批評家・尾崎宏次の仕事

——尾崎宏次さんの本も、何冊か出されてますね。

松本　以前にお話ししましたように、わたしは、昨年(二〇〇六)六月に亡くなった宮岸泰治さんを、演劇批評家としてだけでなく同世代の友人としても敬愛していましたが、先輩格ではなんといっても尾崎さんです。尾崎さんは、すでに九九年十一月、八十四歳で亡くなられましたけどね。宮岸さんの助力を得て影書房から刊行した尾崎さんの『蝶蘭の花が咲いたよ——演劇ジャーナリストの回想』(一九八八・八)の書名は、尾崎さんが十七年間勤めた「東京新聞」文化部での演劇記者を辞した五四年、雨雀さんが色紙に書いて贈った言葉——「蝶蘭の花が咲いたよ！　白い白い蝶蘭の花が咲いたよ！　咲かぬと思った蝶蘭の花が咲いたよ！」からとったんです。この本の前半は、岩波書店の「文学」に九回にわたって連載した「新劇・灰色の暦」という長篇評論で、敗戦をはさん

尾崎宏次

宮岸泰治

で、戦中・戦後の新劇界の人びとはいかに生きたかを問うたものです。岩波ほどの出版社が、新劇のみに限らないこんな素晴らしい時代の証言を、よくも未練なく小さな出版社に手渡すもんだと、当時、驚きましたね（笑）。それに、宮岸さんが選んだエッセイ二十七篇を加えたんです。

——演劇評論は売れないと思ったんじゃないですか。

松本　なんとも残念というか、これが日本の文化状況なんでしょうか。尾崎さんの最後の著書となった『劇場往還』（一九九六・十二）は、宮岸さんが編集したもので、わたしの年若い友人の和田悌二さんと大道万里子さんがやっている一葉社から出版されました。長篇評論が一篇と、魯迅がいうところの「雑文」四十三篇が収められていますが、この本は、いま現在大事なものは何か、それを見極める目を養ってくれる一冊といっても過言じゃありません。かつて林達

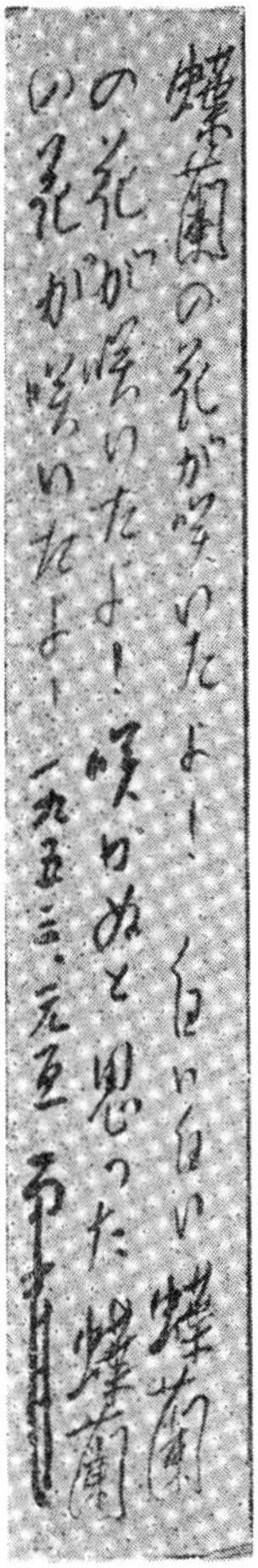
蝶蘭の花が咲いたよ！白い白い蝶蘭の花が咲いたよ！
咲かぬと思った蝶蘭の花が咲いたよ！
一九五三・元旦　雨雀

秋田雨雀が尾崎宏次に贈った色紙

『劇場往還』のカバー（装幀・三好まあや）と帯

夫さんによって「凡作の泥海」と評された演劇界は、「訣別したほうがいいほうへわざわざ」すり寄っているありさまで、それは独りよがりの「天狗の行進」「批評の衰弱」「歴史の欠落」を招いていると、尾崎さんは批判しています。このことは演劇界のみならず、他のすべてのジャンルに言えることでもありますけど。自由なスタイルで語る尾崎さんの雑文＝エッセイの一篇一篇は、深い学識に裏打ちされてわたしたちを鞭打ち感動的です。

——たいへんな入れこみようですが、正直なところ演劇批評などはほとんど読む習慣がありません。

舞台演出家・下村正夫

松本　不幸なことです。ギリシア悲劇いらい、ドラマ（演劇）を大事に考える西欧との決定的な違いですね。演劇の話になった勢いで、忘れられない演劇人の二、三の方たちについてお話しします。そのひとりは、舞台演出家の下村正夫さんです。野間宏さんの京大生時代からの親友で、『暗い絵』の重要なモチーフとなっている、ブリューゲルの画集を主人公に見せる人物のモデルは、下村さんだといわれています。下村さんは、野間さんのほか丸山眞男さんや内田義彦さんなどとも親しかったんですが、さらに四八年七月、中村哲《あきら》・杉浦明平・瓜生忠夫・寺田透さんたち十二人とはじめた同人雑誌「未来」（潮流社）の創刊メンバーのひとりです。この創刊号では、丸山さんたち同人八人が、久保栄の『火山灰地』の合評会を二十三ページにもわたってやっているのですが、その司会で座談をリードしているのが下村さんなんです。それを読んでいたわたしはまだ二十歳、小学校の教師をしていて、戦後の混乱から抜けきれないときで、だれがだれだかさっぱりわからずに読んでいて、下村正夫っていったいだれだろう（笑）てな感じでしたね。

——その雑誌「未来」は、未来社と関係があるんですか。

松本　よく間違われますが、とくに関係はないんです。五一年十一月、未来社創立にあたって社名を考えたとき、西谷さんの頭の片隅に、この雑誌のことがいくらかあったかもしれませんけどね。話がまた横道にそれますが、「未来」とともに潮流社が当時発行していた月刊誌「潮流」は有名で、橋川文三さんが東大を卒業して編集にかかわっていたんです。「潮流」には、「超国家主義の論理と心理」（「世界」一九四六・五）とともに丸山さんの評判を一気に高からしめた、「軍国支配者の精神形態」（一九四九・五）が掲載されたりしました。この論文が、愛媛の大三《おおみ》島《しま》の一角から藤田省三さんをして東大に走らせた（笑）ことは前にお話ししました。橋川さんは、「未来」の編集もしてたんじゃないですか。「未来」が二号で消滅し、五〇年三月に「潮流」が廃刊になると、橋川さんは丸山さんの紹介で、西谷さんがいた弘文堂に入社することになります。

「未来」創刊号（潮流社）

——いろんな人がつながるわけですね。

松本　下村さんは、わたしが未来社に入社する前から西谷さんと親しくて、創業から八冊目に、チェーホフの短篇小説を下村さん

『転形期のドラマトゥルギー』の貼函

下村正夫

が脚色した『結末のない話』(一九五二・八)があります。これは、年配の演劇人の方たちがほとんどお世話になり、懐かしがる「てすぴす叢書」の一冊です。そのころ下村さんは、劇団・新演劇研究所(新演)を率いていて、スタニスラフスキー・システムに立脚したその演出は高く評価されていました。わたしも、五六年六月に観たゴーリキイの『どん底』の感動を、半世紀経たいまも忘れることができません。『どん底』がどんなに傑出した戯曲であるか、目を見張る思いがしましたね。そのころわたしは、東武東上線大山駅近くの四畳半のアパートに住んでいましたので、池袋西口の安酒屋でよく飲んでいたんですけど、そこでは、新演で下村さんに教えを受け、のちに向田邦子のテレビドラマなどで評判になる杉浦直樹さんや、もう亡くなられた性格俳優の小松方正《ほうせい》さんなど、貧しいながら必死で舞台に励む俳優さんたちの姿をよく見かけましたよ。下村さんは、ジャーナリストで政治家の下村海南の息子さんで、わたしにとっては実に温厚で優しい方でした。演出の現場では、また別のきびしい一面もあったでしょうけど。新演はのちに劇団東演に発展し、いまも下村さんの精神を受け継いだ方たちが、下北沢を拠点に演劇活動をつづけています。

七七年六月末に、下村さんのほとんどすべての戯曲論・劇団論・演技論・演出論などを集大成した『転形期のドラマトゥルギー』を作ったんです。その二年ほど前、下村さんは肺がんの手術をされていたんですが、比較的お元気で、演出の仕事もやっておられました。本はA5判四百ページ、クロス装貼函入りという上等な造りで、下村さんはたいへん喜んでくれたんですが、本ができて二週間もたたない七月十一日に、大量の吐血をして、あっという間に亡くなってしまいました。その前日にも電話があって、本をだれに寄贈するかなど話し合ったばかりでした。通夜の席で丸山さんが、「下村君は、ある意味で羨ましいよ。演出という仕事をやっていて斃れたんだからね。ぼくはなんといっても現場主義なんだ。学者がペンを持っていてバッタリなんて、全くサマになりませんよ」と下村さんをいたわるように、遺影の前でしみじみと述懐されていたのが忘れられません。

――長いつきあいになると、つらい局面もありますね。

正義感と人情にあふれた俳優・浮田左武郎

松本　もうおひとり、ほとんどの方が知らない俳優さんですが、浮田左武郎《うきたさぶろう》さんのことは、ときに思い返されて忘れられません。『プロレタリア演劇の青春像』（一九七四・五）と『俳優の前に人間であれ』（一九八二・十二）という、自伝的な二冊にかかわったに過ぎませんが、後者の何かのスローガンみたいな（笑）書名にふさわしい、正義感と人情にあふれた爽やかな方でした。書名の「俳

浮田左武郎

優」のところを、「政治家」とか「編集者」とか「学者」「作家」とか、いろいろな職業に置き換えてみてください（笑）。山本安英さんとは戦前の新築地劇団以来の盟友で、一時、新宿ムーランルージュに加わったり、戦後は農山漁村文化協会で文化運動に専心したあと演劇界に復帰し、『夕鶴』にも客演しています。『プロレタリア演劇の青春像』の刊行を進めていたときですが、夫人が入院先で危篤状態に陥り、せめて校正刷りでもお見せしようと、大急ぎでお届けしたことがあります。辛うじてゲラをお見せすることはでき、喜ばれたのですが、書き足したエピローグは、夫人が苦しみながら亡くなるところで終わっています。本を間に合わせることができず、なんとも申し訳ない思いをしました。

　またいつでしたか、いまもテレビでよく見かける有名な時代劇俳優と、浮田さんが舞台で稽古していたときのこと、その座長の俳優が傍役《わきやく》を剣かなんかでつっついて威丈高に侮辱したんですね。そうしたらその場で浮田さんは、「あんたなんかと芝居をやってられるか！」と怒って、さっさと役を降りてしまったんです（笑）。商業演劇ですからギャラも高かったろうにすべてをフイにして、まだ怒りが収まらないといった感じで浮田さんが話すのを聞いたことがあります。「義を見てせざるは勇なきなり」といった方ですから、俳優や芸能人の生活や権利を守るための日本芸能実演家団体協議会（芸団協）の前身ともいうべきいくつかの協同組合運動に、そのころずいぶん尽力していたのを覚えています。

八七年三月二十七日、夫人の十三回忌の祥月命日にあたる日、自宅マンションから身を投げ、自ら命を絶たれました。七十七歳でした。一時、たしか農文協の建物の一室に住んでいたことがあったと思いますが、そこにお訪ねしたときの、夫妻の仲むつまじい面影が目に浮かびます。

『プロレタリア演劇の青春像』のカバー

演劇人たちの記録の面白さ

——ずいぶん多くの演劇人の本を編集していらっしゃいますね。

松本　演劇人、とくに俳優の自伝的回想や記録などは、学者や作家などの個人的なものとはちがって、集団的な温かい人間関係が具体的に描かれているんですね。戦前・戦中の国家的弾圧も、仲間で受けとめ、仲間で苦しんだんです。そこにはあるべき時代を志向するひとつの運動が感じられます。未来社でそれらの方がたに出会え、いくつかの著書に携われたことは、本当に僥倖というほかありません。たとえば山本安英さんには、未来社の創業を飾った自伝『歩いてきた道』（一九五一・十二）や、『鶴に寄せる日々』（一九五二・十一）ほかのエッセイ集が二冊ほどありますが、それらはすべて、同時代の人たちとの芸術的協働の証言といっていいと思います。演出家でいえば、岡倉士朗演劇論集『演出者の仕事』（一九六五・二）があります。岡倉さんも、新築地劇団以来の山本さんの同志といっていい方で、戦後の『夕鶴』の舞台はその結晶です。岡倉天心の実弟の英文学者・岡倉由三郎の三男で、いわゆる鬼演出家のようなイメージとは逆に(笑)、穏やかで丹念に演技指導をする方でしたね。岡倉さんは五九年に五十歳の若さで亡くなりましたが、この論集は七回忌に作られたものです。

また、山本さんの師匠で築地小劇場の創設者である土方与志《ひじかたよし》氏の全原稿を収録した『演出者の道』(一九六九・一)にもかかわりました。土方さんは、花田清輝さんの『泥棒論語』(舞芸座公演、一九五八年十月)の演出を最後に、五九年に六十一歳で亡くなられたんです。さきほどお話しした舞芸の稽古場に、花田さんに誘われて『泥棒論語』の稽古を見に行ったりしましたが、土方さんが舞台に駆け上がって、手取り足取り演技指導をするのには驚きましたよ。舞台装置が安部公房夫人の真知《まち》さんでしたので、稽古のとき、いまは亡きご夫妻に会ったりしました。未来社で刊行した『泥棒論語』(一九五九・二)の装幀・装画は、真知さんです。そして後年、わたしは演劇座で文芸演出部の一員として、『泥棒論語』を再演(一九六八年五月)したりしたんです。

――ご自身の芝居の経験が出版と入り交じるんですね。

松本　そういうことになります。また俳優座の千田是也さんには、ブレヒトの翻訳でずいぶん学ばせていただき、『近代俳優術』上下(早川書房)や、自伝『もうひとつの新劇史』(筑摩書房)、『演劇入門』(岩波新書)などに感心していました。それで埴谷雄高さんのエッセイ集を企画したときのようなムシが動きだして(笑)、他のすべての文章を集大成しようと『千田是也演劇論集』を企画したんです。結局、戦後の文章だけ全九巻でまとまりましたが(一九八〇・四~九二・七)、わた

千田是也

しが八三年五月に退社、翌月、影書房を創業しましたので、五冊目からあとの仕事を、当時未来社編集部にいた西谷雅《まさ》英《ひで》さんに託しました。彼は西谷社長の次男で、西堂行人のペンネームで現在演劇評論家として活躍しています。ちなみに長男の能英《よしひで》さんがいまの未来社の社長です。

千田さんとは六本木のお宅で打ち合わせ、なにかとお話を伺いましたが、演劇に関する本や資料がビッシリとつまった、地下室のような仕事部屋には目を見張りましたね。ゆったりとした風格のある方でした。当時、俳優座文芸演出部にいた宮城玖女与《くめよ》さんに、編集上ずいぶんお世話になりましたが、いまお元気でしょうか。

他に前進座の中村翫右衛門さん、河原崎国太郎さん、秋田のわらび座の原太郎さんなどの演劇論、演技論なども作りましたが、しかしこれらを話していたらきりがないですね（笑）。

東野英治郎の精進

——なんとも楽しそうな本づくりですが、売り上げとなりますと？

松本　いや、まあその苦労はおいといて……（笑）。でも東野英治郎さんとの仕事は本当に楽しかったですね。わたしは東野さんが好きで、『私の俳優修業』（一九六四・三。改訂版、一九七四・九）

『じゃが芋の皮のむけるまで』のカバー

東野英治郎（撮影・矢田金一郎）

と、『じゃが芋の皮のむけるまで』（一九七四・十）という、二冊の自伝的演技論を作りました。「じゃが芋」とは自分のことでしょうが、東野さんの風貌にピッタリですよね（笑）。形成社の入野さんには、印刷だけでなく、無料でずいぶんたくさんの本の装幀をしてもらいましたが、この本のカバーに、本当にじゃが芋を使ったのには驚きましたよ（笑）。東野さんは気さくな方で、会うたびにご馳走になり、わたしを「マッちゃん」と呼ぶんですよ。押しも押されもせぬ舞台俳優として生涯をまっとうされ、晩年は、今もつづいているテレビの初代「水戸黄門」でお茶の間の人気者になりました。新築地劇団に入った当初はいわゆる「大根」で、初舞台の稽古のとき、さきほどの土方さんに、「あいつをとりかえろ！」と降ろされたほどです（笑）。しかしそのあとの俳優としての精進はすごいですよ。そのベテランの東野さんが、雑誌「未来」でのわたしのインタビュー「俳優への道」（一九七一・五）で、「謙虚さとナイーブさ、これがなかったら俳優はだめですね」と言い切っているのには感銘を受けました。むろん、どんな職業にも言えることですが。また、「俳優は舞台を自由に歩けりゃ一人前」とも言っています。このことは、わたしが舞台に出て実感したことです。

――えっ、松本さんが舞台に出たんですか！

松本　いや、俳優としてじゃないですよ。演劇座の時代、秋元松代さんの『常陸坊海尊』の舞台で観光客がゾロゾロ歩く場面があるんですが、小さな劇団の悲しさで人が足りなくて、急遽、その他大勢のひとりとして出ろといわれ、ただぶらぶらと一、二分舞台を歩いただけです。あとで知人からずいぶん冷やかされましたけどね（笑）。そのとき、東野さんの言葉がよみがえりました。体がこわばって足が自然に動かないんです。いっぱいの観客の前で、舞台を上手《かみて》から下手《しもて》に自然に歩いて横切るなんてことは、皆さんもとてもできないと思いますよ。結局、専門の仕事とはどんなに厳しいものか、そしてまた編集者というのは裏方であって、表舞台なんかに立つものではないというひとつの教訓を、あらためて得た思いでした。

21　上原専祿の言葉と出版への思い

西欧中世史研究の泰斗

——この聞き書きもいよいよ最終回です。とはいっても、まだ語り残した方がたや、本の話はだいぶあるかと思いますが。

松本　まあ、これはキリがありませんし、読むほうもそろそろ飽きてこられたでしょうから（笑）、この辺でいちおう、幕をおろさせてもらいます。すでにお気づきのことと思いますけど、これまでお話しさせていただいた著者の方がたのほとんどは、故人です。いわば過ぎ去った時代の物語です。このさい、いまもご健在で仕事でおつきあいさせていただいている方がたは、失礼ですが、故人との関係や話のゆきがかり上で触れるだけにとどめ、お話しすることは避けさせていただきました。したがって未来社在職中の三十年間（一九五三〜八三年）が主たる時代背景となっており、それ以後の影書房での仕事にまでは、話はほとんど及んでいません。しかし、この三十年間に出会った故人の著者の方がたこそが、わたしの編集者としてのありようや進むべき道を指し示してくれたのです。ですから、わたしの断片的な話から、少しでもこれらの著者の方がたが果たした仕事に興味を持ってくださる方が現れると嬉しいですね。いつの時代も、魯迅ではありませんが、大事なことは「故事新編」の精神であり、それを忘れたくないです。

——どうもわたしたち日本人は、忘れっぽいというか、藤田省三さんの言う「新品文化」に次から次に飛びつきますからね。

上原専祿（撮影・矢田金一郎）

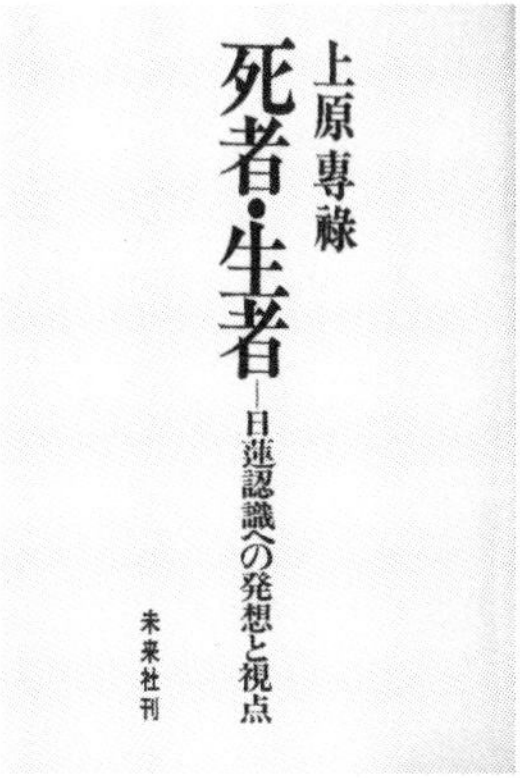

『死者・生者——日蓮認識への発想と視点』のカバー

松本　わずか数十年前の、戦後の思想家や文学者でも、よほどの方をのぞいてはどんどん忘れ去られ、著書なども書店で見当たらないというのが現状です。そんなに次から次に文化が入れかわって、いったい何が継承されるんでしょうか。出版を仕事にしながら、本当にむなしい思いにとらわれます。そこで、いろいろ迷ったんですが、最終回にのぞんで、上原専祿《せんろく》氏の『死者・生者——日蓮認識への発想と視点』（一九七四・二）について語らせていただいて、終わろうかと思います。といっても、この本の主要な部分は、副題にありますように雑誌「未来」に連載された日蓮に関する専門的な研究論考ですから、それについては、とてもわたしなどの理解の及ぶところではありません。しかしこの本には、まず巻頭に、「未

『世界史における現代のアジア』増補改訂版の函

来」の「著者に聞く」欄で、西谷能雄社長とふたりでインタビューさせていただいた「過ぎ行かぬ時間」が収録されています。そして巻末には、四百字詰め百三十枚ほどに及ぶ、「あとがきに代えて」と副題のある「死者と共に生きる」という書きおろしが収められているんですね。ここでいう死者とは直接には、六九年四月二十七日、六十四歳で亡くなられた上原夫人の利子《としこ》氏を指します。しかしこのふたつの文章は、ただ単に、夫人に対する哀悼にとどまらず、わたしたちに、死者とともに真に生きる道とは何かを、切実に問いかけるものです。

——その前に、上原専祿を知っている人がだいぶ少なくなりましたね。ヨーロッパ中世史研究の碩《せき》学《がく》であり、一橋大学学長を務めたり、五五年に創立された「国民文化会議」の指導者になられたり、平和運動の先頭にも立たれた方ですが、最近ではあまり話題に上ることもないでしょう。

松本　そういう状況自体が、なんとも情けない話ですね。西谷さんは、戦争中、弘文堂で上原氏の名著といわれた最初の論文集『独逸中世史研究』(一九四二・六)を手がけていますので、ずいぶんと長いおつきあいになります。ですから、未来社をはじめるにあたっても、上原氏には何かと相談に乗っていただいたんではないでしょうか。事実、わたしが未来社に入社する直前には、すでに『危機に立つ日本』(一九五三・四)が刊行されていました。わたしが直接、上原氏に編集者としてかかわりはじめたのは、『世界史における現代のアジア』(一九五六・六。増補改訂版、一九六一・七)からだったと思います。これらの著書でもわかると思いますが、戦後、上原氏の歴史学者としての仕事は、ヨーロッパからアジア・アフリカ、そして日本の現実に向かったといえるでしょう。そこで学問と、日本の平和・独立運動などの現実的問題との両立に苦闘されたんです。

死者とともに生きる道

――戦後の一時代をリードした、先見的役割を果たした方ですね。ただ先ほど挙げられた『死者・生者』は、それらとは違って、もっと私的な本のようですが。

松本　いいえ、違わないんです。先ほど申し上げた利子夫人の死に直面することによって、これまでの学問・実践の総体をより深め、人間のいのちをないがしろにする政治悪・社会悪といかに闘うかということを、ある怒りをこめて書かれた画期的な一冊だと思います。うまくいえませんが、この本のエピグラフに「われらと共存し共生し共闘する妙利子の靈前にこの書を捧げる」とあります。しかしこれは、利子夫人だけに捧げられたものではないんですね。この本に収めてある「死者が裁く」（朝日新聞、七〇年三月二十四日付）という数ページの短い文章の終わりに、上原氏は次のように書いているんです。

「私が共闘せざるをえないのは、はたして亡妻だけだろうか。共闘者としての亡妻という実感に立つと、今まで観念的にしか問題にしてこなかった虐殺の犠牲者たちが、全く新しい問題構造において私の目前にいきいきと立ち現われてくる。アウシュヴィッツで、アルジェリアで、ソンミで虐殺された人たち、その前に日本人が東京で虐殺した朝鮮人、南京で虐殺した中国人、またアメリカ人が東京大空襲で、広島・長崎の原爆で虐殺した日本人、それらはことごとく審判者の席についているのではないのか」。

――身近な個人の理不尽な死という、痛切な体験を通してみれば、政治的・社会的犠牲者たちに対する感じ方が変わり、またはっきりそういう人たちの死と共通するものがわかる……。

松本　そのように考えねばならないと思いますね。これらの死者たちにとって、時間は決して過ぎ去ってはいないんです。巻末の「死者と共に生きる」は、がんを病んだ利子夫人が、医師たちの「医療過誤」と「生命蔑視」の行為と言動によって、非道にも「死へと追いやられ」ていく経過を、克明に観察・記述・批評した感銘深い文章です。現在、人間の死に直接かかわることを仕事とする医者・僧侶たちが、いかに安易に死を容認して恥じないか。それにくらべ、日蓮がいかに死者たちを「五官の疼痛《とうつう》」をもって受けとめ、死者との「共存・共生」を希求したか、ということですね。

――夫人の存在がいかに大きかったか、夫人の死の重みが、いかに何ものにも代え難いものだったか……。

松本　利子夫人は、学者・研究者として厳しいといっていい風格をそなえた上原氏とは対照的に、極めて庶民的で気さくな方で、上原氏をわたしたちの前でも「お父さん」と気やすく呼んで、緊張しているわたしたちを実に爽やかにときほぐしてくれる方でした。上原氏にとっては、まさに心安らぐかけがえのない伴侶だったといえるでしょう。それだけに夫人の理不尽な死は、上原氏を茫然自失させたことと思います。しかしその痛切な個人的体験を、『死者・生者』という一冊に、見事に普遍化されたわけです。こういう本には、編集者としてめったにかかわれるものではありませんね。

――上原氏は最晩年、東京を去り、一切の関係を断ち切って関西方面でお嬢さんの弘江さんとひっそりと暮らされたということで、なにかと話題になりましたね。

松本　ええ、そのとおりです。しかしそのへんのことについては、すみませんがお話しするのを控えさせてください。ただ、夫人が亡くなられてからの数年間、「未来」の連載や、『死者・生者』の本づくりのため、吉祥寺から三鷹方面に向かうまっすぐの道を、重い心を抱えながら足繁くご自宅に伺ったことや、関西に移られてからは、もっぱらわたしの自宅への電話で告げられる指定場所で、上原氏と弘江さんにひそかにお会いしながら校正刷りを交換し、仕事をすすめたことなどを思いおこします。

本が完成した翌年、上原氏は七十六歳で亡くなられたと思います。さまざまな悔いが残りますが、この一冊に全力を投入できたことは、編集者として本当に光栄なことでした。現在、弘江さんのご努力で『上原専祿著作集』全二十八巻（評論社）がすすめられていて、二十巻（二〇〇二）までが刊行されています。

まあ、まだお話ししたい、心にかかっている方がたはいらっしゃいますが、具体的な話はこのへんにとどめましょう。

やり過ごすべきものはやり過ごせ

——ではいよいよ最後に、戦後五十年以上出版の仕事を続けてこられて、いまどのようにお考えになっているかをお聞かせください。出版界はこの十年、斜陽産業の代表のようにいわれてきました。しかし問題の本質はそこにあるのではなくて、売れそうならなんでもやるという一方、良いものを出版したいという理想の失われたことが、本当の問題なのだと思いますが。

松本　それはまったく時代の反映でしょう。なんでもカネですから、出版界もそれにひきまわされているわけですね。三十年ほど前に〝消去の時代〟という短い文章を書いたことがあります。七〇年代の半ばあたりですが、そのころからすでにいまの状況が強まっているんです。それが現在ピークにきているんだと思います。「消去の時代」とは、人を押しのけて何かをやるより前に、こういうことはしない、こういうものは出版しない、と決心することが大事だということです。編集者というのは、ちょっと売れたりして評判になると、どんどんその方向にいきやすい。大きな出版社だと、売れるものをつくると社内で格が上がり出世もするでしょう。小さい出版社でもまぐれでひとつ当たったりすると、そちらにずるずるといく。そのとき、小出版社は変質しはじめるんです。幸いなことに、未来社はあまり売れるものをつくらなかったから、そうはならなかった。そういう、波に乗っていく機会がなかったんですね。あるいは乗ろうとしなかったということもあります。

——しかし大きな流れでいえば、未来社も時代とともに変わってきた部分はあるでしょう。

松本　それはもちろんあります。わたしの仕事の主流は花田清輝さんや埴谷雄高さんなど、文学・芸術の方向にありましたが、その後、社会・人文科学とか、あるいは翻訳ものの専門書に重心が移っていきますね。また時代の流れで、宮本常一さんなどの民俗学的なものが迎えられるのは、左翼運動の崩壊などと軌を一にしていると思うんです。世界観や理想といった観念ではなく、視線がどうしても日常生活のほうに集中するんですね。それと対極的に、いわゆる一定部数が望めるアカデミックな専門書という、両極端にいったと思うんです。これは何も悪いことじゃないですけどね。

「戦後文学エッセイ選」全13巻（影書房）

——つまり、松本さんがやっていたところの中間的な人文書がなくなったと……。

松本　そうですね。教養部門というか文学・思想部門というか、そういう中軸のところが弱まってしまった。それはまさに時代の反映だと思います。

——それは本当に、まさしく出版界全体のことですね。人文書どころか、いまや出版物全体がほとんど実用書と娯楽本で、読んで身になるとか、考えさせるとか、本当に我を忘れておもしろいというような新刊は、見つけるのが容易ではない。しかも、もしあったとしても新刊洪水のなかで多くの読者には迎えられない。

松本　だから、不易流行《ふえきりゅうこう》ではありませんが、やり過ごすべきものはやり過ごせ、必ずまたここに戻ってくるぞということですよ。消えるものは消える。もうわたしなんかこの世にいない時代でしょうけど（笑）、残るものは残る。それを信ずるしか本をつくれないですね。だから大事なものは変わらないということで、誤解を招くかもしれませんが、それはいってみればむやみやたらに進歩しないということでもあるんです。本づくりの技術的なことも含めてですが、進歩にはついていかない。トシのせいもあるかも知れませんが、だからいま、わたしがかろうじてやれるのは、「戦後文学エッセイ選」のようなものです。さっぱり売れませんけどね（笑）。いまは亡き藤田省三さんが、四十年ほども前、雑誌「未来」のインタビューで、「前へ前へと肘で人をかきわけながら進んでいると隣の人しか見えない、「時にはうしろの歴史を見たらどうでしょう。過去から学ぶものだけが進歩を結果させることが出来るのです」（『高度成長』反対」一九六九・五）と語っていますが、そのとおりだと思います。

本を過大視するな

――歴史をふり返り考えることはもちろん大事です。しかしいま現在、未来への希望を持つことも必要だし、持ちたいじゃないですか。

松本　そのとおりで、出版というのは、その時代の変革の運動と連携してやっていくものでもあるし、それはとても大事なことだと思います。わたしもそういう仕事もやってきたつもりです。だけどいま、世のなかでいろいろなことが起こっているのに対して、本がどんな刺激を与えられるかというと、かつてのようには何かの力を感じなくなってしまったんですね。それは、むろんわたし自身の年齢的な弱まりもあるでしょうけど。

――でも大づかみな言い方をすれば、戦後体制がこの現状をつくってきたことは事実ですね。戦後を絶対化して、いまがいけないという論理は、なかなか成り立たないですね。

松本　戦後を考えるとき、見過ごされてきたひとつの大きな問題は、わたしたちが活動していたかつての時代、日本の戦争体験とか戦争責任とかいいながら、じつは他国への侵略・戦争責任がなかなか問われなかったことです。そのことが問われだしたのは、先ほど、上原氏のところでも申し上げましたけど、七〇年代くらいからなんです。

――ちょっと話の筋が違ってきていますが、しかしそれはドイツなんかとの大きな違いですね。

松本　そうです。それには日本の戦争の終わり方、敗戦の状況と、アメリカ占領軍との癒着・安保体制などが大きく関係していると思いますが、いまになってその問題に向き合わざるをえなくなっているわけです。日本人のあり方が歴史的に問われている。そういう問題に対して、むろん正面から向き合っている出版人もいますが、大方は売り上げに狂奔しているだけです。出版不況が深刻だといって騒ぐだけなら、それは実はたいへん太平楽な話で、はっきり言うと、いまの出版人が日本をだめにしているところがあると思います。出版人は出版という仕事を、無前提にいかにも善いことをやっていると思いこんでいるんですね。

――でも、その戦後出版界のなかには、松本さんも入りますね。

松本　だから「絶望のきわみ」になっていますけどね（笑）。

——そうはいっても、出版界には若い人もいるんですから、「絶望のきわみ」と同時に、日々活動し生活しなきゃいけないわけですから、やはり希望はいるでしょう。

松本　たしかにおっしゃるとおり、人生はそうです。それはそのとおりですが、しかしそれだと、自分を許容してしまうんです。そうしていつも退路をつくってしまうんです。汚いこともいろいろあるけど、それを受け入れたうえで、そのなかで、それを逆手にとってやらなくてはいけないんだと納得するわけです。そこにズルッといってしまうんです。あなたがたに言ってるんじゃないですよ（笑）。ちゃんとそこを見極めているならいいんです。しかしもっともらしい顔をして、きれいごとではやっていけない、なんていうのが大勢でしょう。清濁併せ呑んでいかなくては、と。でもそうすると、実際は歯止めがきかなくなるんですね。

「集団自決強制」削除
沖縄11万人抗議
教科書検定「撤回を」

「教科書検定意見の撤回を求める県民大会」（朝日新聞、2007年9月30日付）

——いったいどうすればいいんでしょう（笑）。

松本　だから、「ノン」と言わなければいけないんです。いま、「ノン」と強く言う。せんだっての九月二十九日（二〇〇七年）、十一万人が参加した沖縄での「教科書検定意見の撤回を求める県民大会」には感動しました。時の政治権力が、軍の強制による集団自決という史実をねじ曲げるのは許さない、ああいうことをやらなきゃいけないんです。だから出版界でも、たとえばいまみたいに全員右へならえで流行ばかり追いかけるのは、もういい加減やめようじゃないかとかね。もちろんこれはほんの一例ですよ。しかし事態を本当に少しでもよくしようとするなら、思想的・政治的状況と非常に厳しい対立の仕方をしなければならない。しかし出版界というのは、どうしてか横のつながりがない、とにかく連帯しないですからねえ。出版界は本質的には保守的なんです。

――でも何か灯りを求めていなければ、やってはいけませんよね。現実に生きている人間は、希望を持たなければ動けない。

松本　だからあんまり希望を持たないほうがいいんです。もちろん絶望しろといってるんじゃないですよ。

――いや、絶望しろといわれてるような気がしますけどね（笑）。現実に出版の世界でがんばっている若い人はいますから、やっぱりそういう人たちは応援したいですよね。

松本　でも本というのを、あまり過大視しないほうがいいと思うんです。いま本は、かつてのような力を失っているんじゃないでしょうか。そういう意味での絶望なんですよ、わたしが言っているのは。もしわたしがいま若ければ、本づくりなどしないで、別の直接的な文化運動なんかをやるほうがいいなという気持ちです。極端にいえば量的に狂奔する日本の出版界は絶望的でしょう。年間八万点も新刊が出て、うち四〇パーセントが返品で断裁される現状をどうすればいいんですかね。

「過ぎ行かぬ時間」との対話

——でも、いまなお現役として本にこだわり、出版を続けていらっしゃいますね。そこには、たとえわずかでも希望があるからでしょう。

松本　つくる以上はこだわりますよ。ただ、変な希望は持たないほうがいいというのは、たとえばわたしが十代だった戦争中の経験でもあるんです。その時代は、まちがってはいたけれど、少なくとも希望を持っていたわけです。その希望が怖いんですよ。戦争中、わたしたち日本人は、実はアジア諸国を侵略しながら、「大東亜共栄圏」などという夢を持っていたんです。だから希望というのはどちらに転ぶか、わからないんですよ。いまはよくない、食えないかもしれない、しかし日本はいつかよくなる、希望を持ってやるんだ、というのは危ない。いつか穂積五一さんのところでもお話ししましたけど、「日本人から離れる」覚悟も必要です。

——いま、そんな大きな意味での希望なんてだれも持っていませんよ。「八紘一宇《はっこういちう》」も社会主義も、みな潰《つい》え去ったあとの、自分の内なる問題の話です。内側で少しずつ少しずつ自分で育てるほかない、という意味での希望です。

松本　そのことはわたしも否定しませんよ。でも、なんでこんな話になっちゃったんですかね（笑）。

——松本さんが絶望なんて言うからですよ（笑）。しかしやっぱり出版界は追いつめられてますね、あらゆる意味で。

松本　繰り返しますが、高度成長で日本全体がほとんど利益中心になってしまったんですね。山代巴さんが言っていますけど、日本人は戦争中は、戦争、戦争、戦争、そしていまはカネ、カネ、カネ。全体がひとつの方向に向いてしまうんです。本というのはもちろん利益だけじゃない、いわく言いがたい、いろんな価値を持っているはずですのにね。なんでもかんでも、人間までも、商品、カネを生むものと考える世の中になっているんです。

――それでも、というか、こういう時代だからこそ、出版とは何かと問い、まっとうな出版の可能性への努力を続けなければなりませんね。

松本　そうです。若い人たちにぜひ心からお願いしたいですね。ただ、上原氏の言葉ではありませんが、「過ぎ行かぬ時間」、歴史の記憶と対面・対話しつつです。沖縄の集団自決のみならず、「日の丸」「君が代」のもと、侵略・虐殺されたアジア諸国の人びとの多くは、いまだ「過ぎ行かぬ時間」を生きているんです。日本人はそのことに思いをいたして、いまはやりの言葉でいえばもっと、もっと深く「自虐」しなければなりません（笑）。それが深まるならば、あるいは希望が生まれるかもしれません。木下順二さんが、ブレヒトを借用しつつ言った言葉、「人は未来を急ぎ過ぎる、あまりに多くの未清算の過去を残したまま」を、こころに刻みたいですね。

聞き書きをおえて

上野明雄

松本昌次さんのお名前を最初に知ったのは、大学三年生のときだから、いまから四十五年も昔のことだ。その頃、貪るようにして読んだ、吉本隆明の『藝術的抵抗と挫折』のあとがきに、「この評論集は、書名をはじめ、その一切について、未来社の松本昌次氏に負っている。録して感謝の意を表する」とあった。将来、出版社か新聞社に勤めたいと思っていたぼくは、この一文に編集者というものへの憧れと羨望にも似たものを感じた。

大学卒業後、ぼくは小学館に入社し、『小学一年生』という子ども雑誌の編集部に配属される。以来、小学館での四十年間にわたる編集者生活の大半は、子ども雑誌と児童図書だったが、後半の一時期に一般書籍を担当することになった。その頃、「ムダの会」と称する人文図書の編集者の奇妙な集まりで、当時講談社の役員であった鷲尾賢也さんや現在トランスビュー社長の中嶋廣さんに出会う。それがきっかけとなって、松本さんのインタビューに参加することになったのだ。

松本さんから二年間にわたってお聞きしたお話の多くは、ぼくの青春の読書体験を改めて再認識させるものでもあった。花田清輝の『アヴァンギャルド芸術』や『復興期の精神』、丸山眞男の『現代政治の思想と行動』、埴谷雄高の評論シリーズ、本多秋五の『転向文学論』や『有効性の上にあるもの』、橋川文三の『日本浪曼派批判序説』など、松本さんが手がけられた著作の数々から、ぼくは少なからぬ影響を受けてきた。それらの本がどのように生み出されたかを、ここでは口外がはばかられる裏話も含めて、当時の編集担当者であった松本さんから直接聞くことができたというのは、じつに至福の時間でもあった。

鷲尾さんは、講談社で現代新書や選書メチエや学術文庫を統括してきたことから、丸山眞男をはじめ、松本さんが語られた著者の何人かと直接仕事をしてこられた経験がある。それに比べて、ぼくの場合は子ども雑誌や児童書が中心だったから、そういう体験は乏しい。興味津々で話題に聞き入り、相槌を打つだけといった頼りないインタビュアーだった。鷲尾さんの鋭い突っ込みが、松本さんを躊躇させる局面も何回かあった。そんなとき、松本さんと思想的なスタンスが比較的近いと思われるぼくの割り込みも、多少は潤滑油的な役割を果したのかもしれない。

鷲尾さんやぼくは、松本さんが作った本の売れ行きがどうしても気になる。そこで、どれだけ売れたのですかと、話題になった本の売れ行きを聞く。それに対して松本さんは、「いやあ、売れなかったですね」と答えることが多かった。しかし後で奥付を見ると、版を重ねて何刷りにもなっている本がたくさんあった。作った本が売れることに、ある種の気恥ずかしさを覚える含羞の編集者といえる一面を見たような気がする。自分が作りたい本を作る、送り出したい著者に場を提供するという執念と覚悟が、影書房を起こした後の現在も、松本さんを支えているようだ。それは、ベストセラーをつぎつぎと送り出し、カリスマ編集者などといわれる人たちや、売れればいいという風潮に対する、ある種のレジスタンスなのかもしれない。

松本さんは、都心の大ホテルのロビーで打ち合わせをしたいなどといい始める売れっ子になった著者とは、なぜか距離を置く。それがなぜ悪いのだと、鷲尾さんもぼくも疑問を呈することが何度かあった。それはそういう出版社に任せればいいというのが、松本流なのである。酒席は嫌いではないし、著者とお酒を飲む話もたくさん話題になった。しかし、多くの文芸編集者のように、銀座で飲んだなどという話はとうとう聞けなかった。著者を愛し、愛する著者とだけ仕事をしてきた松本さんは、贅沢な編集者だったのかもしれない。しかも、その惚れ込み方は尋常ではないのだ。それが編集者の原点なのだということを、改めて教えられた時間でもあった。

ぼくは、野上暁の筆名で、児童文学や子ども文化についての何冊かの著作を出版してきた。その中の一冊『日本児童文学の現代へ』には、松本さんが作った、『現代日本文学論争史』全三巻をはじめ、『藝術的抵抗と挫折』『抒情の論理』『転向文学論』などから多大な影響を受けていることに、今回のインタビューで気がついた。そしてまた、人類生活者・溝上泰子の存在をはじめて知ったり、話中に登場した山代巴の『囚われの女たち』を古書店で探して読んだ。このインタビューを通して、松本さんから教えられたことが多々あった。出版が長期低迷状況からの脱け道を模索している現在、出版という営為が何を目指し何を構築していかなければならないかを、根底からとらえなおす鋭い提言が、松本さんの体験から改めて照射されたように思われる。この本が、出版の将来と出版界を担う次世代に向けての、貴重な羅針盤ともなることを期待したい。

二〇〇八年六月

後記

松本昌次

「このような本を編集者が出すことに、いまもなお若干のためらいがある。しかしそうした思いを克服させたのは、ここに書きとどめさせていただいた方々と同時代を共にすることができた一編集者の側面からの証言として、いささかの意味もあるかも知れないと思ったからである。心がけたのは、編集者が往々にして陥り易い、著者との日常的な関係でのエピソードなどをできるだけ避けるようにしたことである。」——これは、拙著『戦後文学と編集者』(一葉社、一九九四)の「あとがき」の冒頭部分である。また、次著『戦後出版と編集者』(一葉社、二〇〇一)の「あとがき」でも、わたしは同じく刊行をためらいつつ、「戦後五十余年を経て、ますます病状が悪化する日本社会の現実をつぶさに目撃するにつけ、同時代を共に生き、わたしの心に刻まれた方々が、それぞれどのようにして戦後精神とかかわり生きたかを、一つの〝あかし〟として録しておくことにいささかの意味もあるかと思い、まとめることにした」と書いた。

これらの二著に、わたしは、著者・出版人・編集者など四十七氏にかかわる百十数篇の小さなエッセイを収めたが、それらの延長線上にある本書の刊行にあたっても、いまなお変わらぬ

「ためらい」をぬぐうことができなかった。みずから出版を業とする者として当然のことである。しかし今回もまた、時代をともにした方々の声々に強く背中を押されるようにして、わたしのささやかな〝戦後出版の歩み〟を語らせていただき、なんとか刊行に踏みきることができたように思う。四十七氏のほか多くの方々もすでにこの世になく、現在進行形で仕事をともにすすめている方々については、わずかに触れるにとどめたので、一種〝追悼集〟のおもむきがないでもないが、これは、もともと物書きではない編集者が背負わねばならない宿命であろう。しかし本当に、これら戦後の時代は逝き、これらの方々は世を去ったのであろうか。いや、そうさせておいていいのであろうか。

　またもや、「このような本」を出版することになったそもそものきっかけは、「編集装丁家」として知られ、わたしもご厚誼をいただいた元岩波書店の田村義也さんを偲ぶ会（二〇〇三年十二月十三日）の席上、当時、講談社顧問だった鷲尾賢也さんとたまたま丸テーブルで隣り合わせたからである。極大講談社と、吹けば飛ぶような極小影書房とが席を同じくするなどということは、出版界ではそうざらにあることではない。しかし、講談社でも硬派といわれる仕事をつづけてきた鷲尾さんは、わたしが関わってきた著者・著書にくわしく、初対面（鷲尾さんに言わせれば、いちど未来社を訪ね、会ったことがあるといわれるが）にも拘らず、いっぺんで親しくなったのである（本文中、著者に「一目惚れ」する場面がいくつかあるが、これがわたしの悪癖の一つでもある）。

間もなく、鷲尾さんの著書『編集とはどのような仕事なのか』（トランスビュー、二〇〇四）が送られてきた。そのなかに、わたしの編集者論ともいえない小さな発言もとり上げられていたが、「現代日本の出版において、（編集者の）定義がそれで十分かといえば、そうとはいえない」とちらりと批判したうえで、わたしなどの及びもつかない編集者の仕事が縷々《るる》述べられていて、さらに親しさが深まった。以来、事態がどのように進展したのかは詳《つまび》らかにしない。しかし同じく当時、極大小学館の取締役で小学館クリエイティブ社長を兼務していた、戦後の文学・思想に造詣の深い上野明雄さんと、鷲尾さんのお二人を聞き手とする本書の企画が、トランスビューの中嶋廣さんと「論座」編集部の中島美奈さんを実務推進者として、あれよあれよというちに実現の運びとなったのである。

二〇〇五年十月から二年間、十六回に及んだ（「論座」連載は二十一回）、鷲尾・上野・中嶋三氏の息のあったトリオと、孤軍奮闘（？）のわたしとの対話のいきさつについては、鷲尾さんと上野さんの心くばり十分で、わたしとしては面映ゆい限りの「まえがき」と「あとがき」にゆずるが、もともとわたしは、十回ほどで終えるつもりだったのである。その証拠となる簡単なレジュメも手元に残っている。それが遥かに二倍を超えてしまったのは、ひとえに、三氏《トリオ》が、年老いたわたしを巧みにおだて、すかし、はげまし、いたわり、かと思うと遠慮なく食いつき、批判し、わたしの編集者としての過ぎ去りし日々の一齣一齣を、つぎつぎと引き出してくれたからにほかならない。そのナマな現場での発言と、活字の世界とはおのずから異なるのが当然だが、それは、楽しくも緊張せざるを得ないまたとない経験であった。しかし終えてみると、それでもなお、語り落としてしまった著者の方々のことや、出版にかかわる事柄がさまざま思いかえされ、気になる。また、出版界の現状についても、三氏《トリオ》からは再三発言を促されながら、ほとんど話すことができなかった。悔いは多いがもはや断念するほかはない。

「論座」連載にあたっては、編集部の中島美奈さんに、大変お世話になった。聞き書きの現場には毎回必ず出席して真摯に対応してくださり、テープをとり、すぐに原稿におこしてくださった。わたしからの資料のほか、足りない写真は手配してくれ、校了間際の追いこみでは夜中を過ぎての電話・FAXもしばしばだった。また朝日新聞社の校閲の方々には、わたしのうっかりしたミスを訂正していただき大変助けられた。聞き書きの場所として、ゆったりした応接室を自由に使わせてくれた形成社印刷にもお礼を申し上げる。

いまさら改めて申すまでもないことだが、鷲尾・上野両氏には、多忙な時間の合間を縫っておつきあい頂き、お礼の言葉もない。お二人は、いまや編集者というより、一方は歌人・評論家として、一方は児童文学研究者としてひとかどの方である。たまたまわたしが年長ということで、聞き手などというめんどうな役回りを引き受けてくださったが、失礼をお詫びすると同時に、お二人の発言にどれだけみずからを省み、同時に勇気づけられたことか、ただただ伏して感謝するのみである。

トランスビューの中嶋さんは、わたしが、テープおこし原稿から再編集し書きおこした手書きの原稿を、毎回入稿のためにパソコンに打ち込みデータ化してくださった。そのたびに貴重な意見を寄せてくれるとともに、ともすれば気弱になるわたしを鼓舞してくれた。全体にわたる中嶋さんの懇切・周到なリードがなければ、このように一冊にまとめることができたかどうか。トランスビューで出版営業を担当されている工藤秀之さんのお力添えとともに、感謝の言葉はつきない。

未来社いらいの友人で、影書房創業のメンバーだった米田卓史さんには、「論座」の連載中からたえず批評、激励の言葉をもらったが、本書の最終校正もすすんでひき受けてくれた。いつもながらの友情を心から嬉しく思う。そのほか、この連載のために「論座」を購読してくれた方々をはじめ、そのつど感想を送ってくれた友人たちに、また、写真・資料などを心よく掲載させていただいた方々に、いちいちお名前は記さないが、末尾ながら感謝の意を表したい。

二〇〇八年六月十五日

影書房創業25周年の日に

本書は「論座」（朝日新聞社刊）二〇〇六年四月号から二〇〇七年十二月号まで二十一回にわたって連載された「わたしの戦後出版史――その側面」に加筆・訂正を施して成ったものである。

［聞き手］

上野明雄（うえの　あきお）

1943年、長野県に生まれる。1967年、小学館入社。雑誌『小学一年生』編集長、児童図書・一般図書編集部長を経て、同社取締役及び小学館クリエイティブ代表取締役を2007年退任。野上暁の名で子ども文化研究や評論家としても活躍。著書に『おもちゃと遊び』『日本児童文学の現代へ』など。主著『子ども学 その源流へ』は、日本人の子ども観の変遷を歴史全体に探って大きな反響を呼ぶ。

鷲尾賢也（わしお　けんや）

1944年、東京に生まれる。1969年、講談社入社。現代新書編集長を経て、「選書メチエ」「現代思想の冒険者たち」「日本の歴史」などを手がける。学芸局長、取締役を経て2003年退任。著書に『編集とはどのような仕事なのか』など。小高賢の名で歌人としても活躍。歌集に『耳の伝説』『本所両国』（若山牧水賞）『眼中のひと』ほか、歌書に『転形期と批評』『現代短歌作法』などがある。

松本昌次（まつもと まさつぐ）

1927年、東京に生まれる。1953年、未来社に入社。以後三十年間編集者として勤め、83年退社、影書房を創設し現在に至る。関わった著者に、花田清輝、埴谷雄高、丸山眞男、平野謙、野間宏、杉浦明平、木下順二、山本安英、富士正晴、島尾敏雄、吉本隆明、井上光晴、橋川文三、上野英信、溝上泰子、藤田省三、廣末保、安東次男、上原専祿など。手がけた数々の名著は、そのまま戦後出版史の輝かしい軌跡を描く。著書に『戦後文学と編集者』『戦後出版と編集者』『ある編集者の作業日誌』などがある。

わたしの戦後出版史

二〇〇八年八月五日　初版第一刷発行

著　者　松本昌次

発行者　中嶋　廣

発行所　株式会社トランスビュー

東京都中央区日本橋浜町二-一〇-一

郵便番号一〇三-〇〇〇七

電話〇三（三六六四）七三三四

URL http://www.transview.co.jp

振替〇〇一五〇-三-四一一二七

印刷・製本　中央精版印刷

ISBN978-4-901510-65-3　C1000